TRABALHO
e Desenvolvimento Regional

José Ricardo Ramalho
Marco Aurélio Santana

(Organizadores)

TRABALHO
e Desenvolvimento Regional

Efeitos sociais da indústria automobilística
no Rio de Janeiro

C A P E S

PPGSA – UFRJ

Mauad X

Copyright © by
José Ricardo Ramalho, Marco Aurélio Santana (orgs.) *et alii*, 2006

Direitos desta edição reservados à
MAUAD Editora Ltda.
Rua Joaquim Silva, 98, 5º andar
Lapa — Rio de Janeiro — RJ — CEP: 20241-110
Tel.: (21) 3479.7422 — Fax: (21) 3479.7400
www.mauad.com.br

Projeto Gráfico:
Núcleo de Arte/Mauad Editora

CIP-BRASIL. CATALOGAÇÃO-NA-FONTE
SINDICATO NACIONAL DOS EDITORES DE LIVROS, RJ.

T681

Trabalho e desenvolvimento regional: efeitos sociais da indústria automobilística no Rio de Janeiro / José Ricardo Ramalho, Marco Aurélio Santana (organizadores). - Rio de Janeiro: Mauad: UFRJ - PPGSA; Brasília, DF: CAPES, 2006

Inclui bibliografia

ISBN 85-7478-183-5

1. Indústria automobilística - Rio de Janeiro (Estado) - História. 2. Indústria automobilística - Aspectos sociais - Rio de Janeiro (Estado). 3. Trabalhadores da indústria automobilística - Aspectos sociais - Rio de Janeiro (Estado). 4. Desenvolvimento econômico - Rio de Janeiro (Estado). 5. Desenvolvimento regional - Rio de Janeiro (Estado). 6. Rio de Janeiro (Estado) - Condições sociais. I. Ramalho, José Ricardo. II. Santana, Marco Aurélio.

CDD 338.476292   CDU 338.45:629.33

Sumário

Apresentação 7
José Ricardo Ramalho e Marco Aurélio Santana

Capítulo 1 11
Novas conjunturas industriais e participação local
em estratégias de desenvolvimento
José Ricardo Ramalho

Capítulo 2 43
Empresariado local, indústria automobilística e
a construção de Porto Real (RJ)
Raphael Jonathas da Costa Lima

Capítulo 3 71
"A fábrica dos sonhos" da Vokswagen
Alice Rangel de Paiva Abreu, Huw Beynon e José Ricardo Ramalho

Capítulo 4 91
Um perfil dos trabalhadores do "consórcio modular"
José Ricardo Ramalho e Marco Aurélio Santana

Capítulo 5 111
Terceirização e relações de trabalho na Volkswagen-RJ
Carla Pereira

Capítulo 6 137
O novo discurso da qualificação profissional na
indústria automobilística do Rio de Janeiro
Lia de Mattos Rocha

CAPÍTULO 7   **159**

Trabalhadores e política no Sul fluminense:
a experiência de Volta Redonda nos anos 1980
Marco Aurélio Santana

CAPÍTULO 8   **175**

Os sindicalistas da indústria automobilística do Sul fluminense
Sérgio Eduardo Martins Pereira

CAPÍTULO 9   **199**

A comissão enxuta: ação política no "consórcio modular"
Elaine Marlova Venzon Francisco

CAPÍTULO 10   **227**

Trabalho e sindicato na PSA Peugeot Citroën do Brasil
José Ricardo Ramalho, Marco Aurélio Santana e
Julia Polessa Maçaira

SOBRE OS AUTORES   **239**

APRESENTAÇÃO

Esta coletânea de artigos é resultado de uma década de pesquisas[1] sobre as mudanças sociais ocorridas com a instalação de empresas do setor automotivo nos municípios de Resende e Porto Real, na região Sul do Estado do Rio de Janeiro, a partir de meados nos anos 1990. Os textos descrevem e problematizam vários aspectos das transformações pelas quais vem passando a região que, influenciada pela vinda de duas grandes montadoras multinacionais, assiste a um período de crescimento das atividades econômicas, de debate sobre novas perspectivas de desenvolvimento regional voltadas para a consolidação de um pólo metal-mecânico, e de formação de uma classe operária industrial jovem e escolarizada.

Embora tome como referência uma região geográfica específica, o livro trata de questões gerais relativas às transformações na organização da produção industrial e nas relações de trabalho que têm caracterizado a atual fase de desenvolvimento do capitalismo mundial.

Um pressuposto inicial das análises é o entendimento de que há, em termos globais, a configuração de novos modelos de organização da indústria que incorporaram novas estratégias gerenciais com o objetivo de superar os padrões fordistas e criar condições para uma produção "enxuta" que quebrasse a rigidez da organização produtiva através da reformulação das relações interfirmas e da flexibilização das relações de trabalho.

A indústria automobilística brasileira pode ser vista como um bom exemplo desse processo. Com presença fundamental na história do desenvolvimento industrial

---

[1] Estas pesquisas se concentraram sob os títulos "O Global e o Local: os impactos sociais da implantação do pólo automotivo do Sul fluminense" e "Desenvolvimento regional, indústria automobilística e relações de trabalho em uma perspectiva comparada: os casos do Sul fluminense e do ABC paulista", coordenados por José Ricardo Ramalho. Os projetos contaram com a colaboração dos seguintes bolsistas de Iniciação Científica (CNPQ e Faperj): Aline de Oliveira Gonçalves, Cristiane Muniz Thiago, Daniella Amaral Diniz da Silva, Ernesto Luis Moreira Aguiar, Fabiano de Jesus da Silva, Fernando Pozzobon, Gabriela Klôh Muller Neves, João Assis Dulci, Rian Oliveira Rezende, Ricardo Gaulia Borrmann, Rodrigo Palácio Cerqueira, Tatiana Rodrigues de Andrade, Tiago Coutinho Cavalcante, Victor Moretto.

do país a partir dos anos 1950, este setor sofreu reformulações ao longo da década de 1990, e constituiu-se em um espaço privilegiado para o estudo de mudanças organizacionais, de relações interfirmas e de relações de trabalho. Isso se deveu a uma reestruturação marcada por um longo período de crise e recessão econômica no mercado interno, associado ao acirramento da concorrência internacional e ao lento processo de abandono da política de substituição de importações.

Nesse processo ocorreu também uma reespacialização de novos investimentos e de novas fábricas. O deslocamento para outros municípios, a maioria sem qualquer tradição nesse tipo de indústria, estimulando uma verdadeira "guerra" de vantagens para atrair as montadoras, trouxe elementos novos para uma análise dos novos padrões de desenvolvimento.

As montadoras que se instalaram na região Sul do Estado do Rio de Janeiro seguiram a lógica da chamada "guerra fiscal", buscando isenções de impostos e vantagens logísticas. Mas há também outros aspectos. A vinda das fábricas da Volkswagen (1996) e da PSA Peugeot Citroën (2001) para os municípios contíguos de Resende e Porto Real, no Vale do Paraíba, acabou por criar grandes expectativas no que diz respeito às possibilidades de desenvolvimento regional. E ainda mais: a fábrica de ônibus e caminhões da VW em Resende se constituiu em foco de atenção da indústria mundial ao realizar uma experiência inovadora de divisão do trabalho dentro da própria unidade fabril, com o chamado "consórcio modular".

Empresas integrantes de cadeias produtivas globais, ao se instalarem em novas localidades e regiões, produzem dinâmicas criadoras de situações que tendem a alterar as condições de desenvolvimento econômico e os padrões de participação institucional e política. Em Resende e Porto Real, a partir da implantação das empresas e, independentemente do sucesso ou do fracasso dos empreendimentos, tem havido um considerável dinamismo e reativação das economias locais, com resultados palpáveis em termos de novas fábricas, novos postos de trabalho, novas atividades de serviços. Isso tem despertado a necessidade de investigar outros aspectos desse processo de desenvolvimento, que estariam propiciando a rearrumação e a formação de redes sociopolíticas, muitas vezes através da criação de novas instituições e/ou de novos relacionamentos político-institucionais, de modo a potencializar os resultados para os atores envolvidos nas localidades (com especial atenção à participação dos trabalhadores e dos sindicatos), mas também de modo a permitir articulações para resistir às estratégias que indiquem qualquer recuo no processo criado pelos novos investimentos e pelas novas fábricas (cf. capítulos 1 e 2).

A estrutura do mercado de trabalho, por exemplo, ganhou novas características e se tornou mais complexa com as exigências das montadoras. Embora os empregados requisitados tenham ido majoritariamente para a linha de produção e para os serviços acessórios ao funcionamento das fábricas (segurança, alimentação, limpeza, transporte, etc) e não para os cargos de gerência mais elevada, a demanda inicial foi por uma mão-de-obra escolarizada e com formação técnica básica (cf. capítulo 6).

Pode-se constatar um crescimento também de outros tipos de emprego, tanto na construção civil quanto no setor de serviços (principalmente turismo). Aumentou a demanda por casas e apartamentos, hotéis para executivos, melhores restaurantes e serviços no comércio. Com a entrada em funcionamento do conjunto de empresas ligadas ao setor automotivo, pode-se dizer também que se formou um "mercado interno de mão-de-obra", com trabalhadores se alternando entre as empresas. A formação de uma nova classe operária industrial, ligada à indústria de veículos, altera o perfil do operariado metalúrgico regional (cf. capítulo 4), tradicionalmente ligado às atividades da Companhia Siderúrgica Nacional.

Uma das principais características das novas empresas instaladas, a de serem "fábricas enxutas", portanto estruturadas de modo a não precisarem manter uma grande concentração de trabalhadores e de não criarem muitos empregos diretos, talvez seja um dos aspectos mais interessantes a serem considerados (cf. capítulos 3 e 5).

Não se trata aqui de locais que tenham sofrido com a reestruturação das empresas e que tenham tido que negociar a crise que se abateu sobre o seu mercado de trabalho. Em Resende e Porto Real, as demandas sobre o mercado de trabalho foram crescentes (embora não na quantidade imaginada pela sociedade local), exigindo, além de tudo, um tipo de trabalhador preparado para atender as necessidades específicas da produção de veículos.

A atividade e a participação sindical metalúrgica cresceram em quantidade e qualidade após a vinda das empresas da indústria automotiva. De uma inexpressiva extensão do sindicato baseado em Volta Redonda (cf. capítulo 7), a subsede de Resende ganhou expressão e peso político com o aumento significativo do número de operários empregados pelas montadoras. Embora houvesse inicialmente falta de experiência de negociação salarial e outros itens relativos à pauta das montadoras, as características da cadeia automotiva têm permitido um interessante processo de rápida socialização de práticas sindicais no Brasil e no exterior, de modo a integrar os operários metalúrgicos de Resende e Porto Real à problemática mais ampla desse ramo industrial (cf. capítulo 9).

Os metalúrgicos da VW e da PSA Peugeot Citroën e sua liderança sindical local estiveram bastante ativos desde os primeiros anos, apelando inclusive para uma greve de uma semana, em 1999, quando conquistaram o direito de ter uma comissão de fábrica eleita periodicamente pelos trabalhadores. A fábrica da VW de Resende foi também a escolhida para iniciar o conjunto de paralisações do que ficou conhecido nesse mesmo ano como o "festival de greves", movimento que reuniu as principais centrais sindicais na demanda por um contrato nacional para os trabalhadores das montadoras que compensasse as defasagens salariais estabelecidas pela reespacialização da indústria automotiva (cf. capítulos 8, 9 e 10).

Os capítulos deste livro revelam a complexidade do novo contexto socioeconômico que, independentemente da vontade das grandes empresas, tem sido um indutor da formulação de novas práticas com vistas a garantir a sustentabilidade econômica e tem tido o efeito de publicizar a discussão sobre as conseqüências desse novo perfil produtivo para as relações de trabalho, o mercado de trabalho e para a sociedade civil organizada, principalmente os sindicatos e os movimentos sociais.

A situação do Sul fluminense confirma também a importância da política como esfera fundamental de qualquer análise atual sobre localidades com aglomerados industriais, no sentido de compreender as concepções e estratégias dos atores econômicos locais e suas diferentes formas de articulação na constituição de um padrão de desenvolvimento que implique na participação desse coletivo no controle das melhores opções para o uso dos recursos econômicos e políticos produzidos na região.

***

A realização deste livro só foi possível através do apoio acadêmico e financeiro de um conjunto de instituições às quais gostaríamos de agradecer. Ao CNPq, à Capes e à FAPERJ (Programa Cientistas do Nosso Estado), pelo auxílio permanente aos diversos projetos de pesquisa cujos resultados estão presentes na coletânea; e ao Programa de Pós-graduação em Sociologia e Antropologia (PPGSA) da UFRJ, por ter sido o núcleo produtor de teses e dissertações a partir das quais alguns dos textos foram escritos e pelo seu programa de incentivo a publicações.

José Ricardo Ramalho
Marco Aurélio Santana

CAPÍTULO 1

Novas conjunturas industriais e participação local em estratégias de desenvolvimento*

José Ricardo Ramalho

Empresas integrantes de cadeias produtivas globais, ao se instalarem em novas localidades e regiões, produzem dinâmicas criadoras de situações que tendem a alterar as condições de desenvolvimento econômico e os padrões de participação institucional e política. A proposta do texto é discutir as questões relacionadas à formação desses novos padrões de participação, atribuindo relevância à ação de redes sociopolíticas que se constituem nas localidades onde ocorrem as atividades industriais. A situação analisada é conseqüência da dinâmica do setor automobilístico brasileiro, que, ao longo dos anos 1990, passou por um processo de reestruturação, fazendo novos investimentos, construindo novas fábricas e afetando antigas e novas regiões industrializadas.

Pretende-se argumentar, a partir de um caso regional de implantação recente de unidades fabris da indústria automotiva (Sul fluminense), que mesmo em um contexto em que a introdução inicial de grandes empresas tem motivações oportunistas (isenções fiscais, empréstimos públicos generosos, baixos salários, etc), sem nenhuma perspectiva de cooperação com as institui-

---

* Este capítulo foi publicado em forma de artigo pela revista DADOS, Vol. 48, N° 3, 2005 (RJ, IUPERJ). A redação do texto ocorreu sob os auspícios do *Bellagio Study Center – The Rockefeller Foundation*, que me acolheu, na qualidade de pesquisador visitante, em Bellagio, na Itália, no ano de 2004. Quero também agradecer à Neide Esterci a leitura atenta e crítica dos originais deste capítulo.

ções econômicas e políticas locais, podem emergir iniciativas de mobilização e intervenção da sociedade no sentido de interferir na política industrial e fomentar atividades de colaboração visando o desenvolvimento da região.

O aglomerado industrial da hipótese aqui examinada foi instalado sob a forma de "produção enxuta", o que não autorizaria a crer na sua capacidade de gerar situações que levem à formulação de estratégias de integração das empresas entre si, e entre elas e o poder público e a sociedade civil. Na ausência de uma ação do tipo que levou aos efeitos de desenvolvimento observados nos "distritos industriais italianos" (que se baseiam na articulação "virtuosa" entre pequenas empresas para a formação de arranjos cooperativos), será que é possível pensar que em situações de aglomeração industrial, como as do Sul fluminense, possa haver elementos da sociedade civil, acúmulos históricos, capital social capaz de provocar efeitos ao menos semelhantes? Diante de uma indústria que cada vez mais reduz os seus custos de produção – entre outros, graças ao rebaixamento de salários e ao corte de postos de trabalho –, diante da explicitação por parte das indústrias de que o deslocamento espacial visa auferir ainda mais ganhos, seja às expensas dos trabalhadores ou do Estado, será que vale a pena perguntar sobre os eventuais efeitos positivos para a sociedade como um todo, e especialmente para os trabalhadores da região, que a presença dessas indústrias possa provocar?

Por razões que serão demonstradas mais adiante, no caso estudado, a presença destas empresas tem de fato funcionado como um indutor da necessidade de cooperação para o desenvolvimento econômico. Isso pressupõe aceitar que os atores políticos das localidades da região possam se capacitar para atuar (até mesmo para contestar) na gestão da nova fase do desenvolvimento local. De forma diferenciada, também podem atuar no sentido de moldar o desenvolvimento a favor dos interesses econômicos e sociais da sociedade local. Neste coletivo estariam incluídos os trabalhadores, principalmente aqueles contratados pelas novas empresas, que além de constituírem um grupo social expressivo, com novas expectativas e demandas no espaço fabril e no espaço da cidade, transformariam a organização sindical em participante potencialmente relevante nesse processo.

A argumentação teórica

Tratar desta temática implica dialogar com um conjunto de questões teóricas, presente na literatura das ciências sociais e econômicas, a começar pela análise dos desdobramentos da crise da produção fordista, que resultou na reestruturação das grandes empresas verticalizadas e rígidas, transformadas em organizações mais flexíveis e articuladas em redes, formando cadeias produtivas globais[1], afetando as relações de trabalho e as localidades onde estão instaladas. A facilidade com que as fábricas "enxutas" conseguem se deslocar de um espaço geográfico para outro, teria significado, por um lado, o aumento do poder discricionário das empresas, sempre em busca de lugares com mão-de-obra barata e grandes incentivos fiscais (como acontece com os países tardiamente industrializados); por outro lado, teria feito crescer a importância econômica e política dos locais onde estão instaladas as empresas reestruturadas, a partir do momento em que esses locais[2] passaram a fazer parte de um circuito global. Esta situação, identificada em vários países, incluindo o Brasil, poderia ser entendida como capaz de mexer com estratégias empresariais globais e nacionais e com políticas de desenvolvimento econômico e social locais, regionais e nacionais. Nessa "nova ordem econômica regional", os sistemas econômicos regionais modernos poderiam ser vistos não apenas como representados por um domínio puramente privado, no qual prevalecem as relações mercadológicas, mas também como um "domínio coletivo de exterioridades, que é a nascente de vantagens competitivas e efeitos de desenvolvimento, mas que deve ser gerenciado por instituições públicas adequadas, a fim de garantir a totalidade dos benefícios que gera." (Scott, 1999:30,31).

A discussão sobre estratégias de desenvolvimento local associada a esse novo momento da indústria automobilística brasileira (de descentralização e deslocamento para fora das regiões metropolitanas) tem incorporado formulações sobre dinâmicas que valorizam "não apenas as relações econômicas produtivas, mas também a eficácia das relações não mercantis entre os homens." Segundo Pires (2004:3), essas dinâmicas ultrapassariam "a valorização dos

---

[1] Cf. Castells (1998); Boltanski&Chiapello (1999); Harvey (1992) entre outros.

[2] Parte-se de uma concepção de localidade na articulação com processos nacionais e internacionais de mudança na economia política, que, como diz Cooke (1989:296), não pode ser vista apenas como mera receptora de algo decidido em escala superior, mas que está ativamente envolvida na sua transformação, mesmo que não tenha controle total sobre seu próprio destino.

mercados de bens materiais de consumo, agora envolvendo os serviços, as tradições e os saberes locais, transformados em recursos que dão suporte a várias atividades econômicas" e se constituiriam elementos estratégicos das ações dos atores sociais locais. Do mesmo modo, nessa perspectiva valorizam-se cada vez mais as cidades e não apenas as empresas como contextos dos processos de desenvolvimento local. Cocco *et al* (1999:23,24), por exemplo, chegam a dizer que "a transferência do 'lugar' da produção para os territórios das cidades extrapola a localização estritamente privada característica do regime de acumulação fordista." E que "o espaço da produção, ao deixar a fábrica e passar a se referenciar na cidade (no território), ganha uma conotação pública inexistente anteriormente."

Considerando que em realidades concretas essas características podem aparecer juntas e muitas vezes em conflito, incorporar a dimensão política na discussão sobre o desenvolvimento local, para explicar o caso em questão, se torna essencial. A unidade básica de análise seriam os atores econômicos locais e as redes sociopolíticas formadas por eles, que conformariam um padrão particular de desenvolvimento (entre as quais estão empresas e sindicatos). Locke (1995:12), por exemplo, descrevendo a experiência italiana, considera que "essas redes criam misturas de recursos e constrangimentos que moldam as escolhas estratégicas para os atores locais. (...) Não apenas estruturam o fluxo de informações e relações entre as entidades econômicas locais, como também oferecem aos atores locais diferentes ligações ou canais de representação nos grupos nacionais de interesse e criadores de políticas." E sugere que "estratégias bem-sucedidas são construídas sobre redes de associativismo densas mas igualitárias, organização de grupos de interesse e instituições locais que facilitam a troca de informações e a obtenção de recursos escassos, mediam conflitos e geram confiança entre os atores econômicos." A questão decorrente desta perspectiva é perceber, segundo Roese (2003), "como estes vínculos (extra-econômicos) podem ser criados onde eles não foram desenvolvidos historicamente."

Esse contexto estimula o debate sobre os mecanismos de coordenação que resultam no sucesso dos arranjos produtivos. Conforme Roese (2003), a questão central passa a ser "a governança, ou seja, como instituições, formais ou não, contribuem para que a política industrial e as estratégias individuais e coletivas das empresas, dos centros de pesquisa, ensino e treinamento convirjam no sentido de obter (uma) desejada eficiência coletiva." Para Guimarães&Martin (2001:16), o desafio está em saber "como padrões de governança e arranjos típicos que surgem com a chamada produção 'flexível' ou 'enxuta' (...) dão lugar a novas formas de alocação de bens – materiais e simbólicos – produzidos a partir da atividade econômica", recuperando na análise das experiências de "governança" "a idéia de que a natureza do desenvolvimento econômico é um fenômeno sujeito à contestação política e econômica" (Idem:21).

As formulações atuais sobre "distritos industriais" são também uma boa referência para se discutir a experiência brasileira em geral e o caso do Sul fluminense em particular. Markusen (1996:294) traz uma importante contribuição nesse sentido ao elaborar uma tipologia na qual destaca os critérios que tornam as localidades ou as regiões atraentes para a concentração de atividades industriais, e que acima de tudo tornam duradouras essas experiências. E ao descrever a diversidade de situações que podem manter a atratividade de um local ou de uma região, a autora amplia a discussão sobre os "novos distritos industriais" para além do exemplo dos distritos industriais italianos (baseados na especialização flexível e na atratividade ligada ao papel da pequena empresa, articulada em um sistema cooperativo regional de governança industrial), ao incorporar, entre outros tipos de distrito industrial, diferentes formatos não necessariamente baseados apenas em pequenas empresas, mas também em relações entre grandes e pequenas empresas.

De fato, o caso do Sul fluminense não se enquadra no padrão clássico do distrito industrial italiano[3]. No entanto, a região e o município escolhidos para a atividade industrial preponderante apresentam características próximas às de dois tipos descritos por Markusen (Idem:302): o distrito industrial "hub-and-spoke", que é "dominado por uma ou várias grandes firmas, integradas verticalmente em um ou mais setores, circundadas por fornecedores menores e com menos poder" (nesse caso, as empresas ou instituições principais "não são enraizadas localmente, tendo importantes laços com os fornecedores, competidores e consumidores estabelecidos fora do distrito"); e o segundo tipo, chamado de "plataformas satélites", em que as empresas "são colocadas pelos

---

[3] Cuja vantagem estaria na constituição de uma forte rede de (pequenas) empresas que, segundo Sengenberger&Pike (1999:103), através da especialização e da subcontratação, dividiriam entre si o esforço necessário para produzir determinados bens, já que a especialização induziria à eficiência, tanto individual quanto no plano do distrito, e a especialização combinada com a subcontratação promoveria a capacidade coletiva, resultando uma economia tanto de escala quanto de escopo.

governos nacionais ou governos regionais a uma certa distância de grandes áreas urbanas como uma forma de estimular o desenvolvimento regional e simultaneamente baixar o custo do negócio para firmas competitivas pressionadas pelos altos salários urbanos, aluguéis e impostos."

Deslocamentos da indústria automotiva brasileira: o caso do Sul fluminense

A indústria automotiva, decisiva para o desenvolvimento do país a partir dos anos 1950, reestruturou sua organização produtiva nos anos 1990, como reflexo da crise de produtividade em nível internacional e de um longo período de recessão econômica no mercado interno, associado ao abandono da política de substituição de importações. (Abreu, Gitahy, Ramalho e Ruas, 2000).

Nessa conjuntura, o Brasil tornou-se um importante alvo dos investimentos diretos de empresas multinacionais do setor, e graças aos incentivos fiscais de um "novo regime automotivo"[4] esses investimentos se traduziram na construção de novas fábricas e na reestruturação das antigas com um dispêndio de mais de US$ 20 bilhões. Ocorreu também um processo de reespacialização da indústria[5], com um deslocamento para outras regiões e municípios afastados das áreas industriais mais tradicionais, como o ABC paulista, a maioria sem relação prévia com esta atividade industrial, estimulando uma competição pelas montadoras[6] e criando novas experiências e novos padrões de desenvolvimento local[7].

A vinda das fábricas da Volkswagen Ônibus e Caminhões (1996)[8] (doravante VW) e da PSA Peugeot Citroën (2001) para os municípios vizinhos de Resende e Porto Real, no Vale do Rio Paraíba do Sul, foi resultado dessa política de

---

[4] O *Novo Regime Automotivo* nasceu no interior do Plano Real e tinha como principais objetivos: (1) manter em funcionamento as grandes montadoras e as indústrias de autopeças já instaladas no país; (2) reestruturar as empresas brasileiras do setor; (3) atrair novas companhias e estimular a construção de novas plantas e marcas; (4) consolidar o Mercosul e reforçar a posição do Brasil como seu ator-chave.

[5] De acordo com Scott (1999:20,21), "como os sistemas de produção em massa existentes em diferentes partes do mundo continuam a reestruturar-se, e como as aglomerações antigas (tal como a da região do ABC) produzem crescentes deseconomias (aumentos de salários e de custos de terrenos, por exemplo), os mesmos sistemas mostram uma propensão à reorganização do local com novos investimentos, que tendem a ser dirigidos cada vez mais para outros locais *green-field*, onde suas vantagens competitivas podem ser recriadas em uma nova base geográfica."

incentivos fiscais. Em Resende e Porto Real, os primeiros efeitos dos investimentos têm indicado um certo dinamismo das economias locais, com resultados palpáveis em termos do aumento dos recursos públicos, instalação de outras novas empresas, criação de postos de trabalho e novas atividades de serviços[9].

Os municípios de Resende e Porto Real fazem parte da região fluminense do Médio Paraíba e estão estrategicamente localizados no meio do principal corredor industrial brasileiro, ao longo da rodovia Rio-São Paulo, sendo pró-

---

[6] Na interpretação de Arbix *et al* (1999, 2000), essas estratégias de desenvolvimento estariam levando a uma disputa predatória entre estados e municípios em que o único e grande perdedor seria o setor público. Para eles, a única razão efetiva para o engajamento na guerra fiscal estaria vinculada aos dividendos a serem colhidos pelos governantes com uma visão de que a atração de grandes empresas seria panacéia para o desenvolvimento econômico. Cardoso (2001:10) identifica outros aspectos importantes desse processo de descentralização: "a guerra fiscal explica o destino final de uma planta, mas não explica *a decisão de descentralizar* o investimento. (...) Novos entrantes e novas plantas de antigas companhias seguiriam, previsivelmente, a lógica dos novos investimentos em toda parte na indústria automotiva: a escolha de um *green-field* (com ausência de tradição sindical e de trabalho em montadoras, existência de infra-estrutura de apoio e para escoamento da produção, estabilidade política local, acesso a mercados consumidores, salários mais baixos do que nas regiões de tradição sindical, disponibilidade de força de trabalho qualificada etc.)."

[7] Segundo Pacheco (1999:5) "está em curso sensível alteração na dimensão espacial do desenvolvimento brasileiro, em que uma possível continuidade da desconcentração das últimas décadas deve ser acompanhada pelo aumento da heterogeneidade interna das regiões brasileiras, com o surgimento de ilhas de produtividade em quase todas as regiões, crescimento relativo maior das antigas periferias nacionais e importância maior do conjunto das cidades médias perante as áreas metropolitanas."

[8] A fábrica de ônibus e caminhões da VW em Resende, além de tudo, é a única fábrica da empresa para esse tipo de veículo no mundo. Resende adquiriu status de "marca" em função da criação do "consórcio modular", apresentado como novidade em termos de modelo de produção, que consiste numa proposta radical de 'terceirização', ao colocar os fornecedores dentro da fábrica e responsabilizá-los diretamente pela montagem dos veículos, repartindo investimentos, custos e riscos (cf. Abreu, Beynon e Ramalho, 2000; Arbix e Zilbovicius, 1997).

[9] Região tem maior PIB/per capita do Estado - Os investimentos de empresas que estão se instalando na região já começam a render frutos para o Médio Paraíba. Com a vinda de empresas como a Peugeot Citroën, GalvaSud, fabricantes de autopeças, em Porto Real; a Volkswagen Caminhões e Ônibus, em Resende, (...), a região já é a primeira em PIB per capita no Estado. (...) Segundo os dados mais recentes, em 1999, a região do Médio Paraíba obteve o primeiro lugar com um PIB per capita de R$ 11.258,00 contra a metropolitana, que foi de R$ 10.397,00. (...) Ao todo, são cinco municípios pertencentes ao Sul fluminense que estão no *ranking* de maiores PIBs do Estado. (*Diário do Vale*, 10 de maio de 2001).

ximos de uma das principais empresas siderúrgicas do país, a Companhia Siderúrgica Nacional (doravante CSN), estabelecida em Volta Redonda (RJ), a partir dos anos 1940. Pode-se dizer que foi após a inauguração da CSN que toda essa região, tradicionalmente associada a grandes fazendas de café, começou a mudar o seu perfil, de modo a ser hoje anunciada, a partir da vinda da indústria automotiva nos anos 1990, como um pólo de desenvolvimento com "vocação para a indústria metal-mecânica".

A história industrial de Resende (incluindo Porto Real e Itatiaia – distritos recentemente emancipados), desde os anos 1950, divide-se em diversos ciclos econômicos e sempre esteve associada a grandes firmas, algumas delas ainda presentes no local – indústria química e farmacêutica, de bebidas, energia nuclear, metalurgia e pneus –, mas não é uma história que chame a atenção pela colaboração entre empresas ou por uma forte ligação com a localidade. A predominância de uma cultura da grande empresa descolada da realidade local parece ter sido um traço característico dos ciclos de desenvolvimento industrial anteriores[10]. No caso da indústria automobilística, embora a tendência inicial tenha sido pela manutenção dessa prática, a dinâmica criada pela instalação das empresas e a expectativa gerada pela possibilidade de um novo ciclo de crescimento econômico nos municípios, na região e no Estado, parecem indicar uma dinâmica diferente das outras épocas.

Dentre os vários fatores que possibilitaram a escolha de Resende para esse novo tipo de investimento, está o fato de que o município se enquadra na opção estratégica das empresas de permanecerem geograficamente perto do principal mercado consumidor brasileiro e acessível ao mercado sul-americano. Além da chancela política do governo federal, que permitiu ao governo do Estado do Rio de Janeiro participar do "leilão" que se instituiu com o objetivo de atrair as montadoras e suas fornecedoras, enfatizou-se também a vinda das grandes montadoras como promotoras do desenvolvimento econômico[11]. Se-

---

[10] Isso não se coloca para a CSN em Volta Redonda, empresa estatal construída no espírito de integração com a cidade, o mercado de trabalho, e que atraiu uma rede de outras empresas siderúrgicas.

[11] No caso da VW especificamente, o governo estadual entrou com boa parte dos custos de infra-estrutura, um montante em torno de US$ 15 milhões. As negociações para a implantação da PSA Peugeot Citroën foram diferentes, embora com a utilização dos mesmos mecanismos, como doação de terras, incentivos fiscais, salários baixos e uma infra-estrutura regional que atendia aos interesses de expansão da montadora. No que diz respeito à política de incentivos, o caso da montadora francesa revelou uma inovação – a participação do próprio Estado do Rio de Janeiro como sócio da empresa, com cerca de 32% de participação no seu capital (acrescido de um empréstimo substancial por parte do BNDES). (Cf.Ramalho&Santana, 2001).

gundo o ex-secretário de Indústria e Comércio do Estado do Rio de Janeiro, Márcio Fortes (1999),

> Não há país desenvolvido decente no mundo que não tenha uma fábrica de automóveis (...) A indústria automobilística é uma marca de desenvolvimento industrial.(...) País que se preza tem que ter indústria automobilística. Mais ainda, Estado que se preza no Brasil tem que ter indústria automobilística.

No *front* municipal, todo esse processo serviu também para rearranjar forças políticas e econômicas locais. O fato mais importante que marcou esse período foi a disputa territorial desencadeada pelo anúncio da vinda da VW, e que resultou concretamente na emancipação do município de Porto Real, em 1995. Nesse contexto, a localização da fábrica foi moeda de troca, tendo sua permanência em Resende sido condicionada a um plebiscito sobre a emancipação. Em seguida, Porto Real foi escolhido para ser a base municipal da PSA Peugeot Citroën e de seus fornecedores, e da Galvasud (empresa siderúrgica resultado de uma parceria entre a ThyssenKrupp e a CSN), cuja produção é voltada para a indústria automobilística.

Uma relação direta também se fez entre a doação de terrenos privados para a instalação das empresas e a negociação política da emancipação. Os terrenos pertenciam a um dos principais empresários locais, dono do Grupo Porto Real, que, entre outras empresas, controlava mais notadamente a Coca-Cola regional, além de ser proprietário de uma grande quantidade de terras oriundas de antigo canavial.

> A Volkswagen (anunciou) que a empresa ficaria em Resende. (...) numa fazenda chamada Piquet, no distrito de Porto Real. Aí houve uma comoção na cidade de Resende.(...) Porque foi uma doação de 2 milhões de metros quadrados do grupo Porto Real que veio sensibilizar e conseguir que esse grande parque industrial da Volkswagen Ônibus e Caminhões (...) ficasse em Porto Real, porque a fazenda era propriedade desse grupo que cedeu parte do seu patrimônio para a Volkswagen se instalar. (...) O atual prefeito de Resende (...) era, na época, deputado estadual (...) começou a dizer: "Não, nós não queremos que a Volkswagen vá para Porto Real". E (...) começou a fazer "lobby" na assembléia para que os deputados não aprovassem esse projeto. (...) Aí, nós resolvemos dizer: está bem, vocês querem a Volkswagen? Mas nós queremos a nossa independência (...) (S.Bernardelli, prefeito de Porto Real, 2003).

Nesse caso parece ter prevalecido a estratégia da competição, tradicional entre os municípios brasileiros. No entanto, embora a nova aglomeração industrial tenha sido formada a partir de uma política predatória de incentivos fiscais, já há indícios de que as instituições municipais e estaduais voltadas para o desenvolvimento econômico têm atuado no sentido da criação de um novo pólo industrial "metal-mecânico". São várias iniciativas em termos de legislação e criação de novos mecanismos de incentivo ao investimento na região, orientadas pela preocupação com o crescimento econômico e a geração de empregos. A situação parece ter evoluído, graças à sinergia proporcionada pelas atividades da indústria automotiva, e pela possibilidade de um novo ciclo de prosperidade, embora em condições diferentes de fases anteriores. Articula-se um movimento no sentido de criar mecanismos indutores da formação de coletivos com interesses comuns[12].

O exemplo descrito pelo secretário municipal de Indústria e Comércio de Resende parece significar um avanço na direção de uma discussão intermunicipal:

> Existe um fórum de secretários, principalmente com a nossa Secretaria de Desenvolvimento Econômico. Você não vê muita reunião, mas existe o fórum de secretários de indústria e comércio. Até porque a gente tem que falar a mesma linguagem. (...) Quando a empresa vem procurar a região, a gente quer que ela se instale aqui, pode ser Itatiaia, Quatis ou Porto Real (Antonio Gastão, secretário de Indústria, Comércio e Turismo de Resende, 2001).

Independentemente da motivação das grandes empresas, a situação criada pela sua instalação acabou tendo o efeito de empurrar as entidades empresariais regionais e locais na direção de novas iniciativas de integração entre empresas, estimulando as de pequeno e médio porte, principalmente no setor de serviços, a se habilitarem ao fornecimento às grandes. A Federação das Indústrias do Rio de Janeiro (doravante FIRJAN) regional tem, de certa forma, liderado esse processo de discussão. A implantação e as reuniões regulares da "Comissão Intermunicipal de Resende, Itatiaia, Porto Real e Quatis", com a

---

[12] Embora em um contexto industrial distinto, um movimento com essas características pode ser identificado em várias experiências no ABC paulista, como, por exemplo, a da criação da Câmara Regional do Grande ABC (Cf.Arbix, 2000; Leite, 2003; Martin, 2001; Daniel, 2001; Jácome Rodrigues, 2004; Klink, 2003).

presença constante de representantes de empresas de todos os tipos – industriais, agrícolas e de serviços-, de secretários e de prefeitos, revelam um importante fórum criado com o objetivo de debater as questões locais. Percebe-se, no entanto, uma pequena ou quase nenhuma participação de trabalhadores ou sindicatos nessas iniciativas. O acesso às atas das reuniões da Comissão permitiu identificar práticas associadas diretamente à nova realidade econômica desencadeada pelas montadoras. Segundo o diretor regional da FIRJAN,

> a FIRJAN (...) precisa estar presente nas diversas discussões, não só voltadas exclusivamente para o setor industrial (...) mas discutindo todas as demandas da sociedade. (...) Nós implantamos as comissões intermunicipais (...) e essas comissões têm plena liberdade de atuar em nome da FIRJAN dentro dos limites desses municípios (...) São sempre articuladas, dirigidas e presididas por um membro do conselho e se reúnem mensalmente. (...) Nós temos um acompanhamento de tudo o que acontece, não só diretamente ligado à atividade industrial, mas também às demandas da sociedade, enfim, porque são chamados a participar dessa discussão não só empresários, como também os outros setores da sociedade, o poder público (diretor regional da Federação das Indústrias do Rio de Janeiro – FIRJAN, Henrique Nora, 2002).

Uma parte das discussões tem se voltado para os impactos da vinda da indústria automobilística, inclusive para o mercado de trabalho local, mas também tem significado um entendimento com as Prefeituras da região.

> (O que se discute nessas comissões?) (...) Geralmente, problemas que afetam o trabalho das indústrias e questões da sociedade local. (Mercado de trabalho também?) Mercado de trabalho.(...) O nosso braço de formação profissional está sempre presente, o SENAI. (...) Lá na fábrica da Peugeot Citroën, nós formamos praticamente toda mão-de-obra aqui dentro do SENAI.(...) Temos parceria com todas as Prefeituras. São nossos parceiros e temos com eles uma perfeita integração. Lógico que com uns prefeitos mais, com outros menos, mas de um modo geral... (E tem resultado em políticas concretas?) Temos o fórum de logística e desenvolvimento do Sul do estado. Temos discutido a implantação, o desenvolvimento organizado da região, porque a gente vê que o desenvolvimento passa por aqui, mas que ele precisa se fazer de forma organizada (diretor regional da Federação das Indústrias do Rio de Janeiro – FIRJAN, Henrique Nora, 2002).

A questão da educação, formação técnica e profissional teve um grande estímulo nessa conjuntura. Sabe-se que um dos aspectos decisivos para a vinda das empresas foi a existência de uma unidade do SENAI, que tem garantido a qualidade da mão-de-obra e servido como porta de entrada para o novo operariado. O bom nível de escolarização em Resende também é atribuído historicamente à presença da Academia Militar das Agulhas Negras e da influência militar sobre a vida do município: dentre outros aspectos a serem lembrados, a atuação de bons professores oriundos da Academia, que fizeram elevar o padrão de qualidade das escolas. No atual momento, há um claro movimento no sentido de aumentar a oferta de ensino superior. Novos cursos em faculdades pública e privada apontam para uma demanda cada vez maior por profissões relacionadas com as necessidades atuais do mercado de trabalho industrial. No nível regional, a criação de uma Universidade Federal no Sul fluminense, baseada em Volta Redonda, foi recentemente anunciada pelo Ministério da Educação.

Iniciativas com vistas a criar condições para outros novos investimentos, aproveitando o impulso econômico trazido pela indústria automotiva, têm se manifestado no universo regional, incluindo as áreas industriais mais antigas, em busca de novas vocações ou de uma melhor adaptação à realidade industrial transformada pela reestruturação empresarial que atingiu a todas ao longo dos anos 1990. A referência é a região mais ampliada, incluindo principalmente outros de seus mais ativos municípios – Volta Redonda e Barra Mansa, mas também Piraí e Barra do Piraí.

Na imprensa, o relato das atividades empresariais do MetalSul reconhece o dinamismo econômico da nova conjuntura e identifica pautas pouco comuns até recentemente, como o convite ao diálogo entre capital e trabalho em prol do desenvolvimento local.

<u>MetalSul propõe apoio a empresas locais</u> – Um dos objetivos de Roberto Balbi, recém-eleito presidente do Sindicato das Indústrias Metalúrgicas, Mecânicas e de Material Elétrico do Sul fluminense (MetalSul), é dialogar com as Prefeituras locais para que elas passem a dar facilidades e incentivos (também) para as empresas que já estão estabelecidas na região (...). O dirigente sindical (...) conta obter o apoio do sindicato dos metalúrgicos para essa iniciativa: "Se empregadores, empregados e poder público se unirem com um mesmo objetivo, tenho certeza de que todos na região poderão sair ganhando", disse. Balbi acredita,

também, que o relacionamento entre patrões e empregados, assim como entre empresas e governos e entre as diversas empresas, está passando por transformações. – Acredito que não só a região, mas todo o mundo está entrando em uma era em que a solidariedade passa a ser uma questão de sobrevivência (...) (*Diário do Vale*, 5 de outubro de 2001).

Nos outros exemplos (2002 e 2004), pode-se identificar também o empenho de políticos locais (deputados, prefeitos, secretários) associados à administração estadual na elaboração de programas de incentivo ao desenvolvimento metal-mecânico e na tentativa de criar condições para uma maior integração entre as empresas locais.

Empresas irão oferecer serviços a grandes indústrias – O prefeito (de Resende) Eduardo Meohas e o secretário municipal de Indústria, Comércio e Turismo, Antônio Gastão, lançaram ontem o Programa Missão Empresarial. O evento (...) teve como proposta cadastrar empresas do município para oferecerem serviços e peças às grandes companhias sediadas em Resende e região, como Volkswagen, Clariant, Peugeot, Galvasud e Guardian. Segundo Gastão, esse programa busca ainda promover a integração entre as grandes, médias e pequenas empresas de Resende (*Diário do Vale*, 13 de dezembro de 2002).

Governo do Estado promove workshop para atrair investidores – A Codin (Companhia de Desenvolvimento Industrial do Estado do Rio de Janeiro) promove hoje na fábrica da Volkswagem Caminhões e Ônibus o 1º Workshop de Negócios Automotivos do Estado do Rio de Janeiro. O evento é promovido em parceria com o Sebrae/RJ, o Grupo de Produção Integrada da Coppe/UFRJ e a Rede de Tecnologia do Rio de Janeiro e tem o objetivo de atrair para o estado investidores do segmento que reúne fabricantes de carrocerias, semi-reboques, guinchos e caçambas graneleiras especiais. O workshop (...) é parte integrante do projeto Rio Automotivo. (...) Segundo o presidente da Codin, (...), foi justamente com (...) a finalidade de integrar a cadeia produtiva do setor automobilístico, fortalecendo assim o cinturão de fornecedores no Médio Paraíba, que a Codin formou um grupo para transformar o Sul fluminense em um pólo de soluções para veículos comerciais e implementos rodoviários (...) (*Diário do Vale*, 16 de abril de 2004).

Políticas de caráter nacional, nos últimos anos, têm se efetivado localmente com o objetivo de facilitar a criação de novos micros e pequenos empreendimentos, com destaque para o papel desempenhado pelo Serviço Brasileiro de Apoio às Micro e Pequenas Empresas (doravante SEBRAE), através de uma política de incentivo à formação de Arranjos Produtivos Locais (APLs). Essa estratégia se articula com outras iniciativas, principalmente de associações empresariais, como a FIRJAN. Nos exemplos retirados da imprensa (a seguir), encontram-se dois tipos de ação do SEBRAE na região Sul fluminense em áreas fundamentais para o crescimento econômico: uma ação que diz respeito à logística de transporte tendo em vista a instalação das novas indústrias, e uma outra relativa ao significativo setor turístico dos municípios ao redor de Resende, neste caso com uma clara preocupação de agregar diferentes setores da sociedade para discutir alternativas para o desenvolvimento local.

Sebrae e Sulcarj debatem transporte – Sebrae vai apresentar (...) a pesquisa realizada pelo Instituto Genesis com pequenas e grandes empresas embarcadoras de produtos sobre a necessidade de aprimoramento dos serviços prestados pelas transportadoras de cargas da região. Intitulado "Médio Paraíba sobre Rodas", o evento é organizado em parceria com o Sulcarj (Sindicato das Empresas de Transportes de Cargas do Sul fluminense) e a Aciap (Associação Comercial, Industrial e Agro-Pastoril). (...) De acordo com o gerente regional da Agência de Desenvolvimento do Sebrae, Olavo Damasceno Ribeiro Filho, a necessidade de discutir as formas da expansão das empresas de transportes é em função do aumento das exigências do mercado no setor de logística, com a instalação de indústrias como a Peugeot Citroën, GalvaSud e Guardian, em Porto Real. (...) (*Diário do Vale*, 24 de maio de 2000).

Fórum de Desenvolvimento Local destaca importância do turismo – Uma parceria entre o Sebrae (Serviço Brasileiro de Apoio às Micro e Pequenas Empresas), a Prefeitura municipal e a FGV (Fundação Getúlio Vargas) (...) promoveu o primeiro Fórum de Desenvolvimento Local em Itatiaia. (...) O objetivo (foi) reunir diversos segmentos da sociedade, associações de moradores e de classe, como entidades hoteleiras, visando encontrar alternativas para o desenvolvimento local e econômico do município. "É importante que haja a participação da comunidade na discussão de alternativas. A realização do fórum é o primeiro passo. Vamos articular parcerias para que essas propostas possam acontecer", ressaltou a coordenadora do projeto pela Prefeitura, Alessandra Arantes Marques. (...) (*Diário do Vale*, 25 de agosto de 2002).

O governo estadual tem utilizado suas instituições e programas no esforço de atrair mais investimentos para o Sul fluminense. Suas principais atividades vêm se dando através da Companhia de Desenvolvimento Industrial do Estado do Rio de Janeiro (doravante CODIN), que se utiliza do Fundo de Desenvolvimento Econômico e Social (FUNDES) para operacionalizar a estratégia de implantação de novas iniciativas[13]. Uma das diretoras da CODIN explica o funcionamento da instituição no caso da indústria automotiva do Sul fluminense e comenta as características do incentivo à colaboração oferecido pelo governo estadual:

> "O que a gente tenta é levar sempre um projeto que tenha sinergia com a região. (...) Qualquer projeto que venha e que a gente perceba que é Sul fluminense, a gente envolve todos os municípios do Sul fluminense, e manda um fax (...) e diz: estamos negociando um projeto para fazer isso, que precisa de uma área X..., enfim começo a dar as diretrizes e peço para cada um deles se pronunciar com relação às alternativas. Cada um deles me manda ou não, e com quem manda a gente monta o tal quadrinho, apresenta à empresa e mando cópia pro município: segue em anexo cópia do quadro de alternativas apresentado para a empresa (Roberta Maia, CODIN, 2002)".

Outros órgãos da administração pública também têm interferido na formulação de alternativas, abordando aspectos centrais para a sustentabilidade do desenvolvimento local, especialmente no que diz respeito ao meio ambiente. Uma particular preocupação com a qualidade e o uso das águas do Rio Paraíba do Sul, por exemplo, estimulou a criação do CEIVAP (Comitê para Integração da Bacia Hidrográfica do Rio Paraíba do Sul), por decreto federal em 1996, que tem seu escritório sede na cidade de Resende – RJ[14]. Outro exemplo foi a assinatura de um "termo de cooperação técnica" entre a FIRJAN e a FEEMA/CODIN para a implantação do "Programa de Ecopólos do Sul fluminense", "em prol do desenvolvimento socioeconômico do Sul do Estado" (*Diário do Vale*, 29/11/2002).

---

[13] Segundo prospecto da CODIN (2001), "estruturado em programas – setoriais, regionais e genéricos –, o FUNDES consiste na concessão de um financiamento equivalente a um percentual do faturamento incremental, gerado a partir da implantação do projeto, com taxas de juros reduzidas, de modo a assegurar às empresas investidoras condições adequadas à operação."

[14] Segundo prospecto do CEIVAP (2002:1), "o CEIVAP tem a atribuição de promover a gestão participativa dos recursos hídricos (...) e buscar a viabilização técnica e econômico-financeira de programas de investimento visando a recuperação ambiental e o desenvolvimento sustentável da bacia do rio Paraíba do Sul, garantindo a melhoria da qualidade de suas águas (...)."

Novas indústrias e mercado de trabalho local

A estrutura do mercado de trabalho ganhou novas características e ficou mais complexa com as exigências das montadoras. Embora os empregados requisitados tenham ido majoritariamente para a linha de produção e para os serviços acessórios ao funcionamento das fábricas (segurança, alimentação, limpeza, transporte, etc) e não para os cargos de gerência mais elevada (embora a tendência esteja sendo a de contratar cada vez mais mão-de-obra local para os cargos de gerência intermediária), a demanda inicial foi por uma mão-de-obra escolarizada e com formação técnica básica. No entanto, pode-se constatar um crescimento também de outros tipos de emprego, tanto na construção civil quanto no setor de serviços (principalmente turismo). Aumentou a demanda por casas e apartamentos, novos hotéis para executivos, melhores restaurantes e serviços no comércio[15]. Com a entrada em funcionamento do conjunto de empresas ligadas ao setor automotivo, pode-se dizer também que está se formando um "mercado interno de mão-de-obra", com trabalhadores se alternando entre as empresas.

A formação de uma nova classe operária industrial, ligada à indústria de veículos, altera o perfil do operariado metalúrgico regional. A história dos metalúrgicos de Volta Redonda remonta aos anos 1940, com a criação da CSN, e reflete as várias fases do movimento sindical regional e nacional, assim com as diferentes fases pelas quais passou a empresa. A privatização da CSN em 1993 e o enxugamento de sua operação industrial, resultando na redução de milhares de postos de trabalho, colocaram dilemas para o sindicato e também para a cidade, que começou a enfrentar não só as mazelas oriundas do desemprego, como também a necessidade de criar alternativas econômicas no sentido de habilitar o mercado de trabalho local para a nova realidade da "produção enxuta". No caso de Resende, a questão está em compreender o perfil do operariado exigido por esse tipo de produção, assim como a condição de sua

---

[15] Varejo esbanja confiança em Resende – (...) O número de inscrições de novas empresas em Resende, incluindo lojas e registros de autônomos, chegou a 174 no primeiro semestre do ano (2004). O restaurante Fogão de Lenha, há 16 anos na cidade, sentiu o aumento da concorrência com a abertura de três competidores no mesmo bairro de Campos Elísios, mas mesmo assim beneficiou-se da melhora da economia local. (...) O segmento que mais sentiu os efeitos do crescimento na economia, de acordo com o secretário Eduardo Campos, foi o das grandes lojas de utilidades e eletroeletrônicos (...)" (*Valor Econômico*, 23/08/2004).

sustentabilidade. Pergunta-se em que nível de precariedade está colocado esse tipo de emprego e se é possível criar mecanismos que assegurem a manutenção dos novos empregos criados.

Uma das principais características das novas empresas instaladas, a de serem "fábricas enxutas", portanto estruturadas de modo a não precisarem manter uma grande concentração de trabalhadores e de não criarem muitos empregos diretos, talvez seja um dos aspectos mais interessantes a serem considerados. Não se trata aqui de locais que tenham sofrido com a reestruturação das empresas e que tenham tido que negociar a crise que se abateu sobre o seu mercado de trabalho. Em Resende (e Porto Real), as demandas sobre o mercado de trabalho foram crescentes (embora não na quantidade imaginada pela sociedade local), exigindo, além de tudo, um tipo de trabalhador preparado para atender as necessidades específicas da produção de veículos. Nesse sentido, houve inicialmente um movimento duplo: por um lado, a VW trouxe gente do ABC para suprir determinadas necessidades que não estariam disponíveis localmente. Por outro lado, houve um intenso movimento do SENAI local no sentido de recrutar e formar o mais rápido possível trabalhadores para as novas práticas produtivas, o que ocorreu de modo satisfatório do ponto de vista da empresa (Cf. Rocha, 2002). No caso da PSA Peugeot Citroën, que foi inaugurada cinco anos depois da VW, em 2001, não só o mercado de trabalho específico já estava formado, como a empresa e suas fornecedoras, em convênio com o SENAI local, se ocuparam previamente do treinamento de trabalhadores para a linha de montagem.

Pode-se dizer que atualmente está constituído um importante mercado de trabalho voltado para a indústria automotiva. E, curiosamente, o perfil desse trabalhador, se pudermos tomar a VW como exemplo (Ramalho&Santana, 2001), é de homens jovens, escolarizados (segundo grau completo), formados pelo SENAI, moradores de Resende, e sem experiência prévia de trabalho em atividades industriais de qualquer tipo. A formação de uma classe operária local tem trazido vários desdobramentos positivos, tanto no que diz respeito ao crescimento das atividades sindicais, como também no que diz respeito ao tipo de demanda econômica, política e social que essa "nova" população passou a ter e buscar na cidade e na região (educação superior, habitação, lazer, segurança, saúde e consumo). Este perfil revela um paradoxo e confirma uma das características de experiências de tipo *green-field*. Afinal de contas, Volta Redonda e Barra Mansa, municípios vizinhos e com mercados de trabalho já experientes em termos industriais, tendo inclusive uma situação de aumento da oferta de mão-de-obra devido à reestruturação da siderurgia regional, não foram praticamente acionados no processo de recrutamento de trabalhadores para a nova indústria automotiva. Depoimentos de gerentes da VW confirmam a intenção de buscar realmente operários com pouca experiência anterior (inclusive sindical) e que pudessem ser moldados aos objetivos de se ter um trabalhador flexível e adaptável aos processos produtivos que estavam sendo instalados.

A indústria automobilística, junto com o SENAI, financiou a formação e a qualificação do profissional.(...) Hoje, você pega uma cidade como Resende, você consegue fazer uma fábrica como a Peugeot, ou Volkswagen (...). Aqui em Resende você (...) tem uma série de vantagens, como esta característica de uma população com um nível de escolaridade adequado que permite à gente criar uma operação flexível com baixo custo, competitiva, sem estar muito preocupado se essa região tem uma tradição sindical ou não. Acho que essa não é a maior preocupação, não, pelo contrário. A preocupação está em procurar locais onde eu consiga ter uma estrutura de baixo custo e até para estimular o desenvolvimento (B.C., gerente de RH-VW Resende, 2002).

Outro aspecto se relaciona com o valor dos salários pagos pelas empresas. O preço do trabalho foi desde o início uma das principais razões para a busca de novas locações por parte da indústria automobilística durante os anos 1990. Mas frente às críticas dos sindicatos em nível nacional, as empresas argumentaram pela defasagem também existente dos preços dos produtos essenciais entre as regiões mais tradicionais e as regiões com a presença recente da indústria. Para dirimir essas dúvidas, o DIEESE, com o apoio do sindicato dos metalúrgicos do ABC, realizou um levantamento em 17 municípios onde há fábricas produtoras de veículos no país (inclusive Resende/Porto Real), coletando mais de cinco mil preços, em 470 pontos comerciais. Os resultados finais mostraram que se, por um lado, há grandes diferenças de remuneração entre os 17 municípios, por outro, há uma convergência na maioria dos preços e serviços, com exceção dos preços dos terrenos, aluguéis e educação. (Diesse *et al*, 2003:11). Mesmo nessas condições, pode-se dizer que essa nova classe operária fluminense introduziu um padrão salarial e de consumo que teve evidentes conseqüências no comércio e na política local, e que sua média salarial se coloca acima da média salarial da região.

Organização sindical e cultura metalúrgica

Os novos empregos foram muito bem-vindos pela organização sindical dos metalúrgicos, que tinha pouca experiência no setor automobilístico e parecia não ter capacidade organizativa para mobilizar o novo contingente de trabalhadores. Mas, o sindicato também construiu sua prática e sua ação política tendo como fonte de inspiração uma "cultura metalúrgica" associada especialmente à CSN, em Volta Redonda-RJ. A instalação das fábricas em Resende e Porto Real representou uma mudança nas características dessa "cultura" e no desempenho do sindicalismo regional.

A gente tinha uma política sindical muito ligada à CSN, que é uma grande empresa. (...) A gente tinha essa cultura metalúrgica. (...) Com a vinda primeiro da Volks... foi uma coisa inovadora (...). Por quê? A gente não sabia disso... o sistema de funcionamento da Volks é único no mundo, é o sistema modular. (...) Houve esse impacto de serem módulos... então, a princípio, nós tivemos um choque de comportamento em relação à CSN (Carlos Perrut, presidente do sindicato dos metalúrgicos de Volta Redonda, 2001).

A atividade e a participação sindical metalúrgica cresceram em quantidade e qualidade após a vinda das empresas da indústria automotiva. De uma inexpressiva extensão do sindicato baseado em Volta Redonda, a subsede de Resende ganhou expressão e peso político com o aumento significativo do número de operários empregados pelas montadoras. Ao contrário da região tradicional do ABC paulista, que passou nos anos 1990 pelos percalços de um processo de reestruturação dentro das firmas, o caso de Resende (e Porto Real) se notabiliza pelo fato de que as novas empresas já se constituem em um modelo reestruturado, o que acaba afetando as estratégias de ação do sindicato local. A flexibilização das atividades produtivas já foi colocada como um dado (nunca esteve em discussão), e, apesar de o discurso empresarial enfatizar a importância da participação dos trabalhadores para o bom andamento do processo produtivo, o sindicato tem sofrido com um cerceamento de suas atividades dentro das empresas (principalmente na PSA Peugeot Citroën) (Cf. Ramalho, 2004).

Embora houvesse inicialmente falta de experiência de negociação salarial e outros itens relativos à pauta das montadoras, as características da cadeia automotiva têm permitido um interessante processo de rápida socialização de práticas sindicais no Brasil e no exterior, de modo a integrar os operários metalúrgicos de Resende (e Porto Real) à problemática mais ampla desse ramo industrial. Os metalúrgicos da VW e da PSA Peugeot Citroën e sua liderança sindical local (Cf. Pereira, 2003) estiveram bastante ativos desde os primeiros anos, apelando inclusive para paralisações parciais e uma greve de uma semana, em 1999 (Cf. Ramalho e Santana, 2001), quando conquistaram o direito de ter uma comissão de fábrica eleita periodicamente pelos trabalhadores e presente cotidianamente no interior da fábrica (Cf. Francisco, 2003). A fábrica da VW de Resende foi também a escolhida para iniciar o conjunto de paralisações do que ficou conhecido em 1999 como o "Festival de Greves", movimento que reuniu as principais centrais sindicais na demanda por um contrato nacional para os trabalhadores das montadoras que compensasse as defasagens salariais estabelecidas pela reespacialização da indústria automotiva. Além disso, a rede mundial estabelecida pelos trabalhadores da VW consegue ter um efeito socializador importante em Resende, articulando e informando os operários locais das principais demandas e inibindo práticas autoritárias no chão-de-fábrica. No caso da PSA Peugeot Citroën, as relações com o sindicato têm sido mais ríspidas e desde a sua inauguração sucessivos contenciosos têm sido criados, resultando, inclusive, em uma curta greve em 2003.

A participação do sindicato no debate sobre desenvolvimento ainda tem sido pequena, embora seja possível notar que essa problemática já faz parte de suas preocupações. O impacto da presença das grandes empresas sobre os operários e o sindicato local parece fortalecer essa instituição e aumentar o poder de pressão dos operários, não só sobre as empresas, como também sobre as municipalidades, reivindicando participação nas decisões referentes a políticas sociais e desenvolvimento econômico.

Dentre os organismos estimulados pela nova conjuntura que possibilitam esta participação, está a Comissão Municipal de Emprego, fórum que supõe a congregação de diferentes setores econômicos e políticos locais, inclusive representações sindicais.

> É Comissão Municipal de Emprego... então, qual é a nossa atuação: nós já fizemos projeto que no ano passado... nós conseguimos... quatrocentos e alguma coisa... trabalhadores treinados com verba que nós negociamos, que nós fizemos projeto... do Fundo de Amparo ao Trabalhador... nós já formamos muitos desses aí, e nós não buscamos dizer: foi o sindicato, não... nós temos uma atuação em vários setores e esse é um dos setores (diretor do sindicato dos metalúrgicos em Resende, Isaac Moraes, 1999).

E o sindicato tem aparecido também na discussão sobre formas de atração de novos investimentos, assim como sobre a necessidade de uma ação regional conjunta e coordenada, de modo a potencializar a presença de empresas como as da indústria automotiva. As iniciativas ainda são tímidas, se comparadas com a atividade sindical do ABC neste aspecto, mas parecem indicar que o sindicato tem se sentido ao menos pressionado a se posicionar no debate. A notícia abaixo revela, por exemplo, uma preocupação do sindicato dos metalúrgicos com a modernização das empresas da região, tendo em vista a necessária adaptação às demandas das novas empresas instaladas.

> <u>Volta do 'cinturão' depende de ISO 9000</u> – A volta do 'cinturão' das empresas fornecedoras da CSN depende diretamente da implantação da ISO 9000. A afirmação é do presidente do sindicato dos metalúrgicos, Carlos Henrique Perrut, que acentuou ontem a mudança na denominação do 'cinturão', que passa a ser chamado de consórcio; e do alvo, que antes era a CSN e agora é toda empresa de expressivo porte na região Sul fluminense. (...) "Queremos ampliar nossa capacidade de atendimento e revitalizar as empresas", comentou o sindicalista. Empresas como a Galvasud – joint venture da CSN e da ThyssenKrupp –, a Volkswagen, a INB (Indústria Nuclear Brasileira, a Michelin, a Xerox, a Barbará, a SBM (Siderúrgica Barra Mansa) e a Peugeot Citroën serão alvos do consórcio das empresas fornecedoras da região. (...) (*Diário do Vale*, 16 de agosto de 2000).

Falando sobre o tema, o presidente do sindicato se coloca como parte integrante de uma situação que exige cooperação para viabilizar o crescimento econômico:

> Se a gente colocar todos os prefeitos numa mesa e se não tiver corporativismo, a gente tem condições de fazer um trabalho em curto prazo e alavancar muito mais essa região.(...) Nós temos que usar o nosso potencial que é muito grande e convergir para que esse desenvolvimento aconteça.(...) Acho que é papel do sindicato trabalhar isso também (presidente do sindicato dos metalúrgicos do Sul fluminense, Volta Redonda, Carlos Perrut, 2001).

O acúmulo regional de relações políticas

Para falar da participação de redes sociopolíticas nesse contexto industrial, deve-se ressaltar a formação recente mas significativa de uma classe operária metalúrgica. Novos valores associativos e de identidade oriundos dessa prática operária e sindical se colocam como fatores que diferenciam rapidamente a região, trazendo também novos tipos de demanda, tanto para as empresas e mercado de trabalho local, como para as instâncias que lidam com a vida da cidade e dos bairros, representando um modo diferente de exercer sua cidadania municipal. Por outro lado, Resende (e os municípios vizinhos) vivenciou uma história de ação de movimentos sociais nas últimas décadas, assim como hoje a ação dos movimentos sociais em nível regional tem crescido de qualidade e ficado mais complexa em termos de novas pautas de reivindicações. No contexto atual de estímulo ao desenvolvimento local e regional, a sociedade civil tem sido chamada a participar, embora de forma tímida. As demandas sociais, no entanto, têm estado ligadas a essa nova fase industrial, no sentido principalmente do uso dos recursos públicos gerados por essas atividades.

Um dos aspectos que pode interferir na constituição de novas ou renovadas instituições voltadas para a discussão do desenvolvimento é a consideração das redes sociopolíticas construídas nas localidades e do acúmulo de experiências políticas voltadas para a participação da sociedade civil nos processos de decisão. A inclusão da sociedade civil deve ser tida como elemento necessário para captar a natureza das mudanças pelas quais passam as instituições. E isso requer, como afirmam Locke e Jacoby (1997:59), "que examinemos mais cuidadosamente as características qualitativas da sociedade civil (i.e, os atributos organizacionais de grupos diferentes e os padrões de interação entre eles) de modo a melhor entender como esses diferentes padrões moldam o comportamento de maneiras distintas."

Na avaliação da capacidade local e regional de se articular para criar novos fóruns de discussão e implementação do desenvolvimento econômico e social, é preciso considerar também a história regional e local no que diz respeito às redes sociais e políticas, e o acúmulo organizacional que pode influenciar nesse novo momento da conjuntura no sentido de reforçar (ou dar uma base de sustentação) a participação dos sindicatos e movimentos sociais e com isso estabelecer novos parâmetros que aprofundem as práticas democráticas. Em Resende (e Porto Real), esse acúmulo organizacional (ou de capital social) tem uma história associada à intensa presença da Igreja Católica na região Sul fluminense, durante o período de bispado de Dom Waldyr Calheiros, que ligado à postura mais progressista de uma igreja mais próxima dos pobres, estimulou, acolheu e formou agentes sociais ligados às mais diferentes problemáticas existentes na região. Matérias de imprensa e entrevistas realizadas chamam atenção para a organização de movimentos sociais voltados para os problemas da cidade (Associações de Moradores, Movimentos de fiscalização da política local) e da terra rural (MST, Comissão Pastoral da Terra, etc), que se constituíram nos últimos trinta anos em formadores de opinião e constituintes de importantes movimentos sociais. O fato de Resende (e Porto Real), por um bom tempo, só contar com uma subsede do sindicato dos metalúrgicos prejudicou um diálogo mais profícuo, associado ao fato de que os setores políticos ligados à CUT e apoiados pela Igreja Católica se dividiram e perderam o controle do sindicato em Volta Redonda para a Força Sindical, no início dos anos 1990, e com isso reduziram o diálogo. No entanto, alguns exemplos confirmam o estoque de práticas organizacionais e a constituição de rede sociopolíticas.

Um deles vem da organização ativa das associações de moradores de Resende nos últimos vinte anos. A presença da Igreja Católica é fundamental na implementação das atividades, mas os efeitos dessa militância parecem ter trazido para a localidade uma prática política de reivindicação bastante efetiva. No depoimento abaixo, o ex-presidente da Federação de Associações de Moradores mostra essa ligação:

> Eu comecei a participar mesmo do movimento, a ter uma consciência política a partir de 85, com a participação em grupos jovens, e naquele período os grupos jovens e a linha da Igreja Católica, teologia da libertação, estavam contribuindo para suscitar militantes para o movimento sindical e para o movimento popular. E o movimento popular que é mais presente é o movimento de bairro, associação de moradores. Aqui em Resende, eu, em 85, participei da oposição sindical dos bancários (...) e logo depois (...) me tornei presidente da FAMAR, Federação das Associações de Moradores. (...) Eu participava ao mesmo tempo das comunidades, das assembléias aqui em Resende, ao nível de diocese, do bispo Waldir, e tinha uma organização das comunidades de base, discutindo a formação de grupos de base e ao mesmo tempo discutindo as associações de moradores. (...) Então naquele período começou a surgir o movimento negro, quer dizer, a gente passou a ver também o movimento de mulheres, a participação nas associações e, paralelo a isso, algumas leis foram aprovadas, cuja regulamentação tinha

de ser nos municípios, como o estatuto do direito da criança e do adolescente. A gente tinha que organizar aqui em Resende o Conselho Municipal dos Direitos da Criança e do Adolescente e o Conselho Tutelar, a lei do SUS, que para receber uma verba pública tinha que organizar o conselho municipal e as conferências, e a discussão do plano diretor de desenvolvimento urbano (Rogério Coitinho, ex-presidente da Federação das Associações de Moradores de Resende, 2002).

Outro fator de acumulação de experiência política e organizacional está relacionado com o problema da disputa por terras em Resende. No relato de um dos seus organizadores e vereador do município de Resende, essa história recente fica bem clara:

> Houve um problema de terra aqui em Resende. (...) Lá estava acontecendo o seguinte: tinha os trabalhadores que estavam há anos tomando conta de uma terra com o consenso do dono desta terra, (...) e eles davam a terça parte do produto como aluguel da terra. O que aconteceu? Quando estava faltando um mês para a colheita do feijão, (o dono) pediu a terra de volta. Eles pediram para ele esperar um mês para colher o feijão (...) mas colocou um trator e acabou com o feijão. Aí, na verdade, eles entraram na Justiça como arrendatários que queriam indenização pelo feijão (...) Isso foi mais ou menos 90, 91. E a coisa engrossou mesmo (...). Quem ajudou muito nisso também, na época, foi o presidente do sindicato dos trabalhadores rurais (Franco Fagiam, ex-padre e vereador do município de Resende, 2002).

Interessante ainda notar a ligação dos movimentos sociais com a política partidária na última década. A ascensão ao poder de partidos mais sensíveis às demandas populares tem sido uma característica da região Sul fluminense nos anos recentes, particularmente o PT e o PSB, que se transformaram em referências políticas em boa parte dos municípios. A Prefeitura de Resende, nos últimos oito anos, tem estado nas mãos desses partidos. Na última administração do PT em Resende, por exemplo, criou-se uma Secretaria voltada para os movimentos sociais. O depoimento de dois de seus responsáveis confirma uma proximidade entre o poder público e os movimentos sociais.

> Aqui em Resende acompanha, dois degraus abaixo, Volta Redonda. Porque a Diocese foi a grande organizadora, fomentadora desses movimentos sociais, inclusive os próprios movimentos sindicais. E nós tivemos então naqueles anos 80 uma valorização da questão das associações de moradores. Aí se organizam associações de moradores quase na cidade

toda. (...) E algumas reivindicações vão passar a ser uns marcos desses movimentos. A luta pela taxa de iluminação pública foi uma grande mobilização, passeata... (Isso foi quando?) A vitória da TIP foi em 93. Teve Plano Diretor... houve várias lutas para a criação do Conselho Municipal de Saúde... (secretário municipal de Movimentos Sociais de Resende, Paulo César da Silva, 2002).

Essa ligação tornou também mais comuns iniciativas que têm levado em consideração a participação de organizações da sociedade civil e outros movimentos políticos nas decisões políticas locais. Políticas de consulta à população podem ser constatadas nos dois exemplos abaixo, ocorridos em Resende:

> Iniciada discussão sobre orçamento participativo – No próximo sábado, a Prefeitura (de Resende), por meio da Secretaria Municipal de Cidadania e Relações Comunitárias, estará discutindo pela primeira vez esse ano o orçamento participativo do município. (...) – Nesse primeiro encontro iremos apresentar para cerca de 58 representantes de associações de moradores o trabalho realizado no ano passado. Vamos aproveitar também para realizar a eleição do Conselho Municipal do Orçamento Participativo, onde cada associação poderá indicar um conselheiro – disse o secretário, Paulo César da Silva, explicando que o Conselho será responsável por acompanhar todas as etapas do Orçamento Participativo, inclusive a execução das obras indicadas pela população (*Diário do Vale*, 11 de março de 2003).

> Prefeitura promove segunda edição do projeto 'Agir' – A Prefeitura de Resende realiza (...), no Parque Paraíso, a segunda edição do projeto AGIR (Ação Global de Impacto em Resende). (...) A programação prevê (...) a posse do Conselho Local de Segurança, instrumento que garante a participação popular no Plano Municipal de Ordem Pública. (...) (*Diário do Vale*, 12 de setembro de 2003).

Há também políticas de incentivo à militância, como no exemplo abaixo, em que a Prefeitura de Resende se envolve diretamente com a discussão sobre a questão da comunidade negra do município.

> Comunidade Negra de Resende promoverá encontro no sábado – A Secretaria Municipal de Cidadania e Relações Comunitárias de Resende promoverá no próximo sábado o II Encontro da Comunidade Negra de Resende. (...) Segundo a coordenadora municipal da comunidade negra,

Sônia Freitas, o evento contará com a participação do professor Roberto Henrique dos Reis, defensor público de Itatiaia e Porto Real, que tratará sobre leis contra o racismo. Durante o encontro, será discutida também a implantação do SOS Racismo em Resende. (...) De acordo com Sônia, o projeto tem como objetivo aumentar a auto-estima da comunidade negra (*Diário do Vale*, 11 de julho de 2003).

Como resultado da intensa participação da Igreja junto aos movimentos sociais, novos tipo de demanda política começaram a surgir nos últimos anos, de certa forma trazendo novas demandas e atuando em outras frentes, como é o caso do MEP (Movimento pela Ética na Política), oriundo da militância de igreja, que, a partir de Volta Redonda, irradia preocupações e atos políticos para toda a região. Na verdade, ética na política é um nome geral que expressa um conjunto mais amplo de temas que passaram a ser debatidos ao nível regional.

MEP comemora seis anos de trabalho – Após uma denúncia feita pelo DIÁRIO DO VALE, em janeiro de 1997, sobre a criação de 72 novos cargos sem concurso na Câmara Municipal, um grupo de pessoas ligadas a movimentos sociais, comunidades e pastorais da Igreja Católica decidiu se mobilizar para cobrar moralidade, transparência e ética do Poder Legislativo. Nascia assim, o MEP (Movimento pela Ética na Política), que comemora seis anos de atuação no município na próxima quinta-feira, dia 6 de fevereiro. (...) Impulsionado pelo objetivo de buscar a moralidade, a transparência e a ética na política, além de incentivar a cidadania da população, o MEP realiza ações de acompanhamento dos poderes públicos, pesquisas e sondagens populares, projetos educacionais voltados à comunidade, atos públicos de manifestação e estudos sobre assuntos diversos (*Diário do Vale*, 2 de fevereiro de 2003).

Conclusão

A análise da implantação da indústria automotiva na região Sul fluminense, principalmente nos municípios de Resende e Porto Real, revela alguns dos efeitos mobilizadores do processo sobre os diversos segmentos da sociedade local e regional, levando-os a tentar adaptar o novo ciclo industrial a seu favor. Pode-se então especular sobre os elementos que propiciam a emergência desses efeitos:

– uma conjuntura econômica nacional que possibilitou a criação de novos espaços produtivos para a indústria automotiva através principalmente de uma política de incentivos fiscais, ao mesmo tempo que tornou possível a socialização da experiência de antigos espaços industriais reestruturados;

– uma conjuntura econômica estadual e municipal que fez com que vários agentes vislumbrassem na vinda da cadeia automotiva uma forte oportunidade para a revitalização da região;

– a atuação de órgãos públicos estaduais que criaram mecanismos de facilitação de políticas de agregação industrial (através de planejamento e incentivos fiscais);

– o fato de a região ter experimentado um processo de flexibilização da produção e da mão-de-obra através do caso precedente de privatização e reestruturação de uma grande indústria já existente (CSN em 1993);

– o aumento dos PIBs municipais, nos últimos anos, assim como demandas por serviços públicos em geral, que levou à compreensão por parte dos governos municipais das vantagens econômicas e políticas que poderiam resultar da chegada das empresas (A "vocação metal-mecânica" parece ter sido abraçada por todos, associada à busca pela criação de empregos);

– a compreensão e implementação como política de uma atitude de integração e cooperação entre empresas e sociedade (por parte de entidades como a FIRJAN e o SEBRAE). A região tem sido pensada como um todo nesse contexto, numa tentativa de quebrar o natural "egoísmo" municipal. A ênfase tem sido a de buscar caminhos para uma integração entre as atividades das pequenas e médias empresas e as das grandes empresas, ou de aproveitar da melhor forma o surgimento de outras possibilidades empresariais, subprodutos do crescimento econômico industrial, como o turismo e os serviços;

– a presença de movimentos sociais locais, com acúmulo de força política oriunda de lutas reivindicatórias das últimas décadas (não só Resende e Porto Real, mas todo o Sul fluminense).

– a presença marcante, na sociedade civil, de instituições fortes de sustentação dos movimentos sociais cada vez mais voltados para a fiscalização dos políticos locais e para as reivindicações urbanas de habitação, saúde, saneamento, educação e segurança (Igreja, MST, CPT);

– a formação de um contingente operário expressivo, com características comuns de escolarização, idade e formação profissional, socializado em um ambiente de trabalho de grande empresa multinacional e automotiva, com um importante impacto nas localidades em termos econômicos e políticos;

– uma rearrumação da atividade sindical metalúrgica que ganhou um grande contingente de novos operários. Ainda se adaptando à novidade da experiência industrial automotiva, o sindicato já deu demonstrações de que pode ter uma atuação efetiva na defesa dos interesses dos operários fabris e no que diz respeito às discussões sobre o desenvolvimento local; embora ainda não tenha uma presença efetiva em todos os fóruns já constituídos, já se manifestou quanto à oportunidade dessas atividades e quanto à sua intenção de integrá-las. Nesse contexto, a experiência de outras regiões ligadas à indústria automotiva, como é o caso do ABC paulista, acaba servindo como exemplos de participação nas atividades relativas ao destino das localidades;

– finalmente, um esforço regional e local dos atores políticos no sentido de articular mecanismos de governança, apesar das condições adversas relacionadas às motivações oportunistas das novas empresas, aproveitando-se da sinergia produzida pelas novas atividades econômicas para buscar alternativas de cooperação entre os novos e antigos agentes de desenvolvimento econômico e social.

A contribuição desse caso para uma discussão mais geral sobre experiências de política industrial e desenvolvimento local está em apontar indícios de que os efeitos da presença de grandes empresas globalizadas em contextos locais podem resultar também em uma mobilização positiva da sociedade e na constituição de mecanismos de negociação sobre a utilização dos benefícios gerados pelas atividades industriais. A cooperação entre (pequenas) empresas tem sido a principal ênfase do debate atual sobre estratégias de desenvolvimento industrial em contextos locais, tomando-se quase sempre como exemplo a experiência dos distritos industriais italianos (paradigmas do modelo da especialização flexível (Piore&Sabel, 1984)). Desconsiderar a presença de grandes empresas em aglomerados industriais e o seu relacionamento com outras empresas e outras instituições estabelecidas no mesmo território, no entanto, tem sido um problema para a análise de várias outras experiências industriais do mundo globalizado, especialmente aquelas que fazem parte de cadeias produtivas globais. No caso estudado (Sul fluminense), as empresas apresentavam características iniciais opostas a uma perspectiva de cooperação e integração à realidade local. O próprio processo de escolha da região já confirma que, entre as razões principais das empresas, estavam a expressiva generosidade fiscal oferecida pelas administrações públicas (municipal, estadual e federal) e a possibilidade concreta de alocar trabalhadores em níveis salariais inferiores aos de outras regiões semelhantes. Agrega-se a isso a construção de fábricas não só vinculadas às estratégias de suas matrizes no exterior e ligadas a uma cadeia global de firmas majoritariamente externas a região, como também estruturadas no modelo da "produção enxuta" (subcontratação, flexibilização das relações de trabalho, etc), neste caso hostil ao sindicato e às demandas dos trabalhadores. Esses elementos não são particularmente estimulantes de qualquer parceria com as instituições e os atores econômicos e políticos em prol do desenvolvimento local.

O que foi examinado nas páginas anteriores, no entanto, fez ressaltar a complexidade deste novo contexto socioeconômico que, independentemente da vontade das grandes empresas, tem tido o efeito de, por um lado, induzir a formulação de novas práticas com vistas a garantir a sustentabilidade econômica (articulação de pequenas e médias empresas com as grandes, preocupação com o meio ambiente, criação de novos fóruns de discussão sobre as necessidades da região e sugestão de alternativas tanto para empresas quanto para governos municipais) e, por outro lado, publicizar a discussão sobre as conseqüências desse novo perfil produtivo para as relações de trabalho, o mercado de trabalho, as políticas públicas municipais de educação, saúde e segurança, e para a sociedade civil organizada, principalmente as organizações de trabalhadores e os movimentos sociais. A ausência de uma história anterior de arranjos produtivos bem-sucedidos localmente, neste caso, não parece ter sido um impeditivo para as iniciativas recém implementadas, como seria de se esperar. Ao mesmo tempo, a situação do Sul fluminense confirma a importância da política como esfera fundamental de qualquer análise atual sobre localidades com aglomerados industriais, no sentido de compreender as concepções e estratégias dos atores econômicos locais e suas diferentes formas de articulação na constituição de um padrão de desenvolvimento que implique na participação desse coletivo no controle das melhores opções para o uso dos recursos econômicos e políticos produzidos localmente, sem estar desconectado da problemática nacional.

BIBLIOGRAFIA

ABRAMOVAY, R. (2001). "A dimensão territorial do desenvolvimento". *Gazeta Mercantil*, 12/04/2001.

ABREU, Alice; BEYNON, Huw; RAMALHO, José R. (2000). "The Dream Factory: VW's Modular System in Resende, Brazil". *Work, Employment and Society*, Vol.14, Issue 2. UK, Cambridge University Press.

ARBIX, Glauco; ZILBOVICIUS, M. (1997). *De JK a FHC – a reinvenção dos carros*. São Paulo, Scritta.

——————— ; RODRÍGUEZ-POSE, Andrés (1999). "Estratégias do Desperdício – A Guerra entre Estados e Municípios por Novos Investimentos e as Incertezas do Desenvolvimento". *Novos Estudos CEBRAP*, No 54, julho de 1999, São Paulo.

——————— (2000). "Guerra Fiscal e Competição Intermunicipal por Novos Investimentos no Setor Automotivo Brasileiro". *Dados*, Vol.43, N.1, Rio de Janeiro.

BOLTANSKI, L.& CHIAPELLO, E. (1999). *Le nouvel esprit du capitalisme*. Paris, Gallimard.

CASTELLS, Manuel (1999). *A Sociedade em Rede*. São Paulo, Paz e Terra. Vol.I.

CARDOSO, A.M. (2001). "Reestruturação sistêmica, reespacialização e relações industriais na indústria automobilística brasileira". Seminário *"A indústria automobilística nas Américas: os novos sistemas de produção e a reconfiguração dos atores produtivos"*. Rio de Janeiro, IUPERJ, 5-6 de março de 2001.

COCCO, G.; GALVÃO, A.P.; SILVA, M.C.P. (1999). "Desenvolvimento local e espaço público na Terceira Itália". In Empresários e empregos nos novos territórios produtivos: o caso da terceira Itália – Cocco, G.; Urani, A.; Galvão, A. – orgs. Rio de Janeiro, DP&A.

CODIN (2001). "Programa de Benefícios Financeiros e Fiscais". Mimeo.

COOKE, Philip (1989). "The local question – revival or survival?" *Localities – the changing face of urban Britain*. Cooke, P. (Org.). London, Unwin Hyman.

DANIEL, C. (2001). "Uma experiência de desenvolvimento econômico local: a Câmara Regional do Grande ABC". In *Competitividade e Desenvolvimento – atores e instituições locais* (Guimarães, N. e Martin, S. – orgs.). São Paulo, Editora Senac.

FRANCISCO, Elaine M. (2004). "A comissão enxuta: ação política na fábrica do consórcio modular em Resende". Tese de Doutorado em Sociologia no Programa de Pósgraduação em Sociologia e Antropologia da UFRJ. Rio de Janeiro, março de 2004.

GUIMARÃES, N.; MARTIN, S. (2001). "Descentralização, equidade e desenvolvimento: atores e instituições locais". In *Competitividade e Desenvolvimento – atores e instituições locais* (Guimarães, N. e Martin, S. – orgs.). São Paulo, Editora Senac.

HARVEY, David (1992). *Condição Pós-Moderna*. São Paulo, Edições Loyola.

JÁCOME RODRIGUES, I.(2004) "Sindicalismo e desenvolvimento regional: a experiência dos metalúrgicos do ABC". XXVIII Encontro Anual da ANPOCS. Caxambu, Outubro de 2004.

KLINK, Jeroen (2003). "Secretaria de Relações Internacionais e Captação de Recursos da Prefeitura de Santo André : novos desafios através de uma visão estratégica". *Global*, No 0, jan. 2003. Rio de Janeiro.

LEITE, Márcia de Paula (1999). "Desenvolvimento econômico local e descentralização na América Latina: A experiência da Câmara Regional do Grande ABC no Brasil". DECISAE /UNICAMP Projeto Cepal/GTZ. São Paulo.

LOCKE, R.; JACOBY, W. (1997). "The dilemmas of diffusion: social embeddedness and the problems of institutional change in Eastern Germany". *Politics and Society*, Vol.25, No 1, March 1997. UK, Sage Publications.

LOCKE, Richard (1995). *Remaking the Italian Economy*. USA, Cornell.

MARTIN, S. (2001). "Globalização e imbricamento da flexibilidade do trabalho: perspectivas contemporâneas da indústria automobilística nas Américas (Brasil, México e Estados Unidos". In *Competitividade e Desenvolvimento – atores e instituições locais* (Guimarães, N. e Martin, S. – orgs.). São Paulo, Editora Senac).

MARKUSEN, Ann (1996). "Sticky places in slippery space: a typology of industrial districts". In *Economic Geography*, Vol.72, Issue 3 (Jul., 1996), 293-313. USA, Clark University.

PACHECO, Carlos A. (1999). "Novos Padrões de Localização Industrial? Tendências Recentes dos Indicadores da Produção e do Investimento Industrial. *IPEA – Textos para a Discussão,* No 633. Ipea, Brasília.

PEREIRA, Sergio M. (2003). "Trajetórias individuais e ação sindical no polo industrial do Sul fluminense". Dissertação de Mestrado em Sociologia no Programa de Pós-Graduação em Sociologia e Antropologia, IFCS, UFRJ. Rio de Janeiro, fevereiro de 2003.

PIRES, Elson (2004). "O desenvolvimento territorial na integração: estratégias, instituições e políticas". Projeto de pesquisa, DEPLAN/CEAPLA/IGCE/UNESP, São Paulo.

RAMALHO, J.R. (2004). "Novas fábricas, velhas práticas: relações trabalhistas e sindicais na indústria automobilística brasileira". *Caderno CRH*, V.17, n 41, p.41-52, Salvador, maio-agosto de 2004.

────────── (2002a). "Novas formas de organização industrial, desenvolvimento regional e os impactos sobre as relações de trabalho". II International Conference Columbia University/ILAS-CEBRAP. São Paulo, March 18-20, 2002.

────────── ; SANTANA,M.A. (2002b). "A indústria automobilística no Rio de Janeiro: relações de trabalho em um contexto de desenvolvimento regional". In Indústria Automotiva: a nova geografia do setor produtivo (Nabuco, M.R.; Neves, M.A.; Carvalho Neto, A.M. – orgs). Rio de Janeiro, DP&A Editora.

────────── ; SANTANA, M.A. (2001). "The VW's modular system, regional development and workers' organisation in Resende, Brazil". *9th GERPISA International Colloquium*. Paris, 7-9 de junho de 2001.

ROCHA, Lia M. (2002). "O novo discurso da qualificação profissional e os trabalhadores do consórcio modular em Resende (RJ)". Dissertação de Mestrado em Sociologia no Programa de Pós-Graduação em Sociologia e Antropologia, IFCS, UFRJ. Rio de Janeiro, julho de 2002.

ROESE, Mauro (2003). "Problemas globais, respostas locais: a indústria de móveis de madeira no BR à luz dos enfoques de cadeias produtivas e sistemas regionais de inovação". Tese de Doutorado. Campinas, Unicamp.

SCOTT, Allen (1999). "Revitalização industrial nos municípios do ABC, São Paulo – análise diagnostica e recomendações estratégicas para uma nova economia e um novo regionalismo". SP, Agência de Desenvolvimento Econômico do ABC/Banco Interamericano de Desenvolvimento.

SENGENBERGER, W.; PIKE, F. (1999). "Distritos industriais e recuperação econômica local : questões de pesquisa e de política". In *Empresários e empregos nos novos territórios produtivos: o caso da terceira Itália* – Cocco, G.; Urani, A.; Galvão, A. (orgs). Rio de Janeiro, DP&A.

CAPÍTULO 2

Empresariado local, indústria automobilística e a construção de Porto Real (RJ)[1]

Raphael Jonathas da Costa Lima

A complexa transformação da dinâmica do capitalismo nos últimos anos tem afetado a estrutura das empresas, a subjetividade dos indivíduos e a concepção de cidade, tempo e espaço. A "sociedade em rede", que Castells (2000) pondera ser uma tendência irreversível e paulatinamente consolidada como dominante, tem a especificidade de assumir "a rede" como unidade básica de organização. Mas esse autor lembra também que, por mais que a globalização e a economia (informacional) relativizem a distância e a separação entre as esferas global e local, não se pode negar que ela estimula um outro processo: o da regionalização. Regiões, sob o impulso de governos e elites empresariais, estruturam redes de cooperação entre empresas, de modo que as localidades não desapareçam, ficando integradas nas redes internacionais que ligam seus setores mais dinâmicos[2].

---

[1] Este artigo é derivado da minha dissertação de mestrado "Açúcar, Coca-Cola e Automóveis: ação político-empresarial na construção de um 'município modelo' em Porto Real (RJ)", defendida no Programa de Pós-Graduação em Sociologia e Antropologia da UFRJ, em 2005.

[2] A característica primordial do *novo regionalismo* é que ele floresce em regiões com identidade nitidamente industrial, em função da presença das grandes matrizes automobilística e química implantadas no período do nacional-desenvolvimentismo. Mais especificamente falando, no Brasil, o Grande ABC seria a circunscrição a preencher tal pré-requisito. Trata-se de uma região cujo caráter extremamente politizado das relações entre os atores viabiliza a cooperação e parceria entre eles, principal ênfase do arcabouço teórico deste modelo (Klink, 2001:10).

Este é um viés que fortalece a retomada do debate acerca da "enfraquecida" temática do "desenvolvimento", para muitos "totem e tabu ao longo do século XX e fonte inesgotável de criação, proteção e destruição de novas imagens do mundo, em especial nos países atrasados (Arbix&Zilbovicius, 2001:55), mas que prevalecia nas últimas décadas como uma usina de ilusões embalando programas de modernização cuja fama, sintomaticamente, era inversamente proporcional aos tímidos resultados práticos alcançados, seja na geração de emprego e renda ou na diminuição das desigualdades" (idem: 55 e 56). Ressurge, portanto, um olhar sobre o papel que as regiões e os atores locais desempenham nesta discussão, ou seja, coloca-se uma questão de suma importância: considerando-se que estamos diante de um mundo cada vez mais globalizado, como se pode aliar o desenvolvimento às especificidades locais?

No caso brasileiro, chama a atenção a necessidade de se estudar áreas recentemente consolidadas como pólos econômicos, sobretudo durante a década de 1990, e que vêm adquirindo uma visibilidade e um reconhecimento até pouco tempo quase que restritos ao Estado de São Paulo com seu parque industrial e seus centros de pesquisa. Assim, é natural voltarmos nossas atenções para outros casos, como da região Sul do Estado do Rio de Janeiro, onde se verifica um desempenho crescente e integrado entre associações patronais, tanto as de caráter mais abrangente, como a Federação das Indústrias do Estado do Rio de Janeiro (FIRJAN), quanto as de caráter setorial, como o Sindicato das Indústrias Metalúrgicas, Mecânicas, Automotivas, de Informática e de Material Eletro-Eletrônico do Médio Paraíba e Sul fluminense (Metalsul)[3], em associação com entidades como o SEBRAE, financiadas pelo setor privado e responsáveis pelo apoio técnico à formação de arranjos produtivos locais de pequenas e médias empresas, além dos poderes públicos municipais e estaduais. Todos vêm aderindo a um debate que diz respeito à elaboração e implementação de políticas públicas integrantes de uma nova concepção de desenvolvimento que ressurge desta vez mais regionalizada. O caso do sistema FIRJAN (que engloba SESI, SENAI, CIRJ e IEL) é bastante interessante porque vem, por meio de reuniões das suas comissões intermunicipais, discutindo questões (geração de emprego, qualificação profissional, responsabili-

---

[3] Presidida pelo empresário Roberto Balbi Filho, é uma entidade patronal fundada para atender as reivindicações de um total de 560 empresas (na maioria, pequenas e médias), 60 delas associadas.

dade social e ambiental, organização de arranjos produtivos, etc) de interesse tanto das empresas quanto das localidades. O sistema, inclusive, tem realizado parcerias com as Prefeituras locais, que resultam em políticas concretas como o fórum de logística e desenvolvimento do Sul do estado. O presidente regional da FIRJAN resume a importância da atuação do órgão:

> Temos discutido a implantação, o desenvolvimento organizado da região porque a gente vê que o desenvolvimento passa por aqui, mas que ele precisa se fazer de forma organizada, acontecer de forma organizada, sob pena de a gente inviabilizar essa região, transformá-la num grande ABC, perder em qualidade de vida. Como forma também de melhorar o desenvolvimento, revendo esse problema de transporte, de ligações, porque hoje você precisa ter muita agilidade. A logística do desenvolvimento é fundamental. A ligação com os portos, a integração dos nossos modais de transporte, estradas de ferro até os portos e estradas de rodagem, tudo isso a gente discute (Henrique Nora, presidente da FIRJAN do Sul fluminense, 22/11/2002).

Assim, microrregiões brasileiras como o Sul fluminense, área geográfica composta por 12 municípios, que experimentou uma fase de forte engajamento do Estado desenvolvimentista nas décadas de 1930, 1940 e 1950, e que hoje vê o setor privado assumir a dianteira do processo de reativação econômica local, vêm suscitando questões sobre as mais diversas dimensões e com potencialidades empíricas semelhantes àquelas do Grande ABC. E o que lá (no Sul fluminense) acontece desperta cada vez mais o interesse dos cientistas sociais, reforçando a necessidade de uma compreensão da "dimensão territorial do desenvolvimento", alertada por Abramovay (2000), citando como exemplo a OCDE, onde foi criada em 1994 uma divisão de desenvolvimento territorial cujo primeiro trabalho consistiu numa nova delimitação das fronteiras entre rural e urbano e na elaboração de indicadores que permitissem compreender as disparidades entre diferentes situações territoriais. A idéia central é a de que "o território, mais que simples base física para as relações entre indivíduos e empresas, possui um tecido social, uma organização complexa feita por laços que vão muito além de seus atributos naturais, dos custos de transportes e comunicações. Um território representa uma trama de relações com raízes históricas, configurações políticas e identidades que desempenham um papel ainda pouco conhecido no próprio desenvolvimento econômico" (2000:7).

A busca por esta "dimensão territorial do desenvolvimento", somada ao modelo analítico do *novo regionalismo* – que enxerga possibilidades interessantes de dinamismo da sociedade civil organizada e das lideranças regionais, nos anos 1990, buscando um conjunto de articulações no sentido de revitalizar as estruturas econômicas e sociais locais, acrescido do tradicional regionalismo brasileiro, que aglutinaria os interesses dos grupos dominantes das áreas periféricas no espaço nacional (Klink, 2001) –, oferece-nos o desafio de perceber se há uma possibilidade de congregação dos diversos interesses territorializados em prol de uma suposta produção de bens coletivos.

Um interessante exemplo de retomada de um olhar sobre a "questão local" está objetivado na relação constituída há mais de quarenta anos entre uma localidade do Sul fluminense e uma rede sociopolítica[4] articulada, sobretudo, por um grupo econômico familiar. O resultado foi o nascimento, na década de 1990, de um dos novos "eldorados" do Estado do Rio de Janeiro. Ex-distrito do município de Resende, Porto Real[5] desperta interesse no que condiz à temática do desenvolvimento regional porque, oito anos após sua fundação, já reúne indústrias de peso (com destaque para a montadora de automóveis PSA Peugeot Citroën) que respondem pelo aumento recorde de 1.300% do seu PIB, em 2004.

---

[4] Para a defesa de minha argumentação, trabalho com a mesma opção analítica de Richard Locke (1995), ou seja, ao invés de ratificar a condição *sine qua non* dos modelos nacionais em detrimento das particularidades locais, algo que favoreceria o olhar mais voltado para a competição interestadual por investimentos, adoto a escala micropolítica como modelo de compreensão do meu objeto. A ênfase está na capacidade dos atores econômicos locais em conceber e configurar estratégias alternativas de revitalização de suas regiões através da construção de laços de "confiança" e da convergência entre os seus interesses individuais. Daí, a utilização do conceito de redes sociopolíticas.

[5] Rezam as crônicas que, na vasta planície originalmente habitada pelos índios Purís, pouco além de 1800, o ajudante português José de Souza Marques comprara terras no caminho do "Minhocal", do distrito do Curato de Nossa Senhora da Conceição do Campo Alegre (hoje Resende). Em 1825, houve uma "pendenga" entre os proprietários do Porto do Simão e os herdeiros do português quanto aos limites de suas terras. De comum acordo, levaram o litígio ao Imperador, que interferiu dando ganho de causa aos Marques. Como forma de agradecimento, isso por volta de 1824, os irmãos ofereceram ao Imperador alguns alqueires situados às margens do Paraíba, no trecho onde o rio faz uma grande volta. Nesse espaço, Dom Pedro II determinou a construção de uma mansão às margens do rio, com fonte de água, piscina e um pequeno porto. Utilizada pela Família Imperial como local de descanso durante as viagens à Província de São Paulo, para se chegar até lá era preciso que o Imperador viajasse com sua comitiva de trem até o povoado de Floriano, onde um barco já o aguardava, e subisse o rio até um pequeno porto particular. A origem do nome atribuído ao local está, portanto, nessa combinação entre o pequeno porto e a Família Real (*Crônicas dos Duzentos Anos- Resende 1801-2001*. ARDHIS – Academia Resendense de História, 2001).

Com base na compreensão da sua trajetória, este capítulo terá como finalidade pensar de que maneira localidades são transformadas quando um conjunto restrito de atores (a elite política e empresarial) se mobiliza de maneira a maximizar resultados (algumas vezes produzindo bens coletivos) e levar adiante fórmulas consistentes de desenvolvimento. Aquilo que Cooke (1989) definiu como processo localmente enraizado projeta os interesses dos membros do território bem além da política local, em direção à construção de convenções e relações que Storper (1999) acredita atuarem como vantagens na transformação da organização econômica de certas regiões.

A partir da constituição do movimento intitulado *Sociedade Amigos de Porto Real (SAPRE)*, organização envolvendo influentes moradores do distrito, idealizadores do projeto de "transbordamento" de Porto Real à condição de cidade industrial, proponho enfatizar o envolvimento dos proprietários do mais rico e influente grupo empresarial familiar do Sul fluminense, tanto com a emancipação do distrito, em 1995, quanto com a constituição do pólo automotivo.

A construção do eixo industrial de Resende e a emergência do município de Porto Real

Em 1993, a privatização e a conseqüente reestruturação interna da Companhia Siderúrgica Nacional (CSN), carro-chefe e principal símbolo da industrialização da região, resultaram na demissão de centenas de trabalhadores e projetaram um cenário dos mais pessimistas, que indicava uma estagnação econômica que se estendia a todos os municípios vizinhos, inclusive Resende, que assistia à saída em série de indústrias do seu complexo industrial[6]. Muito

---

[6] Todo o processo de industrialização de Resende começou na década de 1950, com a chegada das primeiras empresas de grande porte, principalmente as químico-farmacêuticas: Cyanamid Química do Brasil (hoje BASF) e Indústrias Químicas do Brasil – IQR. Nos anos 1960, a rodovia Presidente Dutra foi duplicada, acelerando ainda mais a industrialização do município. A partir de então, foi uma sucessão de estabelecimentos industriais, como a Wander do Brasil (Ovomaltine), Babcock-Wilcox Caldeiras, Cerâmica Bela Vista, Mannesmmann Irrigação S.A. e Cerâmica São Caetano. Mas o período áureo da sua expansão industrial foi vivido na década de 1970, quando da criação de um distrito industrial com empresas de ramos variados e amparadas, já naquela época, por incentivos fiscais. Numa área de 5 milhões de metros quadrados, o denominado Pólo Urbo-Industrial de Porto Real reuniu indústrias como a Cia. Brasileira de Filmes Sakura, destilaria Continental Seagram's (bebidas), Porto Real de Pavimentação e Construção – Unistein, etc. No ex-distrito de Itatiaia, instalaram-se duas

provavelmente pelo fim dos incentivos fiscais, afirmados quando da criação deste, muitas empresas fecharam suas unidades e se transferiram para estados que, naquele momento, ofereciam melhores condições, sobretudo em se tratando de infra-estrutura. Aliado à decadência do pólo, em 1989, Itatiaia, um dos seus oito distritos (os outros eram: Agulhas Negras, distrito-sede, Engenheiro Passos, Fumaça, Pedra Selada, Porto Real e Visconde de Mauá) e o mais significativo em termos de arrecadação, optou por emancipar-se, levando consigo os impostos recolhidos junto às fábricas da Xerox e da Michelin.

A economia do município só deu uma guinada positiva em meados da década de 1990, quando foi deflagrada a "guerra fiscal"[7] ligada ao "novo regime automotivo", quer dizer, a polêmica fase de atuação de estados e municípios no sentido de atrair investimentos diretos externos (IDEs), tradicionalmente saudados pelos seus potenciais redutores de contrastes regionais. Para atingir o objetivo de atrair empresas automobilísticas, foram oferecidos polpudos incentivos. Só para contabilizar alguns, podemos citar a renúncia fiscal, diferimento de impostos, crédito fácil e farto, obras de infra-estrutura e doações governamentais, que praticamente financiaram as novas fábricas (Arbix, 2000: 5). Segundo Arbix (idem:6), esse não passava de "um tipo de política que compromete ainda mais as já combalidas finanças de estados e municípios, minando as tentativas de se alcançar qualquer equilíbrio fiscal, distorcendo a competição no mercado e provocando a diminuição dos investimentos já decididos nas matrizes das multinacionais, diminuição esta que passa a ser compensada pela elevação de gastos públicos".

---

transnacionais: Xerox e Michelin. Nas décadas de 1980 e 1990, outras empresas se instalaram, como as Indústrias Nucleares do Brasil S.A. (INB), atuando no enriquecimento de urânio, e a Clariant S.A., que adquiriu a totalidade das ações da IQR. Em 1997, a Clariant adquire a divisão química da Hoechst, aumentando seu complexo industrial. Ainda nesse ano, numa reunião da Sandoz com a Ciba-Geigy, é criada a Novartis Biociências, considerada uma das primeiras do Brasil em agroquímicos. (*Crônicas dos Duzentos Anos – Resende 1801-2001*. ARDHIS – Academia Resendense de História, 2001).

[7] "Política de desperdício de recursos públicos" (Arbix, 2000) em que estados e municípios passam a desenvolver intensamente projetos de modernização política buscando a melhoria do perfil econômico de suas regiões, algo que Arbix & Rodriguez-Pose (2002) atribuem à "maior autonomia concedida pela Constituinte de 1988 aos governos subnacionais quanto à descentralização de políticas de desenvolvimento, resultantes das novas diretrizes assumidas pelo governo federal, sinalizando um distanciamento do velho estilo prepotente e centralizador do Estado brasileiro" (idem: 110).

Envolvido nesse cenário, o município de Resende paulatinamente passou a ocupar as manchetes dos jornais de maior circulação do país, quando, em 1994, o seu prefeito, Augusto Leivas Nordskog, o governador do Estado do Rio de Janeiro, Marcello Alencar, e o secretário de Indústria, Comércio e Turismo, Ronaldo César Coelho, iniciaram promissora "conversa" com a Volkswagen, empresa que havia acabado de anunciar o Brasil como sede da sua fábrica mundial de ônibus e caminhões. Com a oferta de todos os tipos de recursos (incentivos fiscais, construção de estradas, melhoria dos portos, qualificação da mão-de-obra, etc) pelas autoridades políticas municipais e estaduais, além da disposição do Grupo Renato Monteiro (uma tradicional empresa local) em doar um terreno na ordem de 2 milhões de metros quadrados, Resende acabou sagrando-se o município vencedor da disputa.

No entanto, em 1995, concomitantemente ao anúncio oficial da negociação entre Estado e montadora, irrompe um movimento pela emancipação do 3º distrito de Porto Real, com uma população de aproximadamente 9.948 habitantes[8]. Como o terreno ofertado e escolhido para "acomodar" a empresa localizava-se dentro da fazenda Piquete (com aproximadamente 3,6 milhões metros quadrados e divisa entre o mesmo e o 2º distrito das Agulhas Negras), para confirmar sua autonomia política, a comissão pró-emancipação de Porto Real apresentou, no dia 1º de agosto do mesmo ano, um requerimento popular com assinaturas de porto-realenses, que concordavam com a proposta de excluir a fazenda do seu futuro território. Da área total dessa, 2,5 milhões já pertenciam às Agulhas Negras e 900 mil metros quadrados a Porto Real. Tal requerimento deveria ter assinaturas de pelo menos 5% dos cinco mil eleitores do distrito (cerca de 250 pessoas), mas acabou ultrapassando a marca das mil. O documento foi analisado pela Comissão de Justiça da Assembléia Legislativa do estado do Rio, aprovado e anexado ao processo de emancipação em andamento.

Ao abrir mão dos 900 mil metros quadrados, o distrito viu a possibilidade de concretizar a sua emancipação. Alguns dos seus vereadores em Resende, sobretudo Jorge Serfiotis, passaram a ir freqüentemente ao Rio de Janeiro para pressionar deputados estaduais e começaram a convocar os porto-realenses a se organizar e a participar das viagens promovidas à capital, mais precisamente à Assembléia Legislativa, onde pressionaram pela votação do projeto de lei emancipando o distrito. A confirmação acabaria ocorrendo em 5 de no-

---

[8] Fundação CIDE – 1991-2002.

vembro de 1995 e o novo município seria estabelecido em 28 de dezembro do mesmo ano com a assinatura da lei número 2.494 pelo então governador Marcello Alencar, no Palácio do Ingá, em Niterói (RJ).

Realizadas em 3 de outubro de 1996, as primeiras eleições municipais foram disputadas pelo próprio Jorge Serfiotis (PFL) e por Sérgio Bernardelli (PSDB), outro ex-vereador de Resende, que acabou saindo vitorioso. Em 1º de janeiro de 1997, o prefeito eleito tomou posse na Câmara Municipal de um município com um único distrito-sede, uma área total de 50,7 quilômetros quadrados (correspondentes a 0,8% da área total da região do Médio Paraíba) espalhados por dez bairros e cuja população, de acordo com o censo de 2000[9], era estimada em torno de 12.993 pessoas em 2002, o que corresponde a 1,5% do contingente da Região do Médio Paraíba[10].

Sob a condição de município "independente" (".... o marco mais importante que a gente tem registrado é o seguinte: quando nós trocamos a Volkswagen pela nossa emancipação". – Sérgio Bernardelli, 30/05/2003), Porto Real encontraria condições de iniciar uma agressiva política de atração de investimentos que o fez um dos principais municípios em desenvolvimento no estado e provocou uma espantosa e prematura modernização do seu setor industrial. Entre 1997 e 2002, "desembarcaram" no município pelo menos 15 novas empresas – estimando-se um investimento de US$ 700 milhões até 2003[11] – com atividades industriais diversificadas, que provocaram mudanças significativas no perfil econômico da pequena localidade, até 1996 um distrito basicamente rural, expressivo na pecuária (criação de bovinos e produção de leite[12]) e na agricultura

---

[9] Instituto Brasileiro de Geografia e Estatística (IBGE).

[10] Acompanhando a mudança no seu perfil populacional, percebe-se que Porto Real sempre teve uma população muito pequena e com taxa de crescimento irrisória. Em 1940, por exemplo, a população do ex-distrito era de 1.014 habitantes e, em 1991, o Censo apontava 8.328 moradores. Quando ocorreu a emancipação, o município tinha 8,6 mil moradores e, no Censo de 2000, já eram registrados 12.095. Ainda assim, a taxa média geométrica de crescimento de Porto Real entre 1991 e 2000 foi de 4,23% ao ano, superior à da região (1,38%) e do estado (1,3%). E de 1996 a 2000, ou seja, num intervalo de apenas quatro anos, a variação foi de 47%. (Fundação CIDE).

[11] Jornal *Atualidade*, de 2 a 8 de setembro de 2000.

[12] De acordo com dados do ano de 1998, do SEBRAE/RJ, dos municípios da bacia leiteira da região, Porto Real está entre aqueles que apresentam melhores condições para a industrialização do leite e a fabricação de seus derivados.

(importante produtor de aipim, feijão e inhame), e inexpressivo no comércio varejista.

Ainda no seu primeiro ano de autonomia, a Prefeitura local ofereceu isenção de IPTU pelo prazo de 15 anos e serviços de terraplanagem para a instalação da fábrica da Guardian, gigante norte-americana da fabricação de vidros planos, que se beneficiou dos recursos do Fundo de Desenvolvimento Econômico e Social (FUNDES) do governo do estado. A unidade brasileira consumiu um investimento de U$ 135 milhões da empresa e foi inaugurada em setembro de 1998.

Também em 1997, o grupo francês PSA, controlador das montadoras Peugeot e Citroën, decidiu investir em torno de US$ 600 milhões no Brasil. Para o grupo, que atuava no mercado interno com exportações provenientes da fábrica argentina, seria o primeiro passo para uma consolidação no país. Porto Real se engajou com força na disputa. O governo Bernardelli deflagrou uma "campanha" a favor da implementação de um pólo metal-mecânico cujo carro-chefe era a primeira fábrica de automóveis do Estado do Rio de Janeiro[13]. O governador Marcello Alencar, acompanhado de Márcio Fortes, na época, secretário de Indústria, Comércio e Turismo do estado, e o prefeito eleito viajaram à França para negociar com a matriz da montadora e visitar outras unidades industriais do grupo econômico. O que se seguiu foi uma repetição, com menos percalços, do acordo entre Resende e a Volkswagen. A negociação incluiu a mesma política de incentivos fiscais, o compromisso da Prefeitura em viabilizar uma infra-estrutura adequada e a disposição do mesmo grupo empresarial em doar um terreno na ordem de 3 (três) milhões de metros quadrados, dos quais 1 (um) milhão seriam destinados à implantação das empresas fornecedoras. A inauguração da fábrica ocorreu em dezembro de 2000.

---

[13] O investimento ficou dividido entre a PSA (68%) e o Estado do Rio de Janeiro (32%), que, com algo em torno de U$ 105 milhões, se associou através de programas de benefícios financeiros e fiscais como o Fundo de Desenvolvimento Econômico e Social (Fundes), operacionalizado pela Companhia de Desenvolvimento Industrial (CODIN), que via nessa política de isenções a oportunidade de geração de emprego e renda nas diversas regiões do estado. Em sua companhia veio o Programa de Atração de Investimentos Estruturantes – RIOINVEST ("Para um grande investimento, um grande retorno"), destinado a incentivar investimentos de grande porte com potencial efeito multiplicador sobre a economia do estado. Por fim, além desses, o BNDES também fez um financiamento em torno de U$ 335,5 milhões e o município de Porto Real foi obrigado a criar uma infra-estrutura adequada.

A última grande empresa a anunciar a sua escolha por Porto Real foi a GalvaSud, *joint-venture* entre a CSN e a alemã Thyssen Krupp Stahl[14]. A previsão era a de que a fábrica produzisse até 350 mil toneladas de bobinas de aço galvanizado por ano e abastecesse principalmente as indústrias automobilísticas instaladas em São Paulo, Rio, Minas Gerais, Paraná e no Mercosul. Localizada num terreno de 150 mil metros quadrados entre as fábricas da Volkswagen e da PSA Peugeot Citroën, a empresa começou a operar em 1999. O projeto, orçado em U$ 290 milhões, teve 70% (US$ 165 milhões) do valor financiado pelo BNDES através do programa de fomento Finame, e pelo banco alemão KFW.

A injeção de dinheiro na economia da região elevou a renda média da população. A evolução do PIB entre 1996 e 2000 e o comparativo entre renda e PIB em 2000[15] indicam que, nesse período, o novo município teve uma renda *per capita* de R$ 24.822,00 (uma variação em torno de 234,7%, a maior entre todos os municípios fluminenses)[16], superando até o Rio de Janeiro (R$ 14.917) e ocupando a segunda posição no estado, o que indica o seu dinamismo econômico, impulsionado principalmente pelas indústrias de transformação e de vidro. O balanço apresentado pela Prefeitura revela que a variação do PIB de 2001, período em que a PSA Peugeot Citroën entra em operação, a 2003 foi de 1.300%, extremamente superior à de qualquer outro município do estado ("Nossas perspectivas são as melhores possíveis para 2004, quando vamos receber as contribuições da Peugeot", afirmou o prefeito Sérgio Bernardelli. Primeiro no ranking do Estado – Jornal *Atualidade* – De 3 a 9/05/2003).

Desde que assumiu a Prefeitura, em 1997, Bernardelli contou, ano após ano, com uma arrecadação que cresceu a níveis exorbitantes e reverteu-se em recursos que têm possibilitado a modernização de toda a estrutura de um município de dimensões geográficas e populacionais diminutas. Em 1997, foram arrecadados R$ 7,806 milhões, mas a entrada em funcionamento da fábrica da PSA Peugeot Citroën fez o crescimento econômico do município disparar. A expectativa era de que fechasse o ano de 2004 com uma arrecadação recorde de R$ 42 milhões e de que chegasse a R$ 50 milhões em 2005 ("É um motivo

---

[14] Em 2003, a CSN comprou a parte que cabia à Thyssen Krupp Stahl, tornando-se a única proprietária da empresa.

[15] *Panorama da Economia Fluminense*.

[16] A média de crescimento da região foi de 18,43%, superando a do estado, que ficou em 12,27%. (Fundação CIDE).

de muita alegria, o município superou todas as expectativas, ficando bem acima do crescimento do estado", observou Sérgio Bernardelli, prefeito de Porto Real – Crescimento à vista – PIB de Porto Real cresce 1.300%, superando todas as expectativas e ficando bem acima do crescimento dos demais municípios. – Jornal *A Voz da Cidade* – 26/08/2004).

Tal quantia em caixa permitiu à Prefeitura "despejar" dinheiro numa série de obras de modernização, como o ginásio poliesportivo Gustavo Pereira, no Bairro de Fátima, cinco quadras de esporte e duas creches municipais. Houve uma melhora na prestação de serviços públicos, como a eletrificação e o recolhimento de lixo; a água consumida pela população provém da Estação de Tratamento de Água (ETA); e o esgoto sanitário é tratado por três estações. Ainda foram construídas casas populares (com o auxílio do governo estadual), a maternidade Alba Abba Bernardelli e o Centro de Tratamento e Diagnóstico da Mulher, o primeiro do município, ligado ao hospital maternidade, pronto em 25 de outubro de 2003.

Duas obras ganharam enorme repercussão nos jornais da região: a duplicação das Avenidas Fernando Bernardelli e Renato Monteiro, que interligam o centro da cidade ao pólo-industrial, e a construção do Palácio Municipal 5 de Novembro. Esta última, provavelmente a mais comemorada, foi fruto de uma parceria com a iniciativa privada (que custeou 70% do valor total). Depois de seis anos e meio de obras, o centro administrativo da Prefeitura – com 1,2 mil metros quadrados e estimado em R$ 900 mil – abriu as portas ao público no dia 5 de abril de 2004 com uma série de eventos, incluindo uma reunião dos funcionários na antiga sede[17] para um ato simbólico de despedida e uma "caminhada cívica" por Porto Real, que contou com a participação de parte da comunidade.

Mas apesar de todos esses avanços, que inegavelmente melhoraram as condições da população, a Prefeitura não parece ter sido eficiente no combate às principais carências dos habitantes. Em primeiro lugar, ao contrário das expectativas criadas pela presença de empresas de alta tecnologia em torno da geração de emprego, as coisas não transcorreram como se imaginava. Não há números exatos sobre o percentual de trabalhadores do município ocupando cargos nessas indústrias, mas é quase certo que a parcela da população mais propícia a trabalhar nas fábricas (na faixa dos 20 aos 34 anos de idade e abran-

---

[17] A Prefeitura até então funcionava no Porto Real Country Clube, nas adjacências da Companhia Fluminense de Refrigerantes.

gendo um universo máximo de 3.219 habitantes[18]) manteve-se praticamente excluída. A situação mais preocupante é verificada entre indivíduos acima dos 30 anos de idade, com baixa escolaridade (de analfabetos a semi-analfabetos) e pouca qualificação. Números sobre educação, revelados pela Fundação CIDE e correspondentes ao ano de 2000, mostram um município onde o índice de analfabetos (9,5%) é superior às médias estadual (6,2%) e de Resende (5,5%)[19].

Em segundo lugar, parece difícil também a questão da saúde, que sofre com a ausência de um hospital de grande porte[20]. Além do centro de diagnóstico e da maternidade, Porto Real só dispõe de dois postos de saúde, seis núcleos do "Programa Saúde da Família" (que contam com o trabalho de agentes comunitários pagos pela Prefeitura) e alguns projetos sociais que vêm sendo implementados pelas Secretarias de Saúde, Educação e Ação Social. Sem um hospital, sua principal demanda, a população se vê obrigada a recorrer a atendimentos nas vizinhas Resende, Barra Mansa e Volta Redonda[21].

O Grupo Renato Monteiro e o Pólo Urbo-Industrial de Porto Real

A compreensão do que hoje significa Porto Real exige a recuperação da sua trajetória, particularmente a fase que começa a se delinear a partir de 1958, quando o empresário baiano Renato Monteiro da Costa adquire o complexo envolvendo uma antiga usina açucareira com sua vila operária e as terras adja-

---

[18] Fundação CIDE – 2000.

[19] O cômputo dos valores correspondentes à faixa etária com maior dificuldade de inserção no mercado de trabalho local é exemplarmente ilustrado pelo depoimento da então secretária de Educação e Cultura do município, Emília Prota Bernardelli: "Eu vou fazer um depoimento sério, mas é um depoimento que a gente precisa reconhecer, é uma avaliação: trouxeram as grandes indústrias, trouxeram as grandes empresas e não trabalharam, concomitantemente a essa vinda, a qualificação do profissional. Quando se começou a negociar a emancipação, já se deveria negociar com Resende uma forma de qualificação dos profissionais aqui da nossa área. E esperou-se primeiro a emancipação, esperou-se primeiro um diagnóstico, para depois vir. Então, agora é que eu tenho produto de ensino médio saindo."

[20] Porto Real encontra-se no 58º lugar no estado, em IDH (Fundação CIDE – 2000).

[21] A população também sofre com a escassez de atividades culturais, como teatros, museus e casas de cultura. Todas essas deficiências reunidas são fatores que, além de dificultarem o turismo – apontado pela Fundação Getúlio Vargas (FGV), juntamente com a agropecuária, num estudo encomendado pelo SEBRAE, como as verdadeiras potencialidades econômicas do município –, também indicam uma má utilização do dinheiro público.

centes onde se localizava um canavial, criando laços que nos reportam às clássicas imbricações entre empresários e territórios, onde o padrão de dominação "extrapola a esfera da produção em direção ao controle material da própria esfera da reprodução da força de trabalho" (Leite Lopes, 1988:17).

Alguns anos após a chegada de Monteiro da Costa, foi decretada a falência da usina e, logo depois, criado o Grupo Renato Monteiro reunindo algumas pessoas da sua confiança e apoiando-se na concessão da *The Coca-Cola Company* para a produção de refrigerantes. Com o passar dos anos, a fábrica de bebidas, sob o nome de Companhia Fluminense de Refrigerantes, pouco a pouco consolidou-se como a maior empregadora de Resende[22], tornando-se uma das maiores do ramo no estado e o principal estabelecimento industrial de Porto Real, condição ratificada nos últimos 40 anos.

O que, por hipótese, teria motivado o empresário a adquirir a antiga e decadente usina e as propriedades adjacentes compostas pelo também em crise cultivo da cana-de-açúcar, teria sido a crença numa valorização a médio e longo prazo daquele território, estrategicamente localizado entre Rio, São Paulo e Minas Gerais. Ele simplesmente comprou terras a preços baixíssimos, compreendendo que a ótima topografia privilegiava a condição de Porto Real no Sul fluminense e abria portas para um negócio muito mais arrojado e grandioso: um pólo industrial de capital privado. Algo, até então, inédito no país.

Por conseguinte, o empresário ajustou a vasta planície de esquecidos canaviais criando loteamentos com infra-estrutura para receber indústrias de médio e grande porte. Finalmente, em 1974, iniciou a implementação do projeto denominado Pólo Urbo-Industrial de Porto Real, espalhado por uma área totalmente plana de 25 milhões de metros quadrados. Desse projeto, *a priori*, germinaria naquele lugar um modelo de domínio e coexistência entre urbano e rural.

A magnitude de Monteiro da Costa foi pensar e tentar implementar ao longo da sua imensa propriedade uma aliança entre a possibilidade de bons negócios e a demanda local por desenvolvimento, arraigando-se assim, como nenhum outro ex-proprietário da usina, àquele território. Pelo projeto, o empreendimento deveria se constituir num importante e valioso elemento para ele-

---

[22] Em Porto Real, tal condição só viria a se alterar recentemente pela contratação de servidores públicos pela Prefeitura. Praticamente todos os moradores, do mais humilde desempregado até o prefeito, trabalharam ou têm algum familiar trabalhando na Companhia.

var a oferta de terrenos urbanizados e adequados para fins industriais em Resende. Para administrá-lo, o Grupo Renato Monteiro criou a Porto Real S.A. Comércio, Indústria e Agropecuária e, durante toda a década de 1970, o ideal da industrialização foi aos poucos se objetivando.

Com as empresas que Monteiro da Costa ajudou a levar, o pólo perdurou e permaneceu forte até o final dos anos 1980, quando os acordos sobre isenções fiscais foram encerrados. Expondo a fragilidade do compromisso com a localidade, as empresas, na sua maioria, preferiram paralisar suas produções e se transferiram para municípios de estados que, naquele momento, ofereciam uma série de vantagens comparativas compensatórias (novos incentivos fiscais). E, naquele antigo condomínio industrial, acabou emergindo um vasto cemitério de galpões e instalações industriais abandonadas.

Mas o fortalecimento do setor industrial era apenas um dos pilares que sustentavam o ideário do pólo, que previa desenvolver algo planejado que envolvesse ainda uma série de funções habitacionais e de serviços. O projeto visava articular estes dois aspectos e mais o industrial, compondo uma estrutura geral auto-suficiente e capaz de gerar uma integração entre todos os atores inerentes ao território. Na prestação de serviços, coordenando e centralizando as atividades industriais e da coletividade em geral, estaria o verdadeiro centro vital do conjunto, incluindo-se nesse caso o centro tecnológico e de formação profissional, o centro de comunicações e outros de suporte às negociações, promoções e comercialização, em relação às duas funções anteriormente mencionadas. O Pólo Urbo-Industrial era um instrumento modernizador e uma ótima opção de negócios. Previa-se que o retorno dos gastos se daria com os juros da venda a prazo dos terrenos pela empresa promotora para o funcionamento de indústrias e outras atividades econômicas.

Também estavam programadas atividades sociais que provocariam um "deslanche" gradativo do pólo. Eram prioritárias a instalação da Fundação Porto Real, baseada fundamentalmente na prestação de serviços à comunidade e advinda do próprio fomento das atividades do pólo, e a criação de um horto botânico, visando suportar a manutenção das áreas verdes do conjunto do pólo e, ainda, a longo prazo, fornecer mudas e sementes, favorecendo a comercialização de espécies vegetais nele cultivadas. Seu dimensionamento seria de 2,80 ha, comportando núcleos de produção, treinamento, administração, apoio e outros serviços complementares.

O projeto foi patrocinado pela Financiadora de Estudos e Projetos (FINEP) e elaborado pelo Escritório Técnico Ary Garcia Roza Ltda., a partir de um trabalho de campo realizado entre 1974 e 1975. Uma equipe de arquitetos e engenheiros fez o levantamento de todos os aspectos a serem encarados com o objetivo de preparar um cálculo de custo-benefício, mas apenas a função industrial acabou sendo implementada.

A Sociedade Amigos de Porto Real (SAPRE)

Há um argumento sustentado por Ramalho (Cf. capítulo 1 deste livro) de que em casos recentes de implantação da indústria automobilística em regiões sem tradição no setor, "onde a introdução inicial de grandes empresas tem motivações oportunistas do tipo empréstimos públicos generosos, baixos salários, isenções fiscais, etc, sem nenhuma perspectiva de cooperação com instituições econômicas e políticas locais, podem emergir iniciativas de mobilização e intervenção da sociedade no sentido de interferir na política industrial e fomentar atividades de colaboração visando o desenvolvimento da região" (2005:1).

Partindo desse pressuposto, arrisco dizer que esforços ou arranjos cooperativos desse tipo muitas vezes são bem anteriores e não apenas decorrentes da chegada de investimentos de tal grandeza. Assim, explicamos casos de recuperação econômica de áreas decadentes, com evasão de indústrias e baixas perspectivas para sua população, como o Sul fluminense e, em especial, Resende, visto o progressivo desmonte do seu complexo industrial na década de 1980. O que venho a propor é tão somente encarar a acepção do "local" como uma etapa no sentido de levar adiante fórmulas consistentes de desenvolvimento. Uma variável fundamental para isso é o grau de convergência da elite em torno desse objetivo, sendo o empresariado regional um ator de peso nessa articulação interna porque participa de redes de organização corporativa e de conexões com a esfera política (Dulci, 2002).

Um desses casos de convergência ocorreu em meados da década de 1960, quando algumas lideranças de Porto Real, dentre elas o próprio empresário Renato Monteiro da Costa, sob o argumento de estarem sendo abandonadas pela Prefeitura de Resende, ensaiaram um movimento para justificar a necessidade de emancipação do distrito. O desejo de autonomia coincidia com o início do primeiro grande ciclo de crescimento industrial de Resende. As indústrias químico-farmacêuticas aglomeravam-se às bordas da rodovia Presidente Dutra, aumentando a oferta de empregos, gerando um fluxo migratório provindo do Sul de Minas Gerais e acentuando o desinteresse em relação a Porto Real e à sua população, que pareciam muito distantes (20km) da sede administrativa e eleitoralmente pouco relevantes. Por outro lado, o investimento na infra-estrutura regional (a passagem da rodovia Presidente Dutra por Resende e a duplicação da estrada de ferro que cruzava o distrito vizinho de Floriano) melhorava o acesso ao distrito, reduzindo o seu isolamento em relação à sede administrativa e abrindo canais de comunicação com outros municípios da região, com o Palácio do Ingá (então sede do governo estadual) e com a capital federal.

As lideranças locais, percebendo a necessidade de um projeto que lhe conferisse autonomia, que sinalizasse a construção de uma identidade própria ao distrito e que, por fim, delineasse os trilhos do seu crescimento e o alcance mais rápido das reivindicações que seus filiados julgavam urgentes, criaram, nas dependências do Porto Real Country Clube, um movimento reunindo a elite local: a Sociedade Amigos de Porto Real (SAPRE), cuja certidão foi oficialmente registrada no Cartório do 1º Ofício de Resende, em 26 de setembro de 1966. A entidade, reunindo os auto-intitulados representantes do povo porto-realense, transformou-se num movimento organizado, com sede e reuniões periódicas no próprio clube. Durante dois anos (de 1966 a 1968), funcionou como instituição, tendo suas atividades interrompidas pelo Ato Institucional nº 5 (AI-5), que inibiu as liberdades civis e levou à deterioração da "sociedade". Sob tais circunstâncias antidemocráticas, a emancipação do distrito acabou ficando totalmente inviabilizada.

> A emancipação era um desejo de todas aquelas unidades (empresários, produtores rurais, políticos, aspirantes a cargos públicos, etc) porque nós éramos relegados. Não era um ideal de emancipação, era um desejo porque ninguém investia lá. A gente produzia e não tinha retorno. Esse era o desejo! Nós queríamos que o fruto do nosso trabalho fosse investido na nossa região (Elizabeth Monteiro da Costa).

Naquele período, sendo julgada como alternativa mais viável para o alcance de soluções para os problemas provocados pelo descaso do poder público municipal, a SAPRE teve um papel simbólico e representativo que, apesar de efêmero, possibilitou o desencadeamento de um acúmulo de experiências políticas e organizacionais, começando a esboçar o modelo do novo município de Porto Real. Mesmo em um curto espaço de tempo, a associação conseguiu estruturar suas bases de ação, construindo canais de comunicação (Granovetter, 2001) com autoridades políticas de Resende (a família Carvalho, o vereador Isaac Politi e o fazendeiro Aarão Soares da Rocha) e de outros municípios da região, com destaque para o deputado estadual Nilo Teixeira Campos, de Piraí, que acabou intermediando a aproximação entre Abelardo Galvão, presidente da SAPRE, e Geremias de Mattos Fontes, governador do antigo Estado do Rio de Janeiro. Dessas relações, foram extraídos alguns benefícios, como a construção dos colégios Grupo República Italiana e Patrícia Pineschi, em troca do apoio à eleição do fazendeiro Aarão Soares da Rocha para prefeito de Resende.

Sonhos, ideais e a "independência" do 3º distrito

Obtida pelo distrito em 1995, a autonomia político-administrativa resultou do acúmulo de experiências políticas e organizacionais pelos integrantes da SAPRE e de um discurso mobilizador de adesões a uma causa assumida como justa: a possibilidade futura de crescimento econômico. Neste sentido, a negociação com a Volkswagen teve um papel especial. A opção pela montadora como carro-chefe da retomada da expansão do Sul fluminense se explica por um antigo desejo do ex-prefeito Augusto de Carvalho, importante liderança política de Resende, que, desde a década de 1950, insistia em levar a empresa para aquele município.

No entanto, apenas na década de 1980, elaborou-se um organograma para a atração da montadora, meticulosamente pensado por uma rede de atores bem articulada interna e externamente, da qual faziam parte Elizabeth, herdeira de Renato Monteiro, Abelardo Galvão, ex-presidente da SAPRE, Sérgio Bernardelli, Augusto Leivas e Noel de Carvalho, estes dois respectivamente prefeito e político mais influente do município de Resende. Havia ainda pessoas do governo estadual, como o secretário de Indústria e Comércio, Ronaldo César Coelho, técnicos da CODIN e do próprio setor automobilístico, ajudando na elaboração do projeto e intermediando a ida da própria Elizabeth à Alemanha, onde entregou pessoalmente o projeto ao presidente mundial da montadora. A receita era simples: ressuscitar o velho "sonho" de levar uma montadora para a região e, assim, viabilizar a emancipação do antigo distrito pela via de um pacto firmado entre os grupos políticos de Porto Real e Resende. Uma troca, se pudermos reduzir deste modo o que ocorreu.

> Mas aí já estava tudo planejado. Havia um planejamento há dez anos. Na verdade, desde a época do meu pai. Isso tem uma origem lá atrás. Eu iniciei um desenho junto com o Abelardo. Eu e ele reestruturamos o projeto com o Augusto Leivas, pegamos também o sonho do pai do Noel, agregamos o sonho do Noel de Carvalho... Tudo isso, sem ninguém saber.

Peguei esse projeto e levei para a Alemanha para entregar nas mãos da pessoa que tinha que recebê-lo (Elizabeth Monteiro).

Elizabeth e Luís Eduardo, filhos e herdeiros de Renato Monteiro da Costa, tinham uma razão para incentivar a autonomia. Notaram, tal como o pai, que a expansão dos seus negócios estava necessariamente imbricada no dinamismo econômico daquela região e que o meio mais valioso de promovê-lo estava em suas mãos: as terras planas de Porto Real. Até então, eram enormes os encargos do grupo com a prestação de serviços básicos dentro do distrito. Mas os empresários sabiam que cada centavo gasto em obras de responsabilidade do estado (como as muitas pavimentações de ruas, a construção de uma ponte, os gastos com a vigilância local[23] e a melhoria de certos índices sociais, como a escolaridade dos seus trabalhadores) e cada pedaço de terra doado, eram investimentos de retorno de médio e longo prazos para a própria empresa.

O acordo com a Volkswagen foi importante porque fazia de Porto Real, naquele momento, o distrito economicamente mais representativo em função da contribuição prestada pela Companhia Fluminense de Refrigerantes para a arrecadação municipal. O Grupo Renato Monteiro, proprietário da Companhia, tinha consciência disso e, por assim dizer, de que a emancipação só se efetivaria de fato quando uma empresa de grande porte viesse a preencher o espaço por ela ocupado.

A montadora, portanto, foi uma importante iniciativa de recuperação da condição industrial de Resende, reinserindo o Sul fluminense entre as áreas de grande movimentação econômica do país e facilitando a articulação do processo de emancipação.

---

[23] "Isso aqui era abandonado. Tudo o que tinha aqui quem fazia era a Companhia Fluminense. Mesmo na época em que Porto Real era distrito de Resende. A gente reivindicava, a gente tinha dois vereadores, reivindicávamos as coisas para Porto Real. Aí, o prefeito de lá se reunia com o Luís Eduardo e com os vereadores daqui, conversavam, conversavam, e a Prefeitura sempre dava uma parte e a Coca-Cola a outra. Ela foi a grande mãe desse município. A própria segurança do distrito era feita por pessoas escolhidas pela gente. Nós tínhamos cinco "patrulhinhas" aqui no "município", cinco carros com pessoas locais, que todo mundo conhecia e que faziam o acompanhamento dia e noite. Tanto, que nós só tiramos essa patrulha depois de cinco anos de emancipado o município, e quando tiramos a população reclamou e disse: a gente quer a patrulha daqui, não quer a PM. Essas patrulhas vigiavam o dia inteiro. Então, se entrava alguém estranho no município, eles conheciam. Essa é a vantagem do município pequeno. Fazíamos essa vigilância e comunicávamos para a única DPO que existia aqui, lá no início." – Maria Angélica Ancêde Monteiro da Costa (Marré), esposa de Luís Eduardo Monteiro.

Com a conquista da autonomia política e a inserção da região numa trajetória de crescimento acelerado, uma outra tarefa ainda estava pendente e precisava ser concluída: a renovação do controle do grupo empresarial sobre a localidade. Isso começou a ser elaborado na escolha do candidato a prefeito, feita pelo Grupo Renato Monteiro com apoio de seus aliados, especialmente o PSDB fluminense de Márcio Fortes e Marcello Alencar. A opção foi Sérgio Bernardelli, administrador de empresas que entrou no grupo em 1961, onde permaneceu por 33 anos e ocupou diferentes funções, tendo sido sempre um homem respeitado principalmente pela sua competência em lidar com finanças e pela experiência como homem público com um histórico de quatro mandatos como vereador na Câmara Municipal de Resende.

Com a vitória do candidato da empresa, o que se seguiu foi uma administração bastante influenciada pela participação dos irmãos empresários, sempre presentes às reuniões na Prefeitura e contribuindo com sugestões. A maior evidência deste tipo de envolvimento pode ser encontrada nos corredores de Prefeituras de municípios onde geralmente a fábrica é o símbolo da sua trajetória de crescimento[24]. No entanto, a especificidade de Porto Real foi ter tido a sua Prefeitura "adotada" não por ex-militantes sindicais, mas por uma elite de ex-funcionários da Companhia Fluminense de Refrigerantes, na maioria indicados pelos proprietários.

Numa entrevista ao jornal *Diário do Vale*, de Volta Redonda, o prefeito Sérgio Bernardelli disse que a Prefeitura não tem usado recursos próprios para desapropriar áreas para a instalação das indústrias porque há um grande apoio da iniciativa privada em prol do desenvolvimento do município ("Temos recebido apoio total das empresas locais", afirmou Sérgio Bernardelli). As "empresas locais" às quais ele se refere se resumem ao Grupo Renato Monteiro. Aliado a esse envolvimento com o poder público, o grupo tem na Companhia um meio de aperfeiçoar suas ligações com o território, aumentando o seu poder simbólico e sendo reconhecido por todos, aliados ou desafetos,

---

[24] Há uma impressionante reprodução da situação de Paulista (PE), descrita por Leite Lopes (1988), onde a Prefeitura tornou-se um ambiente propício e privilegiado para a concentração de uma elite de ex-funcionários, que transformaram a administração pública numa extensão da própria empresa. A administração municipal acabou controlada por ex-operários da Companhia de Tecidos Paulista (CTP), alguns, inclusive, com passagem pela militância sindical. Por sinal, o então prefeito (em 1977, da ARENA) era filho de um ex-operário, ex-dirigente sindical e ex-prefeito da cidade.

como sustentáculo daquela localidade e garantia de sobrevivência para centenas de famílias. O grupo e a localidade estão presos pelo que Alfredo de Oliveira, prefeito do município vizinho de Quatis, caracterizou como um "cordão umbilical", revelando traços da presença de uma estrutura patrimonialista, que Brandão Lopes (1967) indicou se materializar no domínio que um pequeno grupo de proprietários exerce sobre todos os homens livres da localidade.

É preciso considerarmos, entretanto, que mesmo arraigados pela herança ideológica e pela racionalidade mais marcada pelo poder político e patrimonial, típico da velha elite empresarial, os herdeiros de Renato, os irmãos Luís Eduardo e Elizabeth Monteiro da Costa, têm um diferencial a seu favor. Eles correspondem mais a um perfil de empresário brasileiro que Kirschner (1999) definiu como sendo característico da década de 1990, por possuir, em geral, formação universitária com cursos de pós-graduação e especialização no exterior[25], e sua administração é a soma entre conceitos acadêmicos e experiência adquirida ao longo do tempo em que exerceu diferentes cargos dentro ou fora das empresas da família.

Kirschner (1999) afirma que o empresário da década de 1990 "participa mais ativamente em projetos sociais e, não raro, destina parte dos seus investimentos a projetos culturais e educacionais. Emerge assim um perfil de titular de empresa de porte médio e familiar que demonstra ser capaz de articular racionalidades diversas, que se utiliza da tradição para poder enfrentar os desafios da modernização, e que se dispõe a buscar todos os meios à disposição para enfrentar o desafio de administrar com competência e eficiência os patrimônios herdados" (1999:14). Talvez, por isso, seja tão forte a idéia que os irmãos têm de fazer de Porto Real um exemplo de crescimento planejado e de tratar a administração pública como uma extensão da empresa e como algo que deve ser tão dinâmico quanto o setor privado.

> Existe uma mentalidade que diz o seguinte: 'o poder público tem que ser uma coisa inchada e grande'. Aí, não pode ter muitas cidades porque senão a coisa vai ficar muito cara e vai ser inviável manter esse negócio. (...) Então, o que eu advogo é o seguinte: eu acho que se você conseguir um modelo de administração barato, se conseguir fazer com que a Prefei-

---

[25] Luís Eduardo é engenheiro industrial formado pela UFRJ e com especialização em Boston (EUA); Elizabeth é formada em Ciências Sociais e com mestrado em Psicologia pela PUC-Rio.

tura não inche, eu acho que nós temos tudo para caminhar nessa direção. Você, de repente, pode viabilizar as pequenas e médias cidades de uma forma muito eficiente, você vai fazer com que se reduza o nível de corrupção, aumentar o nível de renda (....) (Luís Eduardo Monteiro da Costa, 1999).

Os proprietários do grupo têm uma maneira de conceber o desenvolvimento que passa pelo reconhecimento de que são cada vez mais, como diriam Cappellin & Giuliani (1999), atores sociais cujas atividades têm uma legitimidade não só econômica, mas também social. Esses herdeiros "estão muito mais enraizados no território do que os líderes-fundadores e por isso têm uma vida associativa mais acentuada, e estabelecem ainda mais diálogos com instituições e organizações sociais do que os pais" (1999:294). Ainda segundo os autores, eles entendem que a cidade deixa de ser apenas o lugar de origem do patrimônio para ser o local onde vivem e formam a sua mão-de-obra. O rebaixamento da qualidade profissional dos trabalhadores é visto como uma situação de crise para a própria empresa (idem:295) e isso justifica a dedicação com que vêm se aplicando na construção de um ambiente dotado de qualidade nos recursos humanos, freqüentemente descrito por Luís Eduardo, o filho mais velho de Renato Monteiro, como um pólo social. Os investimentos em qualidade de vida e infra-estrutura, isto é, em condições que contribuam para a atração de empresas de alta tecnologia e grande poder simbólico, como a PSA Peugeot Citroën, funcionam como vitrine para o grupo econômico, que se orgulha de estar ligado a um caso bem-sucedido de desenvolvimento. A experiência do pólo social, delineada pelos empresários em conjunção com a sua rede sociopolítica de sustentação, é a forma almejada de uma sinergia empresa/território e a etapa complementar da modernização controlada do município, algo nítido no seu discurso.

Esse nosso projeto agora, do pólo social, envolve um hospital diferente, um atendimento médico que é o médico de família. Esses médicos de família geram a necessidade de agentes comunitários que visitam todas as casas todas as semanas... isso cria uma formação de dados para a Prefeitura que gera um controle muito forte sobre a população. Controla a evasão escolar, controla as drogas, controla a criminalidade, controla a invasão de terras, controla a necessidade de moradia... de casas próprias, controla água, esgoto, saneamento básico. Enfim... eu acho que de repente Porto Real vai poder ser um exemplo (Luís Eduardo Monteiro – empresário – 1999).

O plano do pólo social fica evidente no que talvez se trate do grande projeto do empresário: a implantação de uma universidade ou um "pólo de conhecimento", como o mesmo diz. Como ainda é cedo para avaliarmos a real possibilidade de transformação da região nesse sentido, só é possível dizer ao certo que a implantação pela empresa de modernos centros educacionais e tecnológicos, bem como a construção da infra-estrutura municipal com os seus próprios recursos tendem a gerar retornos satisfatórios no que diz respeito ao reforço do seu capital político e simbólico, além de aumentar a sua dominação sobre aquele território.

O mini-hospital daqui, a empresa construiu e doou para a Prefeitura; um ginásio poliesportivo, nós construímos e doamos para a população... sabe? Coisas desse tipo... o viaduto para a Guardian se instalar, um viaduto por cima de uma estrada de ferro, 300 mil reais, nós construímos e doamos para a Prefeitura, senão a Prefeitura não fazia e a indústria não vinha... está entendendo? Então, a coisa ia chegando a esse extremo... (Luís Eduardo Monteiro).

A outra frente de combate é a baixa escolarização, constatada por uma pesquisa domiciliar organizada pelos empresários, em 2002, que apontava dentro da faixa etária de emprego formal de 19 a 45 anos um total de 5.500 pessoas, das quais 2.200 sem o ensino fundamental completo. Com base nestes dados, a Fundação Porto Real, instituição de direito privado, criada em janeiro de 1999 por Maria Angélica Ancêde Monteiro da Costa – que funciona nos moldes das entidades sem fins lucrativos e foi declarada de utilidade pública municipal, em novembro de 2000 – iniciou um trabalho de alfabetização de adultos e oferta de aulas de informática a partir de parcerias com a Prefeitura municipal e com o apoio financeiro das quatro principais empresas do município (Companhia Fluminense de Refrigerantes, PSA Peugeot Citroën, GalvaSud e Guardian). O programa de alfabetização é feito através de supletivos, que atendem a 120 alunos entre 25 e 82 anos de idade no ensino fundamental.

Considerações Finais

Com o objetivo de discutir a ligação entre público e privado através do envolvimento de um grupo empresarial familiar na construção de um município, este capítulo sugeriu uma interpretação para a constituição de Porto Real como "município modelo" industrializado, indicando que uma análise que se pretenda abrangente não deve ignorar o entendimento das particularidades cabíveis a cada localidade, e atribuindo necessária relevância às relações sociais historicamente construídas e enraizadas num dado contexto social.

Porto Real é um município bem planejado que, nos oito anos da administração de Sérgio Bernardelli, conseguiu se transformar em uma das economias com maior ritmo de crescimento do estado e inserir seu nome no novo mapa do setor automotivo brasileiro. É também um município construído com um tipo particular de ligação com o setor privado. A sua peculiaridade é ser tratado não simplesmente como uma extensão territorial do domínio da fábrica, mas também da própria administração da empresa, ou seja, foi concebida para ser uma cidade "modelo" em gerenciamento, controle de gastos, aplicação sensata de recursos, etc. Lá é onde a repartição pública é organizada e gerida como escritório de empresa privada, e onde não há melhor definição para desenvolvimento do que agregação de valor.

A tendência é não considerarmos esse município como referência de desenvolvimento a nível regional, estadual e muito menos nacional. Há um enorme déficit nas questões ligadas à saúde pública e ao trabalho. Somente a educação foge à regra e apresenta uma ampliação dos gastos públicos, ainda insuficientes, pelo menos em se tratando da ausência de uma escola técnica que dê suporte aos jovens para ingressarem nas indústrias de alta tecnologia. Diante da sua baixa escolaridade e qualificação, a população do município continua a depender muito das oportunidades de emprego oferecidas pelas companhias locais. Assim, em vez do "cordão umbilical" entre o grupo e o território se desfazer com a chegada de grandes empresas, ele, ao contrário, tende a se perpetuar.

Há uma preocupação do grupo econômico em levar adiante uma política de combate à ocupação desenfreada do território, lutando para não deixar a população ultrapassar a marca de 25.000 habitantes. Esse tipo de engenharia social procura impedir a entrada de "forasteiros" em busca de oportunidades que o "eldorado" fluminense um dia prometeu e é parte de uma visão empresarial que concebe o desenvolvimento de modo restrito, como agregação de valor, e cuja artificialidade impede qualquer sentimento de integração, que nem os gastos com infra-estrutura e os programas sociais a curto prazo podem remediar.

Tal controle do crescimento traduz uma inseparabilidade entre público e privado no município, impedindo uma organização autônoma e livre da tutela empresarial. O crescimento econômico, deste modo, restringe a ação da sociedade civil, constrangendo a criação de parcerias entre diferentes setores sociais (Putnam,1996). Os vários setores e grupos de interesse não têm sido chamados para o debate, a fim de estabelecer canais onde os interesses sejam respeitados, avaliados e discutidos.

A conclusão que podemos tirar é que, embora Porto Real tenha sido um caso bem-sucedido de emancipação, já que contou com uma rede bem organizada de atores sociais devidamente conectados aos centros de poder regional e estadual, não representa um tipo de experiência organizacional mais abrangente. Ao contrário, a sua sociedade civil encontra-se ainda desorganizada e a curto prazo não parecem existir condições favoráveis à criação e mobilização de "capital social" em larga escala (Abramovay, 2000 e Lima, 2001).

A sua experiência foi inegavelmente bem-sucedida enquanto se limitou à ação associativa de uma rede sociopolítica que, nos últimos 40 anos, se comunicou perfeitamente com outras redes e grupos de interesse. Foi um caso exemplar, tal como as associações de crédito rotativo descritas por Putnam, de superação dos dilemas da ação coletiva pela utilização de relações sociais ("capital social"), mas com uma "confiança" construída num menor espaço de tempo. Contudo, se a emancipação e a reemergência da região no cenário produtivo nacional puderam ser pensadas e implementadas verticalmente por um grupo político, o mesmo não se poderá dizer do desenvolvimento local.

BIBLIOGRAFIA

ABRAMOVAY, Ricardo (2000). "O Capital Social dos Territórios: repensando o desenvolvimento rural". In: *Economia Aplicada* – volume 4, nº 2, abril/junho 2000.

ARBIX, Glauco (2000). "Guerra Fiscal e Competição Intermunicipal por Novos Investimentos no Setor Automotivo Brasileiro". Rio de Janeiro, *Revista Dados*, 2000.

——————————; RODRIGUEZ-POSE, Andrés (1999). "Estratégias do Desperdício: a guerra entre estados e municípios por novos investimentos e as incertezas do desenvolvimento". In: *Novos Estudos Cebrap*, n° 54, pp. 55 – 71. São Paulo, Cebrap, julho de 1999.

——————————; ZILBOVICIUS, Mauro (2001). "Por uma Estratégia de Civilização". In: *Razões e Ficções do Desenvolvimento*. São Paulo, Edusp e Editora Unesp.

ARDHIS – Academia Resendense de História (2001). *Crônicas dos Duzentos Anos- Resende 1801-2001*. Whately, M.C. & Godoy, M. C. F. M. (orgs.). Resende.

BEDÊ, M. A. (1997). "A Política Automotiva nos Anos 1990". In *De JK a FHC- A Reinvenção dos Carros*. São Paulo, Scritta.

CAPPELLIN, Paola; GIULIANI, Gian. M. (1999). "Os herdeiros: estudo de caso das empresas de porte médio da região serrana do Estado do Rio de Janeiro". In:. Kirschner, A . M., e Gomes, E. R. *Empresa, Empresários e Sociedade*. Rio de Janeiro, Sette Letras.

CASTELLS, Manuel (1999). *A Sociedade em Rede*. SP, Paz e Terra.

COCCO, Giuseppe; URANI, André; GALVÃO, Alexander Patez & SILVA, Mirela P. da (2002). "Desenvolvimento Local e espaço público na Terceira Itália: questões para a realidade brasileira". In: *Empresários e Empregos nos Novos Territórios Produtivos – o caso da terceira Itália*. Cocco, Giuseppe; Urani, André & Galvão, Alexander Patez (orgs.). Rio de Janeiro, DP&A.

COOKE, Philip (1989). *Localities*. London, Unwin Hyman.

DULCI, Otávio S. (2002). "Guerra Fiscal, Desenvolvimento Desigual e Relações Federativas no Brasil". In: *Revista de Sociologia e Política*, n° 18, pp. 95-107. Curitiba, junho de 2002.

GRANOVETTER, Mark (2001). *Le Marché Autrement: Essais de Mark Granovetter*. Paris, Desclée de Brouwer.

KIRSCHNER, Ana Maria (1999). "Empresa, Empresários e Sociedade no Brasil: introdução às contribuições das ciências sociais em tempos de neoliberalismo e globalização". In: *Empresas, empresários e* sociedade. Rio de Janeiro: Sette Letras, pp. 9-19.

—————————— (1999). "Empresários brasileiros dos anos 90: sucessão e mudança de mentalidade?", in: *Empresas, empresários e sociedade*. Rio de Janeiro: Sette Letras, Rio de Janeiro, pp. 20-36.

KLINK, Jeroen (2001). *A Cidade-região – regionalismo e reestruturação no grande ABC paulista*. Rio de Janeiro, DP&A.

LIMA, Jacob C. (2001). "A teoria do capital social na análise de políticas públicas". In: *Política & Trabalho* 17, pp.46-63. João Pessoa, PPGS-UFPB, set. 2001.

LOCKE, Richard (1995). *Remaking the Italian Economy*. New York, Cornell University Press.

LEITE LOPES, José Sérgio (1988). *A tecelagem dos Conflitos de Classe na "Cidade das Chaminés"*. São Paulo, Editora UNB.

LOPES, Juarez Rubens Brandão (1967). *Crise do Brasil Arcaico*. São Paulo, Difusão Européia de Livro.

PUTNAM, Robert D. (1996). *Comunidade e Democracia : a experiência da Itália moderna*. Rio de Janeiro, FGV Editora.

RAMALHO, José R. (2005). *Indústria "Enxuta" e Participação Local em Estratégias de Desenvolvimento*, Rio de Janeiro, mimeo.

SECCHI, Enrico (1991). *Imiei 56 Anni Di Brasile – História de uma Emigração*. Resende.

SENGENBERGER, Werner; PIKE, Frank (2002). "Distritos Industriais e Recuperação Econômica Local: questões de pesquisa e de política". In: *Empresários e Empregos nos Novos Territórios Produtivos – o caso da terceira Itália*. COCCO, Giuseppe; URANI, André; GALVÃO, Alexander Patez (orgs.). Rio de Janeiro, DP&A.

STORPER, Michael (1999). "Las Economias Regionales como Activos Relacionales". In: *Cadernos do IPPUR*, ano XII, n° 2, pp. 29-68. Rio de Janeiro, UFRJ, 1999.

Outras Referências

Assembléia Legislativa do Estado do Rio de Janeiro – ALERJ (Leis n° 2494, de 28 Dezembro de 1995) – www.alerj.rj.gov.br;

Fundação CIDE – www.cide.rj.gov.br – Anuário Estatístico do Estado do Rio de Janeiro – Edição de 2002;

─────────────── – Índice de Qualidade dos Municípios (IQM);

Instituto Brasileiro de Geografia e Estatística (IBGE) – www.ibge.gov.br;

Jornais: Atualidade; Diário do Vale (www.diarioon.com.br); Folha de São Paulo;

Panorama da Economia Fluminense - 1996/2000;

Pólo Urbo-Industrial - Porto Real - etapa II, Rio de Janeiro, Porto Real/FINEP, s.d.5v., 1980;

Potencialidades Econômicas e Competitividade – Região Sul – SEBRAE/FIRJAN, Fundação Getúlio Vargas (FGV), 1998;

Registro do Estatuto da Sociedade Amigos de Porto Real (SAPRE) – Cartório do 1º Ofício; Resende, RJ;

Site relacionado: www.metalsul.org.br

Entrevistas

Alfredo de Oliveira – Prefeito de Quatis – 01/07/2004;

Elizabeth Monteiro da Costa – Vice-presidente do Grupo Renato Monteiro – 13/08/2004;

Emília Prota Bernardelli – Secretária Municipal de Educação e Cultura de Porto Real – 13/07/2004;

Henrique Nora – Presidente da sub-sede da FIRJAN no Sul fluminense – 22/11/2000 – Por José Ricardo Ramalho;

Luís Eduardo Monteiro da Costa- Empresário – 04/05/1999 – Por José Ricardo Ramalho;

————————— 21/07/2004;

Maria Angélica Ancêde Monteiro da Costa – Presidente da Fundação Porto Real – 29/07/2004;

Noel de Carvalho – Deputado estadual – 17/02/2004;

Sérgio Bernardelli – Ex-prefeito de Porto Real- 30/05/2003 – Por José Ricardo Ramalho.

Capítulo 3

"A fábrica dos sonhos" da Volkswagen[1]

Alice Rangel de Paiva Abreu
Huw Beynon
José Ricardo Ramalho

Os estudos sobre a indústria automobilística e as mudanças na sua organização produtiva, na maioria dos casos, têm tido como fonte as fábricas instaladas nos países mais desenvolvidos do mundo. O principal projeto de pesquisa nessa área – *A máquina que mudou o mundo* –, coordenado pelo MIT, tem como referência a Europa, os EUA e o Japão. Na literatura sobre o tema há sempre o pressuposto de que as principais tendências de desenvolvimento do setor encontram-se nas fábricas dos países capitalistas mais industrializados, com um padrão de produção "enxuta", relacionado com o "trabalho de time" e com um rápido processo de automação. Fora desse circuito, o setor automotivo tem sido visto como uma derivação da dinâmica que dirige o sistema de Detroit, Tokyo e Wolfsburg. Por essa razão, foi com uma certa surpresa que foram encaradas as observações de S. McAlinden, um especialista em estudos sobre transporte da Universidade de Michigan (EUA), citado pelo jornal *The New York Times* (19/11/1996) em uma

---

[1] Este capítulo é uma versão ligeiramente modificada do texto originalmente publicado na revista *Work, Employment and Society*, Vol.14, Issue 2. UK, Cambridge University Press, 2000.

reportagem sobre a indústria automobilística mundial, quando afirmou que "os protótipos de fábrica mais importantes atualmente são protótipos de fábricas para o terceiro mundo".

Este texto trata de uma fábrica desse tipo – a fábrica de caminhões e ônibus da Volkswagen em Resende, no Estado do Rio de Janeiro – abordando o processo de produção automotiva fora do eixo dos países da OECD (Cf., p.ex., Shaiken, 1994 e Parlak, 1996). O argumento é de que este caso pode ser visto como emblemático de um novo tipo de sistema produtivo emergindo da América do Sul, e pode fornecer novos elementos para o debate sobre o papel dos mecanismos de subcontratação no capitalismo contemporâneo, as fronteiras de atuação das empresas e o relacionamento entre os mercados e as hierarquias.

Reestruturação produtiva e investimento externo no Brasil

Mudanças significativas ocorreram no setor automotivo brasileiro na segunda metade dos anos 1990. Todas as principais montadoras fizeram um considerável investimento em novas fábricas (ver tabela 1) e se guiaram pela expansão do mercado doméstico, facilitado pelo Mercosul e pelo incremento da exportação de veículos para os EUA e novos mercados em expansão da Europa do Leste, África do Sul e China. As montadoras, como já se tornara comum na Europa, escolheram cuidadosamente os locais para as novas unidades fabris. Desde 1995, esses empreendimentos foram deslocados para regiões distantes das áreas industriais tradicionais ao redor da cidade de São Paulo, principalmente o ABC paulista, coincidentemente a região que por décadas tem sido a mais sindicalizada e o centro principal de militância dos metalúrgicos brasileiros e da Central Única dos Trabalhadores (CUT). O padrão que se estabeleceu para esse tipo de investimento foi o de se afastar principalmente dos centros urbanos com maior experiência de lutas trabalhistas. Nesse contexto, a Ford, por exemplo, deslocou-se para um estado "distante" como a Bahia, aproveitando-se das excepcionais vantagens fiscais resultantes da disputa entre os estados brasileiros.

Esse processo de reespacialização pode ser associado a importantes mudanças no sistema produtivo, especificamente no relacionamento entre montadoras e fornecedores e significou uma reestruturação radical da indústria brasileira de autopeças (Cf. Beynon& Ramalho, 1999; e Abreu, Gitahy, Ramalho e Ruas, 1999). No caso das montadoras, afirmam Bresciani&Gitahy (1997), houve uma clara transformação no sentido da terceirização das atividades essenciais. Salerno (1997:509-10), por exemplo, identificou uma tendência para a formação de "condomínios industriais", que passaram a agrupar empresas fornecedoras em torno das principais montadoras, reduzindo custos de transporte, ajustando a integração entre as empresas e assegurando um fluxo contínuo de fornecimento *just-in-time*. Humphrey (1998), ao tratar desta questão, chega a afirmar que a cadeia produtiva que emerge do Brasil é bastante complexa e não pode facilmente ser explicada a partir de uma noção abstrata de "globalização".

Todos esses estudos indicam que o relacionamento entre a montadora e os fornecedores tem sido a base para as experiências de novos processos produtivos. A nova fábrica de caminhões e ônibus da Volkswagen, inaugurada em 1996 em Resende (RJ), foi uma expressão avançada dessa experimentação. Em Resende, os fornecedores estiveram envolvidos em uma empreitada conjunta com a VW para criar um "sistema modular" de produção. Este sistema implicava na participação dos fornecedores como parceiros no financiamento da fábrica e na organização e montagem das peças em unidades paralelas no próprio local.[2] Dessa forma, a VW deixou de ter operários na linha de montagem e sua principal tarefa passou a ser coordenar a produção e vender o veículo. E a "fábrica modular" passou a representar um novo conceito no processo de produção de veículos.

O "consórcio modular" de Resende

Foram investidos cerca de 300 milhões de dólares na construção da unidade fabril, prevendo uma produção de 30 mil chassis de ônibus e caminhões por ano, boa parte planejada para a exportação. A fábrica foi inaugurada com bastante publicidade tanto por parte da empresa quanto por parte do governo, que enfatizaram seu enorme significado para a economia brasileira e o futuro da indústria automobilística em todo o mundo. Em uma linguagem que se tornou usual na indústria, a VW afirmava que o novo sistema de "montagem modular" estava baseado em um "conceito fractal" (Arbix &Posthuma, 1996).

Em matemática, um "conceito fractal" significa um rompimento completo e radical com tudo que foi feito antes. Em Resende, este rompimento ficou claro com o fato de que das 1500 pessoas empregadas na fábrica, 1300 estariam trabalhando para sete empresas subcontratadas que se encarregaram na linha de montagem da seguinte forma: chassis, Iochpe-Maxion; eixos e rodas, Meritor; pneus,

---

[2] Experiência semelhante já havia sido tentada pela VW em uma de suas fábricas na Argentina (ver Miozzo, 1999).

Remon; motores, Powertrain (MWM e Cummings), cabine, Siemens-VDO; estamparia, Delga; e pintura, Carese.

Nessa nova fábrica da Volkswagen, portanto, uma reunião de empresas americanas, alemãs e japonesas partilham a responsabilidade de fornecer as peças e de realizar a montagem final de todos os veículos produzidos. Em cada módulo, a empresa (ou empresas) responsável pelo suprimento de peças, submontagens e sistemas participa da operação produtiva e na prática monta o veículo. A linha de montagem se tornou o domínio das empresas subcontratadas. A cada passo do processo, essas empresas se posicionam para organizar a entrega e o fornecimento de componentes e coordenar a montagem final das peças. Desse modo, a montagem final realizada pelos operários da Powertrain (Cummings e MWM) dentro da fábrica é repassada para os operários da Siemens-VDO e assim por diante.

No perfil das fábricas anteriores (fordistas/pós-fordistas/ enxutas, etc), o papel dos fornecedores era produzir peças para as montadoras. Recentemente, o papel da cadeia de fornecedores na organização da produção e nos processos dinâmicos associados com a subcontratação tem chamado a atenção dos pesquisadores (Cf. Gereffi & Korzeniewicz, 1994). No sistema de Resende, uma mudança revolucionária ocorreu na noção de rede de fornecedores, na medida em que os produtores de componentes foram trazidos para dentro da fábrica como montadores. Nesse caso, seu papel foi transformado no de subcontratante, com um envolvimento no cotidiano do processo de montagem. A confirmação disto foi a participação dessas empresas na construção da nova unidade fabril, contribuindo com US$ 50 milhões dos iniciais US$ 300 milhões investidos na fábrica. Ao explicar este arranjo organizativo, o diretor operacional da VW, R. Barreti, afirmou: "A idéia é a seguinte: a casa é nossa, a mobília é de vocês" (citado em Luquet e Grinbaum, 1996).

Esta afirmação é bastante elucidativa e também aponta para os pontos fortes e fracos dos novos arranjos. O sistema modular se constituiu a partir de um esforço cooperativo entre as partes do processo produtivo e até certo ponto superou as deseconomias de coordenação associadas aos arranjos entre firmas separadas. Contudo, as empresas permaneceram como entidades separadas legalmente – juridicamente independentes e como tais foi necessário dividir o chão de fábrica da nova fábrica em "terrenos" separados através dos quais as empresas podiam ter endereço próprio e identidade legal (*O Globo*, 2/11/1996).

Em Resende, portanto, a Volkswagen (a empresa montadora de veículos) ficaria de fora do processo direto de produção, voltando suas atividades para funções estratégicas, tais como o *design* e a arquitetura dos veículos, assim como a qualidade, as políticas de produto, o *marketing* e as vendas. No entanto, neste sistema a montadora não pode ignorar a produção. Ela tem que desenvolver capacidade organizacional que lhe permita integrar um grupo de empresas fornecedoras – agora co-produtoras – dentro da unidade de produção. Para tal, a VW tem que ter uma articulada organização administrativa, com a preocupação de monitorar o fluxo da produção. O que isto traz como questão é a natureza do relacionamento entre a montadora e as firmas fornecedoras, legalmente e dentro da fábrica de Resende. Este sistema modular isenta a montadora dos problemas do dia-a-dia no que diz respeito às relações de trabalho. Mas pode também criar novos problemas. Para começar, há a questão da qualidade e do controle de qualidade. Em Resende,

> cada caminhão que deixa a fábrica tem a assinatura de um empregado. Ele é o 'maestro', a pessoa responsável pela qualidade daquele produto. O comprador do caminhão recebe o telefone direto do 'maestro' e pode reclamar ou tirar dúvidas por um período de dez anos, período no qual as informações sobre o caminhão são mantidos nos arquivos. A responsabilidade do 'maestro' é supervisionar todos os estágios da montagem, fazendo a ligação entre os diversos parceiros (Neto, 1996).

Os caminhões que saem da fábrica de Resende levam o escudo VW e a empresa precisa cuidar para que a imagem de sua marca não seja arranhada.

Esta preocupação em garantir qualidade também se estendeu a outros aspectos relativos às relações financeiras, garantia de entrega do produto, punições na produção, etc. Luquet & Grimbaum (1996) acompanharam as negociações envolvendo a vinda para Resende e perceberam como

> durante um ano, dezenas de advogados, escolhidos pela VW e pelas empresas subcontratadas, se reuniram para negociar a divisão dos riscos. Um contrato de 80 páginas foi preparado estabelecendo a responsabilidade de cada membro do time. É um acordo secreto que está no cofre dos parceiros e que os concorrentes querem ver.

Com o tempo, contudo, algumas coisas ficaram mais claras. Os fornecedores de peças, tendo contribuído com os custos de capital, teriam também que contribuir com os custos correntes da fábrica. E ainda mais, o relacionamento financeiro com a VW foi contabilizado com base nas *vendas* e não na *produção*. Desta forma, a VW se isentava de muitos dos problemas financeiros associados aos estoques e semelhantes. No caso de Resende, a VW apenas pagou pelos componentes utilizados no caminhão *quando o caminhão já estava vendido* (Luquet & Grimbaum, 1996).

Visto desse modo, a natureza radical desse início, representado pelo sistema de Resende, adquire um novo significado. Em 1920, a Ford financiou o desenvolvimento do seu Modelo A, repassando os custos para o revendedor: este pagava à Ford na entrega e não na venda do veículo. O modelo de Resende deu um passo adiante, ao tirar a VW da produção como um todo, obtendo seu lucro através de sua marca e através da organização da distribuição e das vendas.

A questão da firma revisitada

De muitas maneiras o caso de Resende traz a lembrança de um período anterior de desenvolvimento do capitalismo. Em seu artigo clássico sobre o crescimento da produção fabril, Marglin (1974) argumenta que a ascensão da fábrica sobre o sistema do *putting-out* e outras formas de produção doméstica se baseava no papel de coordenação do produtor e na disciplina do trabalho, na concentração espacial da produção sob um mesmo teto. Marglin fez a pergunta:

> Em que circunstâncias ocorre a pirâmide patrão-trabalhador que caracteriza a produção capitalista? E para que função social serve a hierarquia capitalista?

Sua resposta foi bem clara. Não se sustenta em imperativos técnicos, mas na necessidade

> de uma organização que garantisse ao empreendedor um papel essencial no processo de produção, como o integrador dos esforços individuais dos seus trabalhadores em um produto passível de ser vendido no mercado (Marglin, 1974).

Este processo, para ele, se referia a tirar dos trabalhadores o controle sobre a produção, com o conseqüente processo de acumulação através da corporação.

O argumento de Marglin é apenas um dos aspectos da discussão sobre os limites da empresa (Buckley &Michie, 1996). Ao final do século XX, ficou claro que mudaram as condições que ele identificou como críticas. No entanto, seus argumentos são úteis para problematizar as mudanças que foram introduzidas pela VW em Resende. Neste caso, a posição monopolista da VW e seu domínio do mercado através de sua marca lhe conferem bastante poder na relação com os fornecedores e com sua força de trabalho. Com efeito, a propriedade da marca e seu conhecimento maduro sobre o processo de trabalho permitem à VW a oportunidade de se distanciar da produção direta. Há, certamente, exemplos semelhantes. Lojas de departamento rotineiramente alocam espaços para outras empresas. A metáfora da casa e da mobília evoca arranjos do tipo *franchising* que dominam muitos ramos do comércio. O que é interessante e significativo sobre o caso de Resende, contudo, é o fato de que esta experiência ocorre dentro de um dos ramos mais avançados da indústria e envolve um relacionamento entre organizações transnacionais de grande porte.

Para explicar o caso de Resende, talvez seja importante localizar a fábrica no seu contexto mais amplo. A constituição do Mercosul (com seus "regimes automotivos" oferecendo vantagens fiscais e outras isenções) criou um grande potencial para maiores lucros e aumentou o segmento de mercado para produtores como a VW. Como um "produtor local", a empresa foi colocada em uma posição vantajosa com relação a outras e como tal o Mercosul propiciou um cenário no qual poderia se desenvolver sem a concorrência das empresas japonesas. Mas isso trouxe também riscos consideráveis. Muitas das entusiasmadas discussões sobre globalização e a empresa global subestimaram os riscos ao capital por questões tais como flutuações das taxas de câmbio e incertezas políticas.

Escrevendo sobre o Brasil, R. Lapper (1998:1) percebeu que numa época em que uma enorme quantidade de capital fixo foi investido no país como o resultado de políticas neoliberais, os fundos de investimento permaneceram cuidadosos. Ele cita o gerente de um desses fundos, que afirma que "investidores institucionais têm um preconceito embutido contra a América Latina. Ainda é o continente perdido". Preocupações como essa poderiam facilmente ter influenciado na tentativa da VW de reorganizar suas operações *produtivas* dividindo *os riscos* de investimento com os novos parceiros. De fato, este tipo de consórcio poderia muito bem emergir como um tipo apropriado de divisão de risco entre empresas em uma era de crescente incerteza.

Houve também outras vantagens do sistema modular da VW. A empresa tinha experimentado dificuldades no ABC paulista com relação aos seus fornecedores de peças e a uma força de trabalho organizada. Paulo Butori, presidente da Sindipeças, foi claro ao falar das vantagens do novo sistema implantado pela VW:

> ao ficar livre para focar apenas no *design* do veículo e em como vendê-lo, a empresa fica com a parte mais lucrativa do negócio e passa o ônus da produção para o fornecedor. A maior preocupação da montadora é com a produção... dessa forma, a montadora mantém as áreas mais lucrativas e passa sua principal dor de cabeça para o fornecedor.

Contudo:

> Quando você permite a entrada do fornecedor de autopeças dentro de sua fábrica, cria-se uma grande interdependência. É como uma família. Você não pode simplesmente colocá-los para fora da casa. Nesse sentido é preciso pensar com muito cuidado quando se convida um novo produtor para trabalhar na fábrica porque então tudo tem que ser compartilhado (citado por Arbix&Posthuma, 1996).

Parece que a VW pensou de forma cuidadosa sobre este novo arranjo produtivo, e parece claro que os fornecedores de autopeças negociaram bastante. Um dos ganhos para eles foi a garantia de um contrato de fornecimento de longo prazo. Eles deixaram claro que, com o compromisso financeiro assumido com a fábrica, não seriam facilmente retirados.

Este relacionamento entre a VW e seus fornecedores tem sido de fato mais problemático do que a empresa tinha imaginado. Seus primeiros índices de produtividade não foram tão expressivos como se esperava. Em 1998, a revista *The Economist* comentou que

> quando a fábrica foi inaugurada em 1996, a VW prometia que estabeleceria novos marcos de produtividade. De fato, a produtividade da fábrica provou ser menos da metade daquela de outras fábricas nos EUA e na Europa. Representantes da VW dizem que isto se deve parcialmente ao fato de as vendas de caminhões terem sido fracas, mas também porque a qualidade na fábrica ainda é bastante pobre. Um terço dos veículos produzidos em Resende necessitam de mais trabalho quando saem da linha de montagem. A VW admite que talvez tenha sido muito cedo conferir responsabilidade aos fornecedores. Mas a empresa insiste que Resende ainda pode atingir as suas metas sem abandonar o novo sistema se seus gerentes supervisionarem mais de perto as empresas contratadas (5/09/1998:60).

Isto levanta outro tema geral relativo ao conceito de produção modular – a questão do trabalho e da disciplina no trabalho.

A questão do trabalho e do sindicato

As discussões públicas no Brasil na época em que a fábrica foi implantada enfatizavam sua natureza moderna e a contribuição que traria para o desenvolvimento das técnicas de produção automotiva. As afirmações tanto da empresa quanto do governo foram marcadas pela retórica da transformação. Para a VW, a fábrica provava que "a era do fordismo" estava sendo deixada para trás e que "Resende (era) o paradigma do século 21" (*O Globo*, 2/11/1996). No seu discurso durante a inauguração da fábrica, o presidente da República confirmou essa visão, ao dizer que

> a empresa está apostando em sua capacidade de revolucionar a produção. Estamos deixando para trás a história na qual os homens se tornavam máquinas como mostrou Charles Chaplin no filme *Tempos Modernos*. Hoje são os homens que comandam as máquinas (*Jornal do Brasil* 2/11/1996).

Contudo, o desenvolvimento tecnológico dentro da fábrica e as mudanças nas práticas de trabalho foram mínimas. Todos os relatos publicados sobre o interior da fábrica enfocavam não a tecnologia (robôs, computadores e assemelhados) mas o meio ambiente que circunda os espaços de trabalho. Nesse caso, a linguagem não tinha nada de revolucionária. Enquanto a retórica gerencial olhava para o século XXI, de dentro da fábrica as descrições das práticas lembravam a primeira parte do século XX. Assim, o gerente da VW, R. Barreti, enfatizava que 10% do investimento na construção dos prédios foram dirigidos para "o conforto dos empregados". Em sua visita à fábrica, a jornalista Germana Moura prestou atenção nesses aspectos, assinalando que

> à primeira vista não parece uma fábrica *high tech*. Ao invés de máquinas e robôs, o visitante encontra as montanhas do Vale do Paraíba, e se tiver sorte pode até ver o sol invadindo a linha de montagem. Mas isso é apenas um dos detalhes que distingue esta nova unidade da VW em Resende. Toda a atmosfera foi projetada para dar uma sensação de liberdade para o empregado. O objetivo foi o de evitar a fadiga e com ela a perda de produtividade (*O Globo*, 2/11/1996).

De sua parte, a empresa enfatizou o fato de o processo de trabalho ter sido organizado de modo a minimizar a quantidade de vezes que os operadores têm que se curvar, e como a temperatura do chão-de-fábrica estava regulada por um sistema extremamente sofisticado que incluía 16 unidades de ar-condicionado, cada uma pesando duas toneladas.

De muitos modos, portanto, a ênfase pública na tecnologia e na novidade e a tentativa de, uma vez mais, estabelecer o fim do fordismo não conseguem captar o principal significado do caso de Resende. Em relação ao trabalho, por exemplo, as preocupações da VW eram bastante ortodoxas. Arbix e Zilbovicius (1997:469) notaram a falta de sinais de inovação na organização de grupos de trabalho ou na constituição das atividades de grupo. Na visão desses autores, todo o conceito da fábrica estava baseado em um sistema de fluxo da produção bastante convencional, que não dá nenhum espaço para o envolvimento do trabalhador ou do sindicato na sua configuração ou funcionamento. Curiosamente (dada à ênfase na gerência de recursos humanos na literatura), o envolvimento do trabalhador não foi mencionado em qualquer das discussões corporativas que estivessem relacionadas com o conceito fractal de Resende. Embora "trabalho de time" tenha sido introduzido no início de 1999, informações obtidas com o sindicato local mostram que não houve qualquer conversa sobre esse tema nos primeiros três anos de existência da fábrica. Não há menção a qualquer discussão sobre processo produtivo ou estilos de gerência.

A VW e seus parceiros, no entanto, fizeram esforços consideráveis para assegurar que a nova fábrica recrutasse empregados qualificados que pudessem responder favoravelmente ao treinamento e aos novos arranjos de trabalho. A existência de uma unidade do SENAI em Resende foi de grande valia para a empresa. Entrevistado em 1999, o seu diretor de então, Ari P. de Almeira, explicou como isso aconteceu:

> Eles queriam saber como poderíamos ajudá-los. Foi um trabalho interessante porque envolvia uma filosofia diferente – a do consórcio modular como um sistema de produção. Era diferente de São Bernardo. Para nós, foi uma experiência positiva e a grande maioria da força de trabalho da VW hoje é de estudantes do SENAI.

As empresas em seguida estabeleceram um convênio com o SENAI, criando um centro de tecnologia automotiva para treinar trabalhadores para os novos processos de produção.

Dentro da fábrica, a VW (enquanto operando no sistema modular) parece ter percebido que as disparidades entre os trabalhadores das diferentes firmas poderiam ser uma fonte de conflito. Preocupada com isso, introduziu um uniforme comum a todos os trabalhadores. Todos os empregados da fábrica, incluindo os executivos, usam o mesmo uniforme. As calças são azul-escuras e as camisas, azul-claras. A única diferença entre os uniformes é a logomarca da firma, que fica acima do bolso direito da camisa; no bolso esquerdo, uma margarida, que é o símbolo do consórcio.

A VW também se preocupou com a questão salarial. Para evitar confrontos, a empresa insistiu em 1996 que todos os participantes do consórcio (inclusive a própria VW) tivessem um mesmo conjunto de salário e benefícios. Do ponto de vista do diretor industrial, L. de Luca, da VW: "Se você começa com diferenças de salário, a fábrica pára no dia seguinte" (citado por Neto, 1996).

Ao se instalar naquela localidade, a empresa não escondeu o fato de que parte do seu plano estava em estabelecer relações de trabalho diferentes daquelas do ABC paulista. A VW fez uma pesquisa em Resende para calcular os salários a pagar em comparação com as outras empresas da região. Novamente, segundo o seu diretor industrial, L. de Luca: "Nós não queríamos inflacionar o mercado". Para ele, nessa nova região a empresa estava determinada a evitar os "maus hábitos de São Bernardo", onde "não é possível negociar (com o sindicato)". Afirmando que "todo mundo estava saindo do ABC", ele disse que havia uma "harmonia perfeita" com o sindicato dos metalúrgicos do Sul fluminense (*Folha de São Paulo*, 9/12/1996). Resende tinha uma motivação a mais por ser uma região cujo sindicato estava ligado à Força Sindical. Este sindicato era visto como conservador, em contraste com o do ABC, controlado pela Central Única dos Trabalhadores – CUT. A VW considerava a Força Sindical mais afável e com políticas que eram mais simpáticas às teses da empresa.

De sua parte, o sindicato dos metalúrgicos viu a chegada da fábrica da VW como uma oportunidade de recuperar um mercado de trabalho com poucas alternativas de emprego. Na indústria automobilística, viu uma potencial expansão do emprego em um setor industrial em crescimento, abrindo mais postos de trabalho para os trabalhadores locais e aumentando a adesão ao sindicato. Luiz Rodriguez, o presidente do sindicato em 1997, demonstrava sua simpatia pelo fato de ter uma empresa de porte vindo para a região. Há uma suspeita de que este entusiasmo ajudou a espalhar a impressão entre os executivos da VW de que a Força Sindical iria operar como um tipo de sindicato subordinado, seguindo a liderança da empresa nos principais assuntos. Sua inexperiência em lidar com técnicas modernas da produção de veículos, juntamente com a novidade do sistema modular, confirmava essa impressão. No entanto, o sindicato já tinha experiência com o setor siderúrgico e isto parece ter equipado os organizadores locais com uma compreensão sobre os problemas e assuntos relacionados com a mudança industrial. E ficaram particularmente atentos ao significado dos níveis salariais da empresa e para o fato de que os salários de Resende eram mais baixos do que aqueles pagos para trabalhadores que faziam o mesmo trabalho em São Paulo. De acordo com uma liderança do sindicato dos metalúrgicos: "Os salários são baixos na região. O salário médio é de R$ 400, quando a média em São Bernardo é 60% mais alto". Portanto, desde o início, o sindicato buscou aumentar a reivindicação salarial levando em conta os índices do ABC.

Esta noção de "paridade" é muito poderosa e tem sido vista como crítica pelos trabalhadores da indústria automobilística por toda a Europa e Estados

Unidos. Era uma clara preocupação do sindicato em Resende, e durante os anos 1990 se tornou também um assunto fundamental para os sindicatos do ABC. Para estas entidades, a dispersão das fábricas para fora do ABC foi encarada como uma estratégia de baixos salários por parte da indústria. Em 1999, as duas maiores centrais sindicais do país (CUT e Força Sindical) uniram forças para chamar a atenção para o fato de que enquanto os níveis salariais no ABC eram de R$ 1.500,00 por mês, os da Fiat em Minas Gerais eram R$ 800,00 e em Resende, R$ 600,00. Esta demanda por paridade produziu uma resposta firme das montadoras. O vice-presidente de Recursos Humanos da VW, Fernando Tadeu Perez, argumentou da seguinte forma:

> As empresas não vão aceitar a proposta de um salário nacional unificado... Os sindicalistas devem esquecer a idéia de regular os salários tomando como base o ABC paulista. Isto não vai acontecer. Isto mataria a indústria automobilística brasileira (*O Globo*, 26/08/1999).

Contudo, havia aspectos da produção no ABC que a VW queria implantar em Resende. O mais notável foi o "banco de horas", que já tinha sido acordado com o sindicato dos metalúrgicos do ABC. O "banco de horas" opera com um entendimento de semana média de trabalho que a empresa pode reduzir ou aumentar conforme a demanda, sem qualquer penalidade para qualquer dos lados. Os trabalhadores não perderiam seus salários nas semanas mais curtas e a empresa não teria que pagar hora extra nas semanas mais longas. O sindicato em Resende não gostou desse tipo de arranjo. A VW queria que os acordos flexíveis cobrissem pelo menos 300 horas. Isto foi rejeitado e, depois de uma série de conflitos e paralisações (que culminaram com uma greve de uma semana em agosto de 1999), o tamanho do "banco" foi reduzido para 150 horas e posteriormente extinto.

Uma outra questão que trouxe problemas para o sindicato está relacionada com a operação do "consórcio modular" dentro da fábrica. Havia uma preocupação de que o sistema, por sua própria natureza, produziria divisões verticais na força de trabalho, o que evitaria uma boa negociação no chão-de-fábrica. A suspeita se confirmou em um certo sentido, quando a empresa anunciou que estava preparada para considerar um aumento de salário para os empregados da VW mas não para os trabalhadores da linha de montagem, empregados das outras firmas. No entanto, este tipo de atitude se mostrou insustentável. O que a VW aprendeu com essas negociações foi que, para garantir uma produção consistente na planta, tinha que "comandar" as discussões salariais no chão-de-fábrica. Para tanto, a empresa aumentou sua participação como negociadora principal para todo o "consórcio". E mais, a empresa teve que aceitar a existência de uma comissão de fábrica. Seguindo a lógica do conceito modular, a VW tinha se recusado formalmente a estabelecer canais de negociação coletiva, como fazia em sua fábrica no ABC, considerando que muitos desses arranjos eram tarefas dos membros individuais do "consórcio". Contudo, isto provou ser problemático, e discussões e negociações informais se desenvolveram por toda a planta até a existência de fato de uma comissão de fábrica. Em 1999, depois de uma greve, as empresas do "consórcio modular" concordaram em formalizar esse tipo de arranjo.

Este processo de negociação (e os padrões de ação coletiva estabelecidos pelos trabalhadores por toda a fábrica) teve conseqüências importantes para a operação do sistema modular. Em várias entrevistas que fizemos com trabalhadores da fábrica de Resende, ficou claro que eles desenvolveram uma clara identidade como "trabalhadores da Volkswagen". Enquanto a retórica da empresa insistentemente chama a atenção para o sistema modular e sua importância, os operários e seu sindicato enfatizaram uma outra realidade. Do ponto de vista dos trabalhadores, a VW é um ator-chave e o seu próprio empregador tem um papel pequeno na operação geral da fábrica e no seu futuro. Ao responderem nossas perguntas, os operários confirmam a percepção de sua posição dentro da fábrica como empregados de fato da multinacional alemã. Isto também afeta sua posição na comunidade. Como um trabalhador nos disse: "Em geral as pessoas dizem – puxa, este cara trabalha para a VW; ele deve ter um bom emprego".

Os líderes sindicais enfatizam o significado estratégico dessa interpretação. Para eles, a VW determina as regras do "consórcio" e em sua estratégia de negociação tem usado o fato de serem os donos da casa contra aqueles que são apenas os donos da mobília. No entanto, eles reconhecem os problemas reais de defender os direitos dos trabalhadores criados pelo sistema modular. Embora a VW tenha o domínio sobre as firmas parceiras nas negociações salariais, esta hegemonia não se estende ao tratamento cotidiano dado aos trabalhadores no chão-de-fábrica. Neste caso, parece haver diferenças efetivas. Segundo a liderança sindical com quem conversamos em 1999:

> Há sete firmas, sete cabeças diferentes, sete filosofias diferentes de trabalho. Alguns têm a filosofia de entender os trabalhadores, de responder as demandas dos trabalhadores; outros são duros – não querem ceder

nada... Se fosse apenas a VW, seria mais fácil. Mas, de fato, a VW é apenas a cabeça-chefe e os outros têm o que dizer.

Além disso, enquanto o relacionamento entre os parceiros foi estabelecido em um documento legal, este não cobria todas os aspectos. Isto tornou difícil a resolução de questões que exigiam decisões conjuntas que afetassem o bem-estar dos trabalhadores. Este foi o caso em relação à demanda por mais condução para os operários que moravam distantes da fábrica. Esta questão foi repetidamente reivindicada pelo sindicato em 1999, mas as empresas foram incapazes de chegar a um acordo sobre quem pagaria os custos, cada qual culpando o sistema modular pelo atraso.

A formação do novo sistema produtivo?

Nossas considerações sobre a fábrica de Resende e o significado geral do sistema modular de produção servem para pensar esta fábrica em um contexto mais amplo. Há três anos, o caso Resende poderia ser considerado atípico. E mais: enquanto parecia possível estender o conceito para outros produtores de caminhões e ônibus da região, parecia impossível usá-lo de forma mais ampla como base para a produção de automóveis. Neste caso, se pensou que um conjunto de fatores (o grande número de componentes e fornecedores de autopeças; um processo de trabalho mais complexo e dinâmico; assuntos ligados a segredos industriais, etc) funcionaria contra o grau de cooperação e confiança requerida dentro do consórcio. Contudo, acontecimentos recentes reforçaram a visão de que Resende pode ser mais do que um caso isolado, e pode representar um exemplo radical de um tipo de modelo mais espalhado dentro da região.

Em 1998, a Chrysler abriu uma fábrica de caminhonetes em Curitiba, no Estado do Paraná. A planta produzia uma versão da caminhonete Dakota e incorporou elementos do sistema modular. Diferentemente de Resende, os módulos se localizaram nas fábricas dos fornecedores. Desta forma, a Dana Corporation montou sua própria fábrica a uma distância de dois quilômetros da linha de montagem. Em contraste com suas operações nos EUA, esta empresa produzia o chassis (redefinido como "chassis rolante") com um conjunto considerável de peças já agregadas. Como um todo, a montagem do chassis representava mais de um terço da produção total do Dakota.

Um processo similar foi aplicado na produção de assentos, com a montagem feita por um outro fornecedor norte-americano (Lear Corporation), localizado próximo da montadora.

Tal uso extensivo da subcontratação é atraente porque permite à Chrysler economizar recursos ao construir uma planta menor, guardando menos estoque e repassando mais riscos para os fornecedores (embora presumivelmente parte dos lucros) (*The Economist*, 5/09/1998: 60).

Mudanças semelhantes foram também introduzidas na nova fábrica da VW, que produz o automóvel Golf no Estado do Paraná. A configuração desta linha de montagem foi chamada de fábrica "Y". Treze fornecedores de peças ficaram instalados na perna do "Y" onde é produzida a plataforma do carro. Tudo isto é entregue para as fábricas de pintura e de montagem final que então formam os dois braços do "Y". O departamento de comunicação e os laboratórios ocupam o espaço no centro da fábrica.

Segundo a revista *The Economist*, mais radical (e mais decisivo para a indústria) têm sido as iniciativas das novas fábricas da Ford e da General Motors. Neste caso, em dois projetos, curiosamente nomeados "Amazon" e "Blue Macaw", as maiores montadoras do mundo estão também introduzindo aspectos do sistema modular. Ambas as fábricas foram inicialmente projetadas para localidades no Rio Grande do Sul, mas a Ford repentinamente mudou sua decisão no sentido de um arranjo mais lucrativo com o Estado da Bahia. Esta mudança de planos também serviu para chamar a atenção para os planos da Ford em suas operações no Brasil e como estes planos podem afetar o formato da indústria automotiva mundial. Um porta-voz da empresa afirmou que: "Nós queremos experimentar métodos diferentes de produção na Bahia". Em seus planos, apenas 12 a 15 fornecedores serviriam à fábrica da Ford. Isto representa um décimo de uma planta convencional e está associado a uma multiplicidade de responsabilidades na cadeia de fornecedores. Estas corporações de autopeças de primeira linha contribuiriam com um terço do custo de lançamento do projeto "Amazon", de um bilhão de dólares. Diferentemente do que ocorreu em Curitiba, a proposta é produzir seus módulos no próprio local antes de entregar na linha de montagem final da fábrica. Como em Resende, estes fornecedores-chave são eles mesmos grandes empresas multinacionais. Na sua avaliação desses acontecimentos, o jornal inglês *Financial Times* considerou que a estratégia da fábrica da Bahia "poderia estar assinalando a gradual retirada do grupo da montagem final e de sua atividade principal – transformando a Ford, de um produtor de carros, em um grupo econômico, consumidor global de produtos e de serviços." (4/08/1999). Isto pode ser visto como confirmando discussões anteriores sobre as atividades das empresas automotivas no mercado das atividades financeiras (Cf. Froud, Haslem, Johal & Williams, 1998).

Mais específicas são as questões relacionadas com os sistemas produtivos e o papel da indústria brasileira. Ulrich Beck e outros sociólogos têm se referido a um processo de "brasilianização" da economia ocidental, chamando a atenção para os seus mercados de trabalho flexíveis e sua enorme economia informal (Beck, 1999). O caso de Resende pode estar sinalizando para um aspecto diferente desse processo de "brasilianização". Em todas as discussões públicas notamos que as empresas chamaram a atenção para o fato de que as inovações em suas operações brasileiras deveriam ser observadas mais pelo seu "conceito" do que pelo desenvolvimento "tecnológico". Aqui a ênfase tem duas conseqüências. Em primeiro lugar, por toda a região, todas as montadoras estão envolvidas em uma radical renegociação com seus fornecedores de autopeças. Isto normalmente envolve concentrações espaciais em novas localidades e o envolvimento dos fornecedores de autopeças em uma considerável quantidade de trabalho de montagem. Em Resende, isto ocorre dentro da própria fábrica. Mas, em geral, são as fábricas aumentadas dos fornecedores que operam como uma ligação entre as empresas que produzem pouco e o principal montador. Estes fornecedores subcontratados estão geralmente envolvidos em um relacionamento legal e financeiro detalhado com a empresa montadora, o que parece exigir o estabelecimento de relações de produção de médio e longo prazos.

O papel do trabalho nesse novo sistema é importante e apresenta uma variação das interpretações mais ortodoxas sobre as relações de trabalho no desenvolvimento da indústria automotiva. No Brasil, as novas fábricas são bem menos automatizadas do que aquelas dos países da OCDE, empregando bem menos robôs. Nesse sentido, Resende não é atípico. Esta redução nos custos fixos, contudo, não tem sido associada a qualquer queda na produtividade do trabalho. Isto foi colocado claramente por Herbert Demel, presidente da VW do Brasil, em uma entrevista em que falava da estratégia das empresas:

> Nas novas fábricas há oportunidades para aplicar as melhores bases conceituais para a produção. As experiências operacionais no Brasil são feitas através da conceitualização em vez da automação. Na maioria dos casos, os robôs são também muitos caros e parecem menos importantes do que trabalhadores treinados e uma rede ajustada de fornecedores de autopeças (*Gazeta Mercantil*, 11/08/1999).

Ele tornou claro que o investimento não foi em capital fixo mas no treinamento dos trabalhadores e no aumento do controle sobre o envolvimento com os fornecedores. Esta opinião se confirma com Dennis Kelly, presidente da Chrysler do Brasil:

Quando falo sobre tecnologia não penso em termos de robôs, mas em termos de processos de treinamento e conceito de qualidade (*Gazeta Mercantil*, 11/08/1999).

Nesse contexto parece que os níveis de produtividade estão sendo alcançados o que ultrapassa os níveis atingidos globalmente. Na Mercedes, por exemplo, Luiz de Carvalho, diretor de produção, afirmava:

> Usamos robôs apenas em lugares insalubres da fábrica ou nos computadores. Toda a comunicação interna é direta. Nas linhas de montagem a comunicação é visual (*Gazeta Mercantil*, 27/07/1999).

Ele se referia ao fato de que as operações brasileiras tinham melhorado seus níveis de produtividade em 43% nos últimos quatro anos e levado a um aumento de 130 milhões de dólares nas ações da companhia.

No momento, o consentimento e o envolvimento dos trabalhadores parecem ter sido conseguidos mais através do contrato em torno dos salários e uma ênfase forte no aspecto do treinamento, do que no "trabalho de time" e outras formas mais avançadas de gerência de recursos humanos. Isto pode ser explicado pela coexistência no Brasil de uma infra-estrutura capitalista avançada, com boas escolas de educação técnica e níveis incomparáveis de pobreza. Para muitas pessoas, o emprego na indústria automotiva tem um grande significado. Em Resende, quando perguntamos aos trabalhadores como se sentiam ao trabalhar na fábrica, eles geralmente responderam:

> Estamos orgulhosos porque trabalhamos em uma fábrica modelo e porque precisamos do salário para manter a nossa família. Esperamos que no futuro a empresa melhore e que ofereça a todos melhores condições sociais e um salário maior.

É esta complexa realidade brasileira que fornece condições econômicas e sociais para uma rápida inovação organizacional. Talvez seja isso que a VW tinha em mente com o seu slogan sobre o novo modelo do Golf no Brasil. *O carro dos sonhos dos brasileiros. A fábrica dos sonhos dos alemães.* As implicações para a indústria em geral desse tipo de experiência parecem ser significativas.

BIBLIOGRAFIA

ABREU, A.; GITAHY, L.; RAMALHO, J.R.; Ruas, R. (1999). 'Industrial Restructuring and Inter-Firm Relations in the Auto-Parts Industry in Brazil". *Occasional Papers 20*. Institute of Latin American Studies, University of London.

ANFAVEA (1998). *Anuário Estatístico – 1998*. São Paulo.

ANFAVEA (1996). *Anuário Estatístico – 1996*. São Paulo.

ARBIX, G.; ZILBOVICIUS, M. (eds) (1997). *De JK a FHC – A Reinvenção dos Carros*. São Paulo, Scritta.

ARBIX, G; ZILBOVICIUS, M. (1997). 'O Consórcio Modular da VW: um novo modelo de produção'. *De JK a FHC – A Reinvenção dos Carros* (Arbix, G. & Zilbovicius, M. – Eds). São Paulo, Scritta.

ARBIX, G.; POSTHUMA, A. (1996). 'Lopez hits 'plateau' at plant in Brazil', *Automotive News*, 26 February.

ASSEF. A. (1995). 'Fila na Porta: O Brasil volta ao mapa das multinacionais', *Exame*, 5 July 1995.

Boletim 9 de Novembro (1996-1998) - do Sindicato dos Metalúrgicos do Sul fluminense.

BUCKLEY, P.J.; MICHIE, J eds (1996). *Firms, Organisations and Contracts*, Oxford University Press.

BECK, U. (1999). 'O Ocidente Brasileiro' interview in *Folha de São Paulo*, 23 May

BEYNON, H.; RAMALHO, J.R. (1999). 'The transformation of the automobile sector in Brazil – a new way of producing cars?' . Conference 'Approaches to Varieties of Capitalism'. CRIC, ESRC, The University of Manchester.

CARVALHO, R. Q. (1997). 'Restructuring and globalisation in the Brazilian automobile industry', Gerpisa Conference, *The Trajectories of Internationalisation of Firms in the Automobile Industry,* Paris, June.

CASTRO, N. (Ed.) (1996). *A Máquina e o Equilibrista – inovações na indústria automobilística brasileira,* São Paulo, Paz e Terra.

FROUD J.; HASLEM, C.; JOHAL, S.; WILLIAMS, K. (1998). 'Breaking the Chains? A Sector Matrix for Motoring', *Competition and Change*, Vol.3 pp 293-334.

GEREFFI, G.; KORZENIEWICZ (1994). *Commodity Chains and Global Capitalism*, New York, Praeger.

GITAHY, L.; BRESCIANI, L. (1997). 'Reestruturação Produtiva e Trabalho na Indústria Automobilística Brasileira'. Campinas, Unicamp, *Mimeo*.

HUMPHREY, J. (1996). 'Os impactos das técnicas 'japonesas' de administração sobre o trabalho industrial no Brasil', in Castro, N. (Ed.) *A Máquina e o Equilibrista – inovações na indústria automobilística brasileira*. São Paulo, Paz e Terra.

HUMPHREY, J. (1998). 'Globalisation and supply chain networks in the auto industry: Brazil and India', Conference Paper, Geneva, 9-10 March.

JÁCOME RODRIGUES, I. (1997). 'Sindicalismo, emprego e relações de trabalho na indústria automobilística', in (Antunes, R. – Ed.) *Neoliberalismo, Trabalho e Sindicatos*, São Paulo, Boitempo Editorial.

LAPPER, R. (1998). "Dancing to a slower beat" *Financial Times: Money*, 1/2 August

LEITE, M. (1996). 'Inovação tecnológica e relações de trabalho: a experiência brasileira à luz do quadro internacional' in Castro, N. (Ed.), *A Máquina e o Equilibrista – inovações na indústria automobilística brasileira*. São Paulo, Paz e Terra.

LUQUET, M.; GRINBAUM, R. (1996). 'Resende dá o show', *Veja*,23 October.

MARGLIN, S. (1974). 'What do bosses do? The origins and functions of hierarchy in capitalist production". *Review of Radical Political Economy*, 6 (2).

MIOZZO, M. (1999). 'Globalisation and policies for industrial development; the case of the Argentinian automobile industry', UMIST, School of Management, Manchester, UK, *mimeo*.

NETO, F.P. (1996). 'Fábrica da Volkswagen deixa fase de teste'. *Folha de São Paulo*, 9 December.

PARLACK, Z. (1996). 'The Car Workers of Bursa', in E. Kahveci, N. Sugar and T. Nichols, *Work and Occupation in Modern Turkey*, London, Mansell.

POSTHUMA, A.C. (1997). 'Autopeças na encruzilhada: modernização desarticulada e desnacionalização', in Arbix, G. and Zilbovicius, M. (Eds), *De JK a FHC – A Reinvenção dos Carros,* São Paulo, Scritta.

RAMALHO, J.R. (1997). 'Precarização do trabalho e impasses da organização coletiva no Brasil', in Antunes, R. (Ed.), *Neoliberalismo, Trabalho e Sindicatos*. São Paulo, Boitempo Editorial.

SALERNO, M.S. (1997). 'A Indústria Automobilística na virada do século', in Arbix, G. and Zilbovicius, M. (eds) *De JK a FHC – A Reinvenção dos Carros,* São Paulo, Scritta.

SEIDMAN, G.W. (1994). *Manufacturing militance: workers' movements in Brazil and South Africa – 1970-1985*. California University Press.

SHAIKEN, H. (1994). *Automation and Global Production*, Universiyt of California, San Diego, Mongograph 26.

SINDIPEÇAS (1997). *O desempenho do setor de autopeças – 1996*, São Paulo.

Quadro 1
As novas fábricas e suas localizações

Empresa	Local	Data de funcionamento	Modelo	Capacidade (000's)
Honda	Sumaré (SP)	1997	Civic	30
Chrysler	Campo Lago (SP)	1998	Dakota	40
Toyota	Indaiatuba (SP)	1998	Corolla	15
Renault	S.J. dos Pinhais (PR)	1998	Scenic	120
Mercedes-Benz	Juiz de Fora (MG)	1999	Classe A	70
VW	S.J. dos Pinhais (PR)	1999	Golf	160
GM	Gravatai (RS)	2000	Blue Macaw	120
Peugeot	Porto Real (RJ)	2000	206	100
Ford	Camaçari (BA)	2001	Amazon	250

Fonte: *Gazeta Mercantil*, 11/08/1999

CAPÍTULO 4

Um perfil dos trabalhadores do "consórcio modular"

José Ricardo Ramalho
Marco Aurélio Santana

O processo de reespacialização da indústria automobilística brasileira, ocorrido na década de 1990, teve conseqüências concretas para a região Sul do Estado do Rio de Janeiro. A implantação das novas fábricas da Volkswagen em Resende (1996) e da PSA Peugeot Citroën em Porto Real (2001) exigiu mudanças nas políticas municipais e criou expectativas quanto aos desdobramentos econômicos e sociais da formação desse pólo de desenvolvimento. O recrutamento de operários, por exemplo, transformou o mercado de trabalho, e obrigou a adaptação de escolas e centros de treinamento às novas demandas de escolarização e qualificação da mão-de-obra. Por outro lado, o número significativo de novos trabalhadores metalúrgicos, contratados pelas montadoras, colocou também em cheque as estratégias dos seus órgãos de representação, principalmente o sindicato.

O objetivo deste texto é traçar um perfil do "novo trabalhador" da região[1], particularmente dos que estão envolvidos na nova experiência de organização produtiva inaugurada pela VW – o "consórcio modular", e relacioná-lo com o possível crescimento de sua participação em atividades de reivindicação fabril e em outras instâncias da vida social e comunitária. Discute também o

---

[1] Baseado no *survey* "Um perfil dos metalúrgicos da Volkswagen de Resende — RJ", subseção da pesquisa "O Global e o Local: os impactos sociais da implantação do pólo automotivo do Sul fluminense", apoiada pela FAPERJ – através do Programa "Cientistas do Nosso Estado" – e pelo CNPq.

surgimento desse contingente de operários em um contexto local transformado pelo aumento dos investimentos industriais e das atividades econômicas, e voltado para discutir alternativas de desenvolvimento.

Contexto

O deslocamento da indústria automotiva para regiões fora do seu reduto principal no ABC paulista tem uma relação direta com o aumento no fluxo de investimentos, ocorrido a partir da abertura do mercado brasileiro para produtos importados nos anos 1990, e faz parte de estratégias de regionalização implementadas por esse setor industrial em nível mundial. Este processo levou a uma intensa disputa pelos novos recursos e estabeleceu uma verdadeira "guerra fiscal" entre estados e municípios no país. Não resta dúvida de que o caso do Sul fluminense, embora apresente alguma especificidade, se enquadra nesse padrão geral. Arbix *et al* (1999; 2000) fazem um escrutínio bastante convincente do significado desse tipo de política industrial e demonstram que, desde 1994, o Brasil tornou-se um importante alvo dos investimentos diretos estrangeiros, e que graças ao "novo regime automotivo"[2] foram construídas novas fábricas e outras foram reestruturadas no setor automobilístico. A conseqüência disto teria sido a manifestação de "efeitos perversos (...) através de uma corrosiva disputa territorial entre estados e municípios, comprometendo eventuais benefícios de longo prazo relacionados à alocação desses investimentos."

Na interpretação de Arbix *et al* (1999; 2000), essas estratégias de desenvolvimento, denominadas pelos governadores e autoridades federais de "proativas", teriam levado a uma disputa predatória entre estados e municípios, cujo único e grande perdedor seria o setor público. Para eles, a única razão efetiva para o engajamento na "guerra fiscal" estaria vinculada aos dividendos a serem colhidos pelos governantes com uma visão de que a atração de grandes empresas seria panacéia para o desenvolvimento econômico.

---

[2] O *Novo Regime Automotivo* nasceu no interior do Plano Real como um instrumento para consolidar e atrair investimentos no setor automotivo. Os principais objetivos fixados foram: (1) manter em funcionamento as grandes montadoras e as indústrias de autopeças já instaladas no país; (2) reestruturar as empresas brasileiras do setor; (3) atrair novas companhias e estimular a construção de novas plantas e marcas; (4) consolidar o Mercosul e reforçar a posição do Brasil como seu ator-chave, a começar, atraindo empresas que poderiam alocar seus investimentos em outras regiões.

Desenvolvimento regional

Talvez seja possível dizer que o processo de negociação para a vinda da VW e da PSA Peugeot Citroën para o Estado do Rio de Janeiro, no bojo dos incentivos oferecidos pelo "novo regime automotivo", foi a centelha que proporcionou a elaboração de um novo tipo de política industrial para a região (Cf. Ramalho e Santana, 2001 e Ramalho, 2002). Com o anúncio oficial de Resende como local escolhido para a fábrica da VW em 1996 – e por tratar-se de uma fábrica experimental –, houve uma grande expectativa em torno dos efeitos para a economia do município e para o mercado de trabalho em particular.

Um levantamento na imprensa dos últimos anos revela um sentimento mais próximo do otimismo por parte dos agentes econômicos e políticos locais, e confirma em números o crescimento dos investimentos na região Sul do Estado do Rio de Janeiro. A vinda das montadoras e de suas fornecedoras ampliou o raio de ação de empresas já existentes e alterou uma realidade que esteve marcada predominantemente pela presença de uma das principais empresas de aço do país – a Companhia Siderúrgica Nacional, de Volta Redonda. Segundo a imprensa, alguns empresários locais perceberam a mudança de um cinturão do aço para um pólo com características mais amplas, e resolveram reinvestir ou iniciar novos negócios na região.

Os dados existentes sobre os investimentos anunciados e concretizados em Resende e Porto Real, nos últimos anos, são inequívocos quanto à influência direta da vinda de empresas da indústria automotiva na realidade local. Embora as estratégias da VW e da PSA Peugeot Citroën tenham sido diferentes – a VW não trouxe as empresas do "consórcio modular" para a região, alegando que a proximidade com o centro industrial de São Paulo e a existência de uma rodovia relativamente moderna permitiam o fluxo desejado de peças e componentes para a produção, enquanto a PSA Peugeot Citroën (provavelmente por se tratar da primeira fábrica dessa montadora no Brasil) vem construindo um cinturão de fornecedores ao redor de suas instalações em Porto Real –, uma pesquisa sobre o volume e o tipo de investimento nesses municípios (e nos municípios vizinhos) demonstra que outras empresas revisaram seus projetos para aproveitar as condições gerais criadas pela instalação da indústria automobilística.

Em números gerais, considerando o período de 1995 até 2001, os órgãos responsáveis pelo desenvolvimento industrial do Estado revelam que a região do Médio Paraíba (onde se encontram Resende e Porto Real) recebeu US$ 1 bilhão em investimentos privados, com a geração de 9,2 empregos diretos, ficando atrás apenas da capital, município do Rio de Janeiro (*Gazeta Mercantil-Rio*, 9/04/2001).

No quadro abaixo, fizemos um levantamento do conjunto de empresas já instaladas ou que anunciaram seus investimentos, com alguns detalhes sobre as propostas apresentadas, o anúncio de recursos invertidos, o potencial de postos de trabalho e o tipo de produção.

Quadro 1 – Empresas ligadas à cadeia automotiva/investimentos

EMPRESAS	Investimentos anunciados	Empregos anunciados	Tipo de produção
VW + empresas do Consórcio Modular (Resende) – 1996.	US$ 250 milhões	2000 (2000)	Caminhões e Ônibus
PSA Peugeot Citroën (Porto Real) – 2001	US$ 600 milhões	2500 (800)	Automóveis
PSA Peugeot Citroën (Porto Real) – 2002	US$ 50 milhões	150	Motores
Faurecia (Porto Real) – 2001	US$ 3 milhões	100	Bancos para automóveis
Vallourec (Porto Real) – 2001	US$ 6 milhões	70	Montadora de eixos
Copo Feher (Porto Real) – 2001	US$ 7 milhões	10	Espuma
Gefco (Porto Real) – 2001	US$ 3,5 milhões	70	Logística
UTA (Porto Real) – 2001	US$ 0,6 milhão	10	Chicotes
Eurostamp (Porto Real) – 2001	US$ 20 milhões	200	Estamparia em aço
Manzoni Bouchot (Porto Real) – 2002	US$ 9 milhões	50	Peças de alumínio para embreagem e caixa de marcha
Galvasud (Porto Real) – 2000	US$ 236 milhões		Aço galvanizado para automóveis
Michelin (Itatiaia) – 2002	Nd	Nd	Pneus para automóveis

Fonte: *Gazeta Mercantil* e *Diário do Vale* (2000, 2001).

Um aspecto ainda não muito explorado, e prévio à política de incentivos fiscais, refere-se à infra-estrutura básica, que pode ter sido um fato complementar decisivo para a escolha da região como foco dos novos investimentos do setor automotivo. Embora relativamente secundário no processo de negociação, o município de Resende parece ter tido a seu favor não só a localização estratégica (eixo Rio/São Paulo, porto de Sepetiba, etc), mas uma série de outras potencialidades advindas da criação de uma infra-estrutura para o crescimento industrial, que parece ter sido uma das características de sucessivas administrações.

Os quadros abaixo mostram um pouco da performance econômica da região escolhida pelas empresas da cadeia automotiva. O quadro 2 indica que, em termos de PIB *per capita*, a região do Médio Paraíba, onde estão localizados Resende e Porto Real, ocupa o primeiro lugar, superior ao da região metropolitana e quase o dobro de boa parte das outras regiões do Estado do Rio de Janeiro.

Quadro 2
PIB *per capita* por Região de Governo
Estado do Rio de Janeiro – 1999

	Valor (R$ 1,00)	Número (índice)
Estado do Rio de Janeiro	10.198	100,0
Região Metropolitana	10.397	102,0
Região Noroeste Fluminense	4.380	43,0
Região Norte Fluminense	5.176	50,8
Região Serrana	6.579	64,5
Região das Baixadas Litorâneas	4.669	45,8
Região do Médio Paraíba	11.258	110,4
Região Centro- Sul Fluminense	5.205	51,0
Região da Baía da Ilha Grande	8.354	81,9

Fonte: Boletim da Economia Fluminense, Ano II, Nº 5, CIDE – RJ (Centro de Informação e Dados do Rio de Janeiro), 2001.

O quadro 3 é o que melhor espelha a evolução do PIB da região, revelando talvez os primeiros sinais concretos desse incremento no nível e padrão de investimentos:

Quadro 3
Evolução do PIB dos Municípios de Resende, Porto Real, Itatiaia e Quatis
(Região do Médio Paraíba)

Municípios	1996	1997	1998	1999
Resende	1.030.644,78	1.065.243,83	1.331.450,41	1.563.165,77
Porto Real	-	84.914,95	118.558,74	203.736,78
Itatiaia	552.889,34	538.014,33	606.933,71	643.221,27
Quatis	41.580,69	42.431,93	36.731,91	42.791,76

Fonte: CIDE-RJ (Centro de Informação e Dados do Rio de Janeiro),2001.

Outros elementos confirmam o diferencial da região. Dentre os vários atributos analisados no processo de escolha de Resende e adjacências para sede de empresas da indústria automobilística, a questão da escolarização e da qualificação profissional foi sempre ressaltada, não apenas pela constatação de que o local tem bons índices no que diz respeito às escolas existentes, como também pelo fato de que existe no município uma sede do Serviço Nacional de Aprendizagem Industrial (SENAI), que desempenhou um papel duplo de formador de novos operários e recrutador de mão-de-obra já qualificada. Isto garantiu às duas principais empresas automotivas da região uma mão-de-obra preparada (e barata, se comparada com o mercado de trabalho de outros locais, como o de São Paulo, por exemplo) e uma infra-estrutura de formação profissional já funcionando.

O desenvolvimento desse novo pólo industrial, pelas próprias características das empresas do setor automotivo – ou seja, pelo fato de serem parte de uma cadeia produtiva internacionalizada, por serem empresas multinacionais de grande porte, por estarem atentas às novas formas de gestão exigidas pela lógica de uma economia globalizada e altamente competitiva –, vem exigindo também novos tipos de relacionamento institucional. Os sindicatos, por exemplo, especialmente o sindicato dos metalúrgicos, têm estabelecido novas parcerias e se preocupado concretamente com outros aspectos da vida dos trabalhadores que não apenas os do chão-de-fábrica.

Mas, uma mudança nas articulações institucionais tem revelado iniciativas que apontam para uma tendência a tipos diferentes de associação, que podem configurar um rearranjo de padrões de governança econômica e política na localidade e na região.

A presença ativa do sindicato na Comissão Municipal de Emprego, por exemplo, fórum que agrega representantes do governo municipal e suas agências, e empresários dos diversos setores econômicos têm demonstrado o desenvolvimento dessas novas articulações. No entanto, é nos aspectos relativos às relações de trabalho e ao desempenho das instituições representativas dos trabalhadores, como pólos essenciais de formação de novas formas de organização e de interferência na realidade local, que o exemplo de Resende, no que diz respeito ao crescimento da ação sindical, pode estar criando um ponto de referência na discussão institucional.

A chegada das montadoras VW e PSA Peugeot Citroën interferiu na questão operária e sindical, trazendo muitos desafios ao sindicato dos metalúrgicos do Sul fluminense (subsede de Resende), especialmente quando os dirigentes sindicais se viram, no processo de negociação salarial dos últimos anos, diante de profissionais (das empresas multinacionais) com larga experiência em relações de trabalho e treinados para extrair os maiores benefícios possíveis a partir dos baixos salários da região. O sindicato, além de não ter a prática de negociar com empresas do setor automobilístico, sempre se sustentou politicamente através de uma ligação forte e antiga com os trabalhadores da Companhia Siderúrgica Nacional (CSN), até recentemente uma empresa estatal. A instalação das fábricas em Resende e Porto Real forçou uma mudança no sindicalismo regional.

O sindicato dos metalúrgicos encarou a vinda da VW como uma oportunidade de mais empregos para os trabalhadores da região. No entanto, a satisfação com a possibilidade de novos empregos pode ter dado a falsa impressão de que o sindicato ficaria neutralizado pelo poder de convencimento da empresa, essencialmente porque lhe faltava experiência para atuar e negociar nesse setor. Ainda que os dirigentes sindicais, nos últimos anos, tenham sempre se orientado pelo espírito da conciliação, rapidamente, no entanto, perceberam que as dificuldades do sindicato em lidar com o "consórcio modular" – empresas diferentes, com políticas gerenciais diferentes, embora em um projeto comum – revelavam também que a estratégia do "consórcio", de certa forma, fragilizava as empresas frente a uma possível radicalização.

Uma análise do período de existência da VW em Resende demonstra que, na experiência de discussões com a VW e suas consorciadas, o sindicato dos metalúrgicos tem revelado um efetivo movimento de defesa dos interesses dos trabalhadores, engajando-se em discussões exaustivas para a obtenção de vantagens salariais e de melhores condições de trabalho, e marcando presença dentro da fábrica e em assembléias realizadas nos seus portões. O auge desse empenho pode ser comprovado por uma primeira paralisação ocorrida em novembro de 1997, e outras exigências que se seguiram, culminando com uma greve de uma semana em agosto de 1999, a primeira na empresa.

Um perfil dos metalúrgicos da VW de Resende

Dentre os vários impactos trazidos pela instalação de uma empresa do porte da VW, gostaríamos de destacar aquele referente ao processo de constituição de uma nova força de trabalho na região. Vamos trabalhar com os dados obtidos através de um *survey*, realizado no interior da empresa, em setembro de 2001[3]. As informações colhidas via questionários permitiram-nos construir o primeiro perfil dos operários metalúrgicos do "consórcio modular", assim como a montagem de um banco de dados e de análises do processo de desenvolvimento dessa experiência produtiva.

Os resultados podem ser divididos em três partes: a vida socioeconômica dos trabalhadores, uma avaliação das relações de trabalho e suas formas organizativas de representação[4].

Dados socioeconômicos

Os dados relativos à faixa etária dos trabalhadores revelam de forma categórica a peculiaridade de uma fábrica operada por uma força de trabalho predominantemente jovem. Os homens são maioria (97%) e 51% estão na faixa entre 25

---

[3] O *survey* contou com recursos da Unitrabalho para a sua realização. Teve o apoio do sindicato dos metalúrgicos do Sul fluminense (subsede de Resende), da comissão de fábrica do "consórcio modular" e do setor de recursos humanos da VW. Baseou-se em uma amostra de 10% de um universo de cerca de 900 trabalhadores. As setenta perguntas do questionário buscam compor um perfil básico dos empregados das empresas, de modo a revelar suas concepções sobre as relações de trabalho, as relações com os órgãos de representação e a vida fora da fábrica. Cumpre dizer que o percentual de pessoas entrevistadas permitiu, com uma pequena margem de erro, que se fizesse uma projeção sobre o conjunto total de empregados da VW e das empresas do "consórcio modular", viabilizando, portanto, em termos estatísticos, uma percepção geral da fábrica, no que se refere ao seu núcleo central de produção.

[4] No processo de tabulação dos dados, contamos com o apoio técnico do NEASPOC/UFOP – MG, através dos professores Fábio Faversani e Adriano Cerqueira.

e 34 anos. Somando-se os que se declararam entre 20 e 24 anos (19%), chega-se a uma base de cerca de 70% de trabalhadores com, no máximo, 34 anos. Quanto à vida familiar, 62% responderam serem casados e 60% terem filhos.

A maioria dos funcionários se identificou como de cor branca (36%), seguida pelos de cor parda (32%) e preta (22%). No entanto, agregando-se os percentuais dos identificados como pardos e pretos, em um procedimento usualmente utilizado pelo IBGE, pode-se constatar que o número de negros (54%) supera o número de brancos (36%) no interior da fábrica.

Com uma certa surpresa, contudo, constata-se a ausência de religiões afro-brasileiras nas respostas relativas às opções religiosas. Neste caso, o catolicismo aparece em primeiro lugar, com 75% das respostas, e as religiões protestantes, na soma dos percentuais, atingem 18% da fábrica.

Os questionários revelaram também um número expressivo de trabalhadores nascidos no Estado do Rio de Janeiro (86%), sendo 60% naturais de Resende, município sede das empresas. Além disso, 74% dos empregados vivem em Resende, encontrando-se mais concentrados no bairro de Cidade Alegria (e vizinhança), sendo que a maioria reside há mais de vinte anos nesses locais. Esses dados confirmam uma característica do processo de recrutamento das novas empresas automobilísticas: uma opção pelo operário local, com raízes no município, mas sem experiência profissional e política. Não parece ter havido, neste caso, qualquer preocupação com o recrutamento de trabalhadores mais experientes, que poderiam ser encontrados no mercado de trabalho nos municípios vizinhos de Barra Mansa e Volta Redonda.

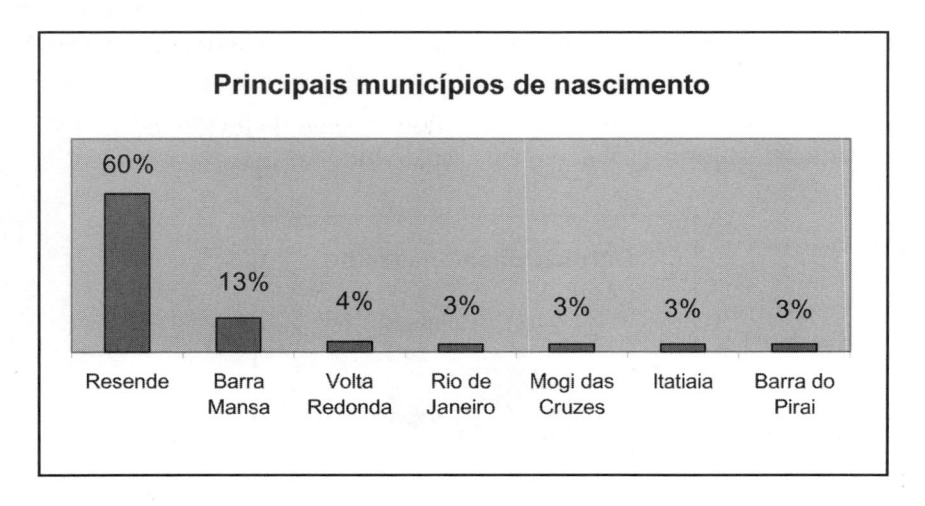

Principais municípios de nascimento

Município	%
Resende	60%
Barra Mansa	13%
Volta Redonda	4%
Rio de Janeiro	3%
Mogi das Cruzes	3%
Itatiaia	3%
Barra do Pirai	3%

A exigência de uma mão-de-obra com maior escolarização, anunciada no período de implantação da Volkswagen, se confirma em números: 37% dos trabalhadores disseram ter o 2º grau completo, 11% o superior incompleto e 2% o superior completo. No entanto, com uma certa surpresa, observamos que há ainda 27% com o 2º grau incompleto, 15% apenas com o ginásio completo e 8% da fábrica com ginásio incompleto (embora 44% continuem estudando), o que parece indicar uma desigualdade de exigências entre as empresas do "consórcio modular" no que diz respeito a esse quesito.

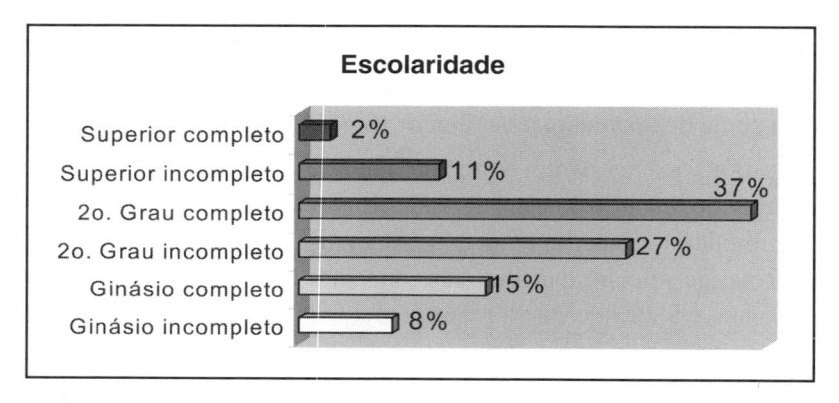

Escolaridade

- Superior completo: 2%
- Superior incompleto: 11%
- 2o. Grau completo: 37%
- 2o. Grau incompleto: 27%
- Ginásio completo: 15%
- Ginásio incompleto: 8%

No que diz respeito à formação profissional, a presença do SENAI na região parece decisiva não só quanto à quantidade, como também quanto à qualidade. Os dados mostram que 82% dos funcionários fizeram curso profissionalizante, sendo que 74% nesta instituição e 12% em Escolas Técnicas e a avaliação desses cursos foi bastante favorável: 48% os qualificaram como bons, enquanto 43% os consideraram ótimos. Este fator confirma critérios e estratégias das montadoras na busca recente por novos locais: a existência de uma mão-de-obra com formação profissional, de preferência em uma rede nacional de formação, como é o caso do SENAI.

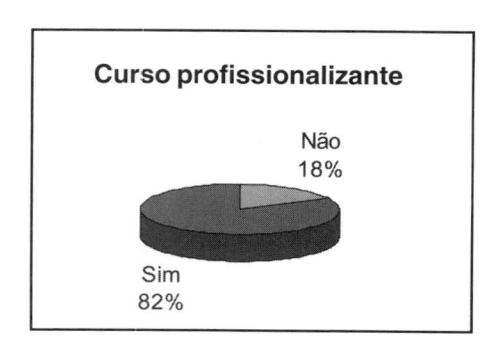

Curso profissionalizante

- Não: 18%
- Sim: 82%

Vínculo com a empresa e salários

Perguntados sobre o vínculo contratual com a VW e as empresas do "consórcio modular", os operários confirmaram em sua maioria – 93% – o exercício de um contrato permanente de trabalho, com uma pequena porcentagem de contratos temporários. A esses dados podem ser combinadas as respostas referentes ao "tempo de casa", em que aparece um número expressivo de funcionários com cinco anos – 20% – e quatro anos – 38% – de contrato com a fábrica, aparentemente indicando uma política estável, por parte das empresas, de manutenção dos quadros contratados.

No que diz respeito aos salários, as informações dos questionários apontam a faixa salarial entre 3 e 5 salários mínimos como a que congrega a significativa maioria dos trabalhadores – 65%. Aparecem ainda 18% na faixa entre 5 e 7 salários mínimos. Comparando-se índices locais e nacionais, temos o seguinte: a faixa salarial no "consórcio modular" é superior à da região, mas confirma a alegação constantemente repetida pelos sindicatos e pelos trabalhadores de que é inferior à recebida pelos metalúrgicos do ABC paulista. Este é um dado importante, à medida que a questão salarial esteve, implícita ou explicitamente, no centro do debate no período de atração de novos investimentos e da implantação da fábrica na região.

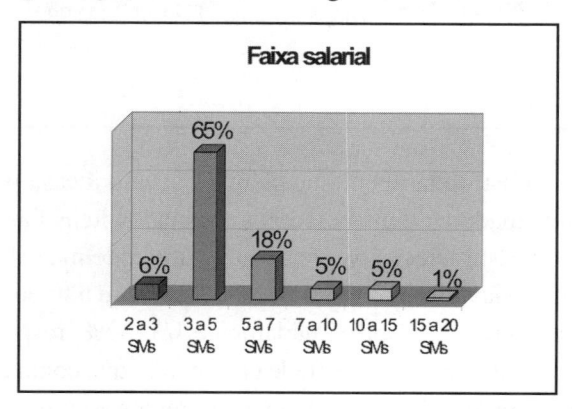

Faixa salarial

Faixa	%
2 a 3 SMs	6%
3 a 5 SMs	65%
5 a 7 SMs	18%
7 a 10 SMs	5%
10 a 15 SMs	5%
15 a 20 SMs	1%

As condições de moradia são sempre importantes para medir as condições gerais de vida de trabalhadores industriais. No caso dos trabalhadores da VW e empresas do "consórcio modular", os resultados confirmam uma política de recrutamento que opera com um tipo de trabalhador ideal. Se somarmos os índices dos que disseram já ter "casa própria paga" (59%) com os que informaram ter "casa própria ainda pagando" (10%), constatamos que mais de 2/3 dos empregados já contam com um fator essencial de renda familiar, que é não ter despesas extras com moradia. Ainda assim, 25% dos trabalhadores precisam pagar aluguel.

Uma explicação possível para esses números está relacionada com a escolha de Resende para a instalação da fábrica. Nesse município, ao longo dos últimos vinte anos, houve uma política sistemática de inversão de recursos públicos na criação de novas habitações, com o desenvolvimento de novos bairros, como Cidade Alegria, por exemplo, que predominam, entre os operários, como locais de habitação no momento. Isso pode explicar também porque o número de moradias do tipo casa constitui ampla maioria – 91% – sobre outras alternativas, já que esses bairros se caracterizam pela construção de casas e não de edifícios de apartamentos.

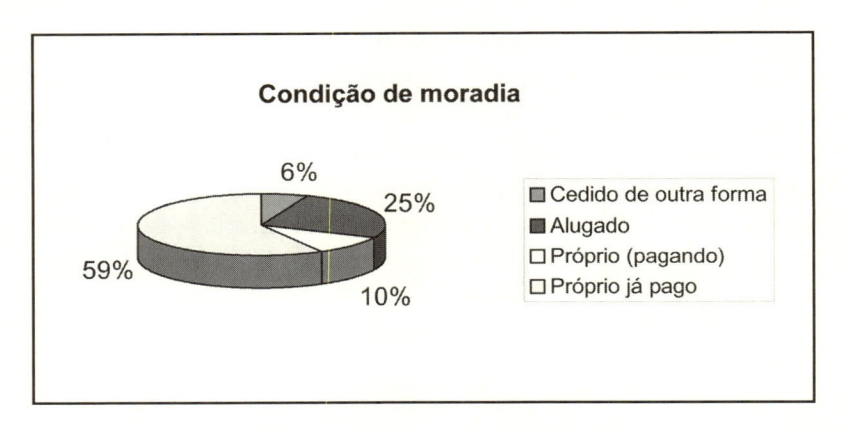

Condição de moradia

- Cedido de outra forma: 6%
- Alugado: 25%
- Próprio (pagando): 10%
- Próprio já pago: 59%

A pesquisa demonstrou também que além do acesso à casa própria, nesses domicílios, os trabalhadores têm acesso aos chamados itens básicos do lar. A totalidade (100%) possui televisão e geladeira e a grande maioria possui rádio (99%), vídeo (85%) e lava-roupas (79%). Além disso, um número expressivo já possui telefone fixo – 62% – e aproximadamente 1/3 (32%) respondeu que tem microcomputador. Trata-se de um perfil de empregado que conta com os principais recursos domiciliares básicos. Nos itens referentes ao lazer, as três opções de maior incidência revelam atividades predominantemente associadas aos domicílios – televisão (56%), futebol (47%) e ler (44%) – de baixo custo financeiro. Indica também possivelmente que, no município de Resende e vizinhos, são poucas as opções de lazer oferecidas à população nessa faixa salarial.

Sobre as relações de trabalho

O relacionamento das empresas do "consórcio modular" com seus funcionários foi considerado, de modo geral, positivo: 45% o consideraram bom e 35% o avaliaram como ótimo; apenas 1% o considerou ruim. Esses índices demonstram, por um lado, uma política de recursos humanos aparentemente bem equacionada, e por outro, a confirmação de que a vinda da VW para a região estabeleceu um padrão de relações de trabalho que supera o padrão existente no mercado de trabalho local. Na mesma direção segue a avaliação sobre as condições de trabalho, com cerca de 65% dos empregados considerando-as boas e 19% ótimas.

Essas características de positividade aparecem novamente nas respostas sobre as políticas de incentivo da empresa para com seus empregados. A maioria indicou que há boas e ótimas políticas de incentivo (38% e 15%, respectivamente). No entanto, neste caso, já há um número maior de críticos: 14% consideram as políticas ruins e 27% apenas razoáveis.

Mesmo com uma avaliação majoritariamente positiva das condições de trabalho, vale assinalar algumas indicações de problemas nessa área. Embora 62% tenham declarado não sentirem desconforto no trabalho, um número razoável do total dos funcionários – 38% – apontou para o fato de que trabalham em condições desconfortáveis, de certa forma contradizendo o padrão das respostas anteriores. Destes, 53% indicaram que trabalham em condições desconfortáveis todo o tempo (28%) ou a maior parte do dia (25%), embora não considerem, na sua maioria (44%), que o trabalho seja monótono. Some-se a isso o fato de que 90% indicaram que estão expostos a problemas de ambiente no trabalho, com maior incidência para o ruído (80%), seguido da fumaça (39%) e do calor (27%).

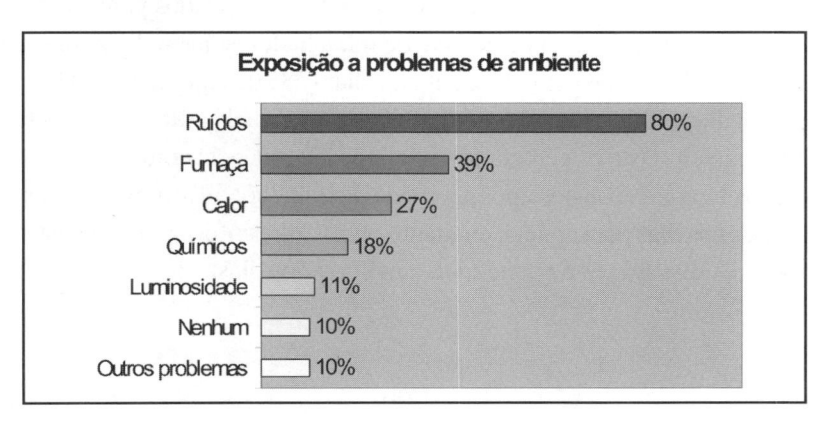

Exposição a problemas de ambiente

- Ruídos: 80%
- Fumaça: 39%
- Calor: 27%
- Químicos: 18%
- Luminosidade: 11%
- Nenhum: 10%
- Outros problemas: 10%

Pressão e ritmo no trabalho

Embora 39% tenham indicado que nunca sofreram pressão no trabalho, a maioria respondeu sofrer algum tipo de pressão: 61%, dos quais 9% disseram se sentir muito pressionados, 15% razoavelmente pressionados e 24% pouco pressionados. Nesse grupo, a maior incidência, no que diz respeito à origem das pressões, recaiu quase igualmente sobre a gerência e sobre os colegas de trabalho, sendo que, neste último caso, a provável explicação está associada àqueles que ocupam funções de comando dentro das células de produção. Por outro lado, a pressão aparece com mais nitidez na tabela referente à preocupação com o trabalho enquanto longe da fábrica. Nesse caso, 36% do total de funcionários afirmaram ficar muito preocupados e 23% razoavelmente preocupados, contra 14% que nunca ficam preocupados.

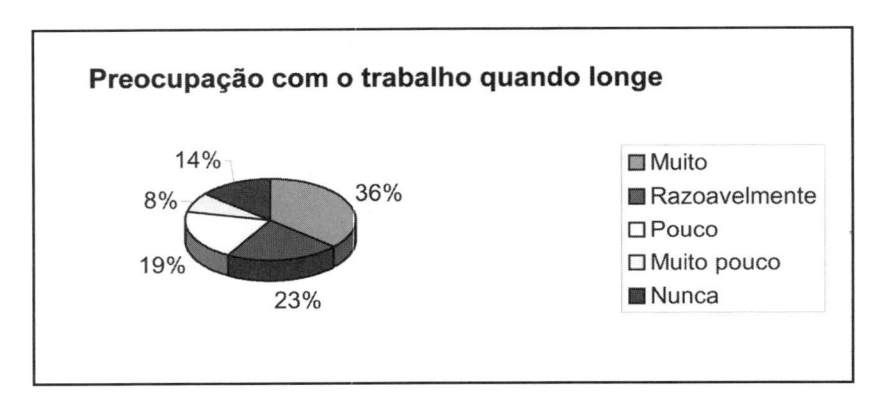

Preocupação com o trabalho quando longe

- Muito: 36%
- Razoavelmente: 23%
- Pouco: 19%
- Muito pouco: 8%
- Nunca: 14%

O ritmo de trabalho estabelecido pelas empresas foi apontado como na medida certa por 42% dos funcionários. Contudo, a maioria o considerou rápido (35%) ou muito rápido (20%), perfazendo um total de 55%. Estes dados parecem ter uma relação direta com o elevado percentual de trabalhadores que indicaram sentir-se cansados após o trabalho pelo menos alguns dias (58%), e que disseram ter cansaço todos os dias (14%). E também um impacto na vida dos trabalhadores fora da fábrica, tendo em vista os percentuais relativos à freqüência com que os trabalhadores se declararam exaustos após a jornada de trabalho: 59% indicaram sentir-se exaustos alguns dias por semana, enquanto outros 14% informaram que isso ocorreria todos os dias e 11% responderam a maioria dos dias.

Freqüência com que se exaurem

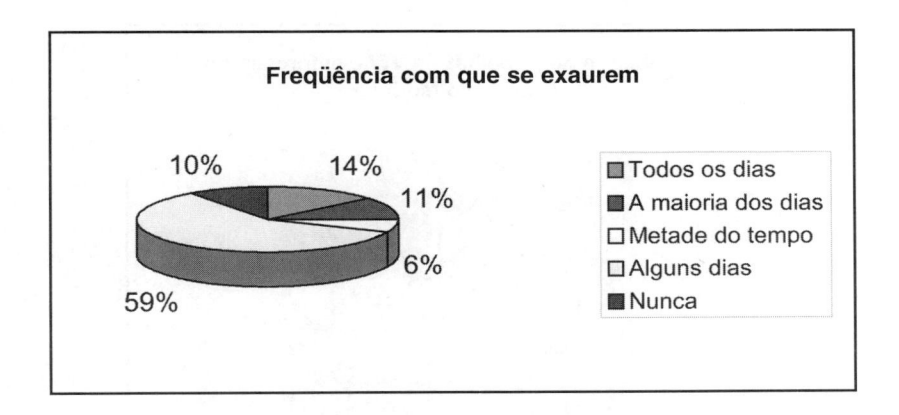

- 14% Todos os dias
- 11% A maioria dos dias
- 6% Metade do tempo
- 10% Alguns dias
- 59% Nunca

Apesar de a fábrica da VW de Resende estar em movimento ascendente em termos da competição com outras empresas do ramo automotivo, seus funcionários demonstram uma grande preocupação com a manutenção dos seus empregos. Nessa questão, a maioria se manifestou ora preocupada (48%), ora muito preocupada (22%), o que confirma ser este um dos aspectos mais sensíveis na vida dos trabalhadores industriais na conjuntura atual, tanto em áreas industriais mais tradicionais quanto em áreas de desenvolvimento recente.

O que é trabalhar na VW

A maioria dos empregados – 86% – indicou ter orgulho de trabalhar na VW e nas empresas do "consórcio modular". Esta constatação, um pouco mais detalhada, demonstra uma ligação direta desse "orgulho" com o fato de o emprego regular na fábrica propiciar aos empregados "serem respeitados como trabalhadores" (66%), e de darem "a garantia de um futuro para a família" (76%). O emprego traz também um "estímulo aos estudos" (49%) e embora o salário seja um item importante nesse cálculo, definitivamente não é alegado como fator decisivo para essa satisfação, e o dado "ter um bom salário" aparece em quarto lugar, com 42% das escolhas.

Significado de trabalhar na VW e empresas do Consórcio Modular

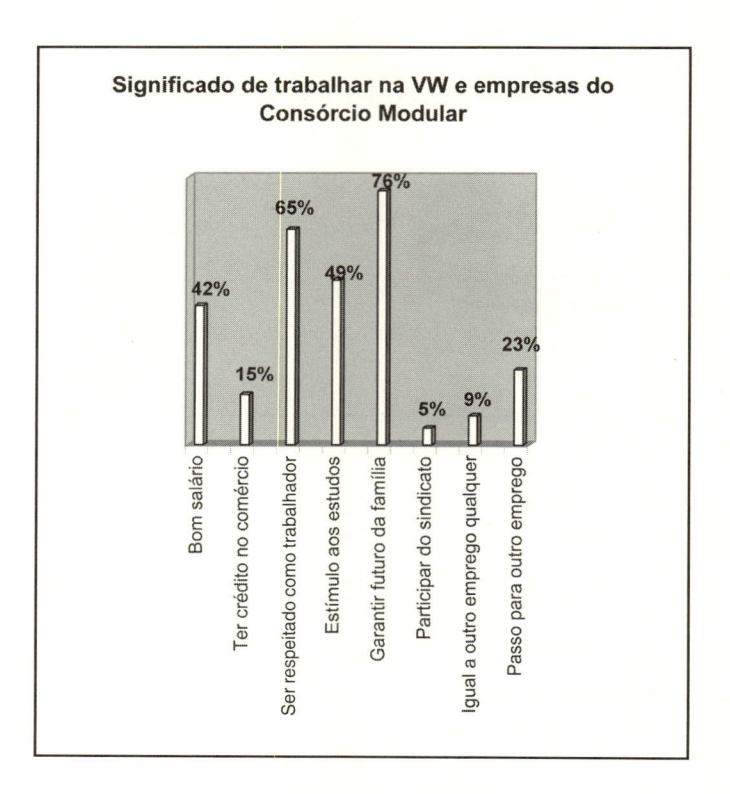

- Bom salário: 42%
- Ter crédito no comércio: 15%
- Ser respeitado como trabalhador: 65%
- Estímulo aos estudos: 49%
- Garantir futuro da família: 76%
- Participar do sindicato: 5%
- Igual a outro emprego qualquer: 9%
- Passo para outro emprego: 23%

Módulo sobre a participação político-sindical

Os dados revelam um número bastante significativo de trabalhadores sindicalizados na fábrica – 63% –, sendo que 48% declararam participar das atividades sindicais. Isto parece demonstrar que, embora a instalação da empresa em Resende seja recente e o sindicato dos metalúrgicos com sede no município ainda não tenha muita experiência de atuação no setor automobilístico, a ação sindical tem sido eficaz e convincente para os funcionários, estimulando a sua participação e a defesa de seus interesses. Os três tipos de participação mais assinalados foram assembléias (55%), churrascos (16%) e cursos (13%), o que indica uma atuação, até o momento, mais voltada para resolver questões com a VW e as empresas do "consórcio modular", do que para atividades promovidas pelo próprio sindicato.

Embora sem unanimidade, o sindicato recebeu uma avaliação favorável da maioria dos entrevistados, na medida em que 49% classificaram sua atuação como razoável e outros 32% a consideraram boa e ótima. No entanto, cerca de um quinto dos entrevistados fizeram uma avaliação negativa.

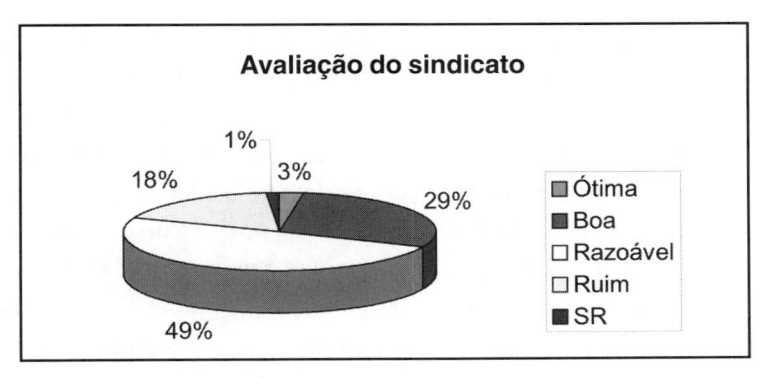

Avaliação do sindicato

- Ótima: 3%
- Boa: 29%
- Razoável: 49%
- Ruim: 18%
- SR: 1%

A avaliação do sindicato, distribuída por itens, revela que os funcionários têm uma expectativa de que seu órgão de representação sindical se empenhe mais dentro da fábrica na defesa dos seus interesses. Por exemplo, quanto ao empenho do sindicato em termos da melhoria da salubridade no interior da empresa, 39% dos trabalhadores indicaram que o sindicato estaria empenhado neste aspecto, mas também um número quase igual – 38% – afirmou que não haveria o empenho necessário. No quesito "pressionar a gerência para promover alterações no processo de trabalho", 43% indicaram que o sindicato estaria empenhado neste aspecto, enquanto 28% consideram que sua entidade não estaria apresentando o empenho necessário. No que diz respeito ao aspecto de informar os trabalhadores quanto aos processos em curso no interior da fábrica, 31% indicaram que o sindicato estaria empenhado neste quesito, mas, novamente, um percentual parecido – 28% – apontou-o como não empenhado a respeito.

No que diz respeito à comissão de fábrica, embora de existência relativamente recente, a avaliação mostrou-se ainda mais favorável do que aquela referente ao sindicato. Talvez pela presença diária no chão-de-fábrica, o fato é que uma maioria de 54% consideraram a atuação da comissão como boa e ótima e 32% a classificaram como razoável. Apenas 13% dos entrevistados fizeram uma avaliação negativa.

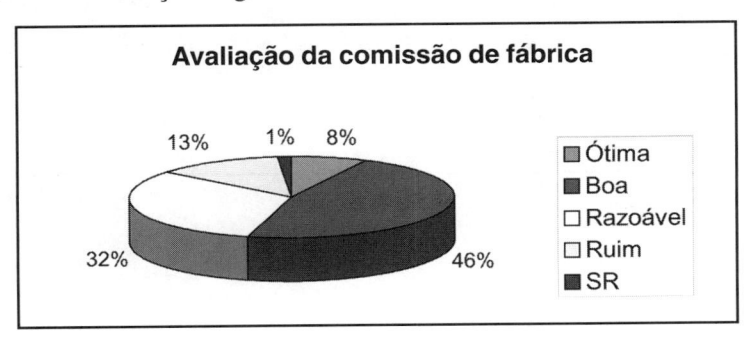

Avaliação da comissão de fábrica

- Ótima: 8%
- Boa: 46%
- Razoável: 32%
- Ruim: 13%
- SR: 1%

Não deixa de ser surpreendente o fato de que, mesmo tendo um tempo relativamente curto de adequação ao novo processo produtivo instalado desde 1996, o sindicato já tenha obtido uma avaliação positiva. No caso da comissão de fábrica, a avaliação positiva parece indicar que a mesma vem cumprindo sua tarefa de atuar bem sintonizada com as demandas dos empregados, o que de certa forma explica uma avaliação ainda mais positiva do que a do sindicato, na medida em que sua área de atuação situa-se no interior da própria fábrica, com uma proximidade maior dos problemas cotidianos dos trabalhadores.

No item referente aos temas mais importantes que deveriam orientar a ação sindical, destacam-se, em termos de sua incidência: a estabilidade no emprego (71%), a promoção de cursos de formação profissional (70%), a questão salarial (63%) e as condições de trabalho (51%). Novamente aqui aparece a preocupação essencial dos trabalhadores da fábrica com o seu emprego e a consciência de que a melhoria profissional é essencial nesse mercado de trabalho. Por outro lado, continuam atentos às funções básicas de representação dentro da fábrica, com os salários e condições de trabalho. Pode-se perceber também que há uma clara prevalência de indicações de cunho mais específico, enquanto as de corte mais geral, como a luta pela terra, defesa das estatais, etc., ficam em segundo plano.

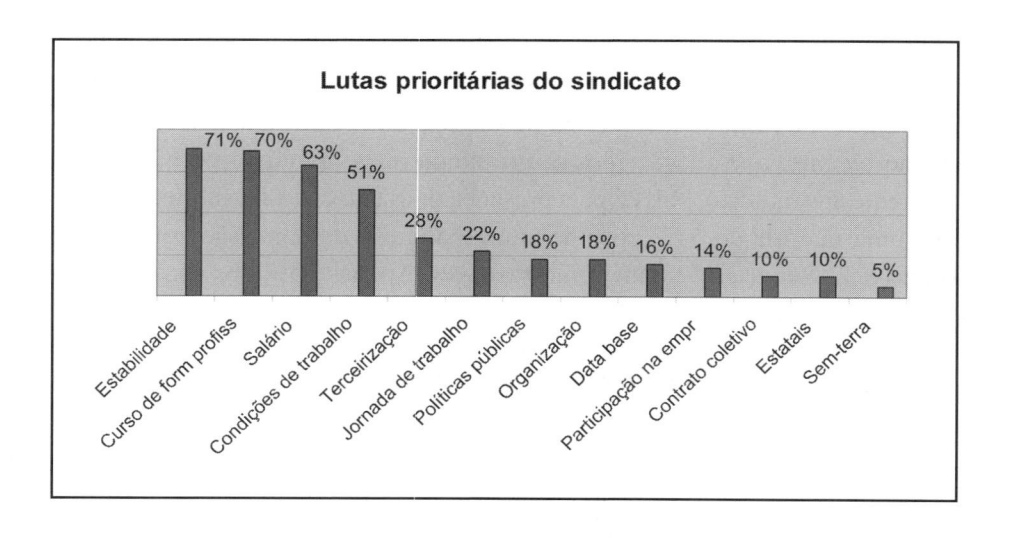

Lutas prioritárias do sindicato

Categoria	%
Estabilidade	71%
Curso de form profiss	70%
Salário	63%
Condições de trabalho	51%
Terceirização	28%
Jornada de trabalho	22%
Políticas públicas	18%
Organização	18%
Data base	16%
Participação na empr	14%
Contrato coletivo	10%
Estatais	10%
Sem-terra	5%

Os funcionários opinaram também sobre as expectativas que têm com relação ao papel do sindicato e da comissão de fábrica. Para o sindicato, há uma clara preocupação de "diálogo com a empresa" – 82% –, o que confirma a preocupação com o emprego, mas também aparece, coerentemente, um pedido de atenção no que diz respeito à formação profissional – 81%. A função precípua do sindicato – organizar os trabalhadores – aparece apenas em terceiro lugar no rol das expectativas com 62%. Já para a atuação da comissão de fábrica, os temas sugeridos são, a rigor, as tarefas comuns desse tipo de entidade: relação empresa/funcionários (85%), dirimir problemas cotidianos entre os funcionários (68%) e encaminhar problemas ao sindicato (59%).

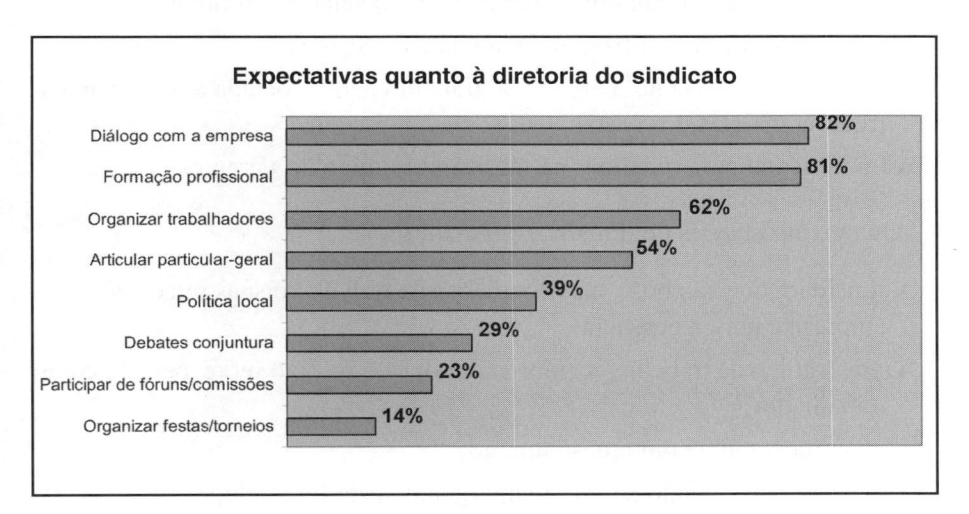

Expectativas quanto à diretoria do sindicato

- Diálogo com a empresa: 82%
- Formação profissional: 81%
- Organizar trabalhadores: 62%
- Articular particular-geral: 54%
- Política local: 39%
- Debates conjuntura: 29%
- Participar de fóruns/comissões: 23%
- Organizar festas/torneios: 14%

Quanto à política mais geral, a preferência partidária dos empregados recaiu sobre o PT (33%) e o PMDB (11%), o que de certa forma confirma o quadro político da região, e o fato de que o PT tem, nacionalmente, forte presença nesse grupo de trabalhadores industriais. O dado que chama a atenção, no entanto, tem a ver com a alta porcentagem dos que não têm nenhuma opção de partido político (43%).

Traçando um perfil

A partir desse conjunto geral de dados, pode-se traçar um quadro básico das características e das opiniões dos funcionários do chão-de-fábrica da VW e empresas do "consórcio modular".

Quanto às características socioeconômicas, o metalúrgico que trabalha na fábrica de Resende:

- é majoritariamente jovem, casado com filhos, do sexo masculino, católico; se identifica, em termos de cor, de forma equilibrada entre brancos, pretos e pardos;
- é natural do Estado do Rio de Janeiro, principalmente do município de Resende; a maioria tem casa própria e mora nos bairros de Resende;
- é, em maior número, escolarizado, com segundo grau completo, ou curso superior; e um número expressivo de trabalhadores ainda estudam;
- recebe um salário em uma faixa entre 3 e 5 salários mínimos;
- tem sua formação profissional realizada no SENAI;
- tem uma trajetória no mercado de trabalho não associada ao setor industrial, na maioria dos casos;
- foi indicado para trabalhar na fábrica por amigo ou parente.

Quanto às relações de trabalho, o metalúrgico:

- considera que são boas suas condições de trabalho e suas relações com a empresa e com a gerência;
- tem orgulho de trabalhar na fábrica, e por esse motivo ser respeitado como trabalhador;
- está preocupado com o desemprego;
- se sente pressionado pelo trabalho quando está fora dele;
- considera que o ritmo de trabalho na fábrica é rápido, o que se revela em cansaço após o trabalho.

Quanto à participação sindical, o trabalhador da VW:

- é, majoritariamente, sindicalizado. Metade participa das atividades sindicais, principalmente assembléias;
- avalia de modo positivo a atuação do sindicato dos metalúrgicos e da comissão de fábrica criada em 1999;
- tem uma posição favorável à atuação da comissão de fábrica e a considera intermediária essencial no relacionamento com a VW;
- está muito preocupado com a manutenção do emprego e considera função dos órgãos de representação dialogar com a empresa e atuar na área da formação profissional.

CAPÍTULO 5

Terceirização e relações de trabalho na Volkswagen-RJ

Carla Pereira

O presente estudo[1] busca compreender as características que a terceirização assume na fábrica Volkswagen de caminhões e ônibus de Resende (RJ), considerando sua proposta inovadora de organização da produção. Argumenta-se que a prática de terceirização apresenta uma multiplicidade de formas, viabilizando para as empresas redução de custos, aumento da eficiência e qualidade dos produtos, enquanto conjuga novas e antigas práticas de exercício laboral, adquirindo diferentes funcionalidades junto às empresas e aos trabalhadores.

A fábrica é apontada como novidade no que se refere ao modelo de organização da produção, por integrar os fornecedores na linha de montagem, no formato do "consórcio modular"[2], fundamentado na repartição de investimentos, custos, responsabilidades e riscos entre as empresas. Sob esse conceito de produção, a Volkswagen define suas relações com as demais empresas envolvidas no processo produtivo nas condições de fornecedoras, parceiras e ter-

---

[1] É resultado do trabalho de pesquisa realizado entre 2000 e 2002 sobre terceirização no "consórcio modular", para minha dissertação de mestrado, defendida em 2002 no PPGSA-UFRJ. Discutiu-se o desenvolvimento da indústria automobilística no Brasil e a fábrica Volkswagen em Resende, a reestruturação produtiva e a diversificação do processo de terceirização.

[2] Inaugurada em 1996, a fábrica é formada por 7 (sete) módulos: 1. Chassis (Maxion), 2. Eixos/suspensão (Meritor), 3. Rodas/pneus (Remon), 4.Motores (Power Train), 5. Gabinetes/cabinas (Delga), 6. Interior cabinas (VDO). 7. Pintura (Carese/Eisenmann), dispostos na planta sob responsabilidade direta de oito parceiros.

ceiras, configurando um novo espaço industrial. Sua particularidade está referida à transferência do processamento das integrações de componentes para essas empresas, focalizando sua operação basicamente na gestão e controle das atividades de montagem, controle e execução de projetos de produtos e processos (Arbix e Zilbovicius, 1997; Gitahy e Besciani, 1998; Abreu, Beynon e Ramalho, 2000).

Formam o cenário de surgimento dessa fábrica, as transformações do início dos anos 1990, com a abertura econômica do País, e que resultaram na redistribuição espacial da produção e do emprego e na afirmação de novos investimentos, correspondendo à inserção da cadeia automotiva brasileira no processo de reestruturação produtiva e uma fase de mudanças na indústria automobilística no nível mundial (Gitahy e Bresciani, 1998; Abreu *et al*, 2000).

Impressas na cadeia de produção e nas relações industriais, essas mudanças projetaram a externalização acelerada de atividades produtivas, concepção do modelo da produção enxuta que procura focalizar suas operações nos objetivos estratégicos da produção. No caso das montadoras de veículos, o projeto do produto e a montagem final surgem como "*core business*", gerando movimentos de externalização e internalização (Gitahy e Bresciani, 1998).

A redefinição na divisão do trabalho entre as empresas da cadeia automotiva impulsionou a transferência de atividades auxiliares e produtivas para "terceiros", nas instalações ou fora das fábricas. A terceirização passa de um movimento antes direcionado às atividades menos ligadas ao processo produtivo *stricto sensu* (alimentação, transporte, vigilância, etc.), para assumir gradativamente atividades diretamente ligadas à produção (manutenção, ferramentaria, estamparia, fornecimento de peças e montagem de subconjuntos, projetos de produtos e processos) (Gitahy e Bresciani, 1998).

A literatura enfatiza que o processo de terceirização tem abarcado parcelas cada vez maiores do processo produtivo *lato e stricto sensu*, em função da pressão por redução de custos e aumento da eficiência. Associado ao propósito de aumentar a qualidade dos serviços e produtos, ou direcionado ao esforço de reduzir custos, ele implica na precarização das condições de trabalho e no comprometimento da qualidade do produto e do trabalho; representa mudanças na organização do trabalho e rupturas com parâmetros anteriores de estruturação do trabalho assalariado. Lida grandemente com a precarização das condições de trabalho, reflete o fato de que as "políticas sociais" ficaram vulneráveis às mudanças econômicas e fiscais, fruto de um problema estrutural de compatibilidade entre as atribuições do "Estado liberal" e do "Estado de bem-estar" (Offe, 1989). Como tendência da nova forma de gestão empresarial, têm sido apontados os efeitos negativos da terceirização, em função de reduções no pagamento de impostos e encargos sociais dos salários, do salário, do número de empregos diretos na estrutura produtiva e da degradação das condições de trabalho.

No caso brasileiro, estudos mostram que a externalização ou terceirização das atividades de grandes indústrias refere uma realidade complexa. Deve representar uma "forte recomposição dos trabalhadores industriais dos setores envolvidos, o que aponta para mudanças substantivas na estrutura do emprego e nas relações de trabalho" (Abreu *et al*, 2000:31). Mas pode também continuar "gerando uma intensidade maior de trabalho e a manutenção da estrutura de poder com poucas mudanças na hierarquia", como sugere Faria (1994:44).

É nessa perspectiva que o tema abordado alcança relevância social, porque aponta mudanças no mercado de trabalho, e de modo particular nas condições de inserção e desempenho da força de trabalho. O debate conduzido em torno das transformações operadas com a reestruturação e a flexibilização da produção em escala mundial demonstra a reorganização do trabalho e a elevação da produtividade, que afeta o volume e a estrutura do emprego, o perfil e a hierarquização das qualificações e os padrões de gestão da força de trabalho (Abreu *et al*, 2000).

O caso estudado revela que, em um contexto em que o desemprego tem assumido índices elevados e a regulação estatal de prática restrita atinge pequena parcela de trabalhadores, a terceirização ganha legitimidade como possibilidade de inserção no mercado de trabalho e tem instrumentalizado comportamentos flexíveis com base no saber e fazer operários. O crescimento do número de ocupações terceirizadas adquire certa positividade junto aos trabalhadores, não referindo exatamente perdas, quando consideradas suas trajetórias laborais no mercado de trabalho brasileiro.

A caracterização do trabalho terceirizado como aquele exercido nas condições mais adversas, no que se refere às condições e ambiente de trabalho, salários, proteções sociais, etc., pode apresentar, para além desse consenso, o desempenho de atividades laborais em condições e *status* bastante diferenciados. A participação dos trabalhadores nesse processo imprime de modo particular suas avaliações das possibilidades de mobilização, acrescentando às condições estruturais de inserção no mercado de trabalho, a sociabilidade tecida em seus locais de trabalho, com referência nas experiências de vida e de trabalho.

Práticas de Terceirização

O entendimento do processo de terceirização no "consórcio modular" requer tomar em consideração fatores associados. Reflexo do movimento de reestruturação industrial e flexibilização praticada em vários níveis da produção, assume na divisão interna do trabalho características bastante diferenciadas de prestação de serviços. Considerando tal abrangência, tornou-se patente discutir o surgimento e prática da terceirização como tendência desse movimento de reorganização da produção, mas também observar as situações particulares de desempenho das empresas terceirizadas e de seus trabalhadores em diferentes serviços de produção e auxiliares[3].

A flexibilização que acompanha toda a cadeia de produção automotiva[4] não tem buscado isoladamente estratégias direcionadas ao foco da empresa; reúne um conjunto de condições de tempo, custos e qualidade competitivos, como condição para o enfrentamento da falta de previsibilidade e adaptabilidade do sistema produtivo às incertezas. Tomando em consideração sua dispersão no tempo e seus usos diversos, pode-se inferir que a condição inovadora na prática da flexibilização seja sua generalização como recurso em todas as dimensões da produção de mercadorias.

Na fábrica Volkswagen de Resende, a terceirização assume magnitude quantitativa e qualitativa[5]. Foram terceirizadas atividades auxiliares (vigilância, ali-

---

[3] Buscou-se perceber as características gerais (serviço prestado, matriz da empresa, número de trabalhadores) e particulares (organização e condições de trabalho oferecidas, salários e benefícios) das empresas terceirizadas; estabelecer comparações entre estas e em relação às consorciadas, permitindo mapear as condições das terceiras; observar a organização da produção e desempenho laboral que configuram as diferenciações nas relações de trabalho entre atividades auxiliares e produtivas. Entender que, paralelamente à composição heterogênea da cadeia produtiva, é possível visualizar a diversidade de formas que os processos de trabalho têm assumido, considerando um conjunto de atribuições (qualificação, étnica, gênero, etc) que determinados grupos de trabalhadores podem aferir.

[4] Nas relações interfirmas do setor de autopeças, a crescente exigência de flexibilidade aparece associada à intensificação do movimento de externalização/internalização e à pressão pela formalização do sistema de qualidade de seus fornecedores. De forma que para Abreu *et al* (2000:56), "[as] empresas-clientes, portanto, parecem interessadas em manter apenas fornecedores que possam oferecer produtos de alta qualidade a preços reduzidos e com flexibilidade suficiente para atender a variações de demanda decorrente da instabilidade presente nos mercados finais".

[5] Considerando tal dimensão, o interesse de pesquisa delimitou-se ao universo das empresas terceirizadas que realizam suas atividades na planta da Volkswagen, atendendo às necessida-

mentação, transporte, limpeza), como também atividades ligadas à produção (manutenção, logística, inspeção de qualidade), incluindo áreas que seriam consideradas foco da empresa, como a inspeção de qualidade do produto. A terceirização ocorre de forma específica em empresas consorciadas, além da que é praticada para atender às necessidades da fábrica como um todo. Há, portanto, empresas terceirizadas em funções específicas, servindo empresas consorciadas nos módulos, e outras terceiras que prestam serviços para toda a fábrica.

Através da referência que a Volkswagen faz das empresas (fornecedoras, parceiras e terceiras), pode-se inferir que a forma de organização da produção no "consórcio modular" envolve tratamentos diversos entre a empresa líder e as demais empresas, na medida em que executam atividades diferenciadas em relação ao produto principal, ou seja, na proporção da importância que a atividade assume no processo produtivo.

As empresas terceirizadas formam uma complexa ramificação de funções e níveis de prestação de serviços, assumindo parcela representativa do contingente de trabalhadores[6]. Nesse sentido consideramos, no caso da Volkswagen, em que foram terceirizadas atividades auxiliares e produtivas estratégicas, que o grau de importância e vulnerabilidade para os grupos de trabalhadores reflete diferenças substantivas nas relações de trabalho.

O "consórcio modular" é emblemático da externalização praticada em vários níveis (fornecedoras, parceiras e terceiras), representando diferenciais nas relações entre empresas, nas relações de trabalho e nas condições de desempenho laboral. Acrescente-se ainda que a terceirização foi desde a concepção do projeto estrategicamente planejada na organização produtiva. Adaptadas aos interesses da fábrica, incorporadas e reelaboradas, essas diferenciações

---

des da fábrica como um todo. De acordo com os dados colhidos, essas empresas são: Relações Humanas (RH), Union Mantem (logística), Total-tec (manutenção de equipamentos), ISS (limpeza), Sodexo (alimentação), Danelli e Vieira (construção civil, reparos elétricos, jardins), Rooster (bombeiros), Guarda Patrimonial (segurança), Pro-gector (inspetores de qualidade, desenhistas, engenheiros, motoristas, lavadores, mecânicos, eletricistas) e Turismo Santo André (empresa de transporte de pessoal).

[6] Por época da pesquisa, observou-se que, desde a inauguração da fábrica, o número de trabalhadores teria mudado de aproximadamente 1.200 para 1850 pessoas, acrescido certamente pelo aumento de trabalhadores terceirizados. Estes somaram em torno de 708 funcionários, equivalendo a 38,27% do total que integra a fábrica, com exceção das terceirizações praticadas por empresas consorciadas com exclusividade, que não são contempladas em nosso estudo. Atualmente, o número total de empregos soma por volta de 2.100 trabalhadores.

projetam "lugares" distintos na divisão interna do trabalho, posicionamento estratégico, *status* e vulnerabilidade.

De uma perspectiva macro, a terceirização apresenta condições mais reduzidas de desempenho laboral, dos benefícios e, em algumas situações, dos salários, estando associada à precarização do trabalho. Por outro lado, em função do posicionamento das empresas terceirizadas na fábrica, a divisão interna do trabalho é marcada em termos da importância dos serviços (estratégicos ou periféricos) e da vulnerabilidade dos trabalhadores, refletidas numa multiplicidade de formas de trabalho.

O caso estudado de terceirização caracteriza uma divisão do trabalho no interior da fábrica ainda mais profunda, marcando diferenças substantivas entre o amplo espectro das empresas consideradas. Associada tanto ao aumento da produtividade do trabalho e enxugamento da produção quanto ao aumento da qualidade e redução de custos, mescla um conjunto de estratégias que ora aponta para novos valores de organização da produção e do trabalho, ora reproduz antigas práticas.

. A terceirização serve ao propósito de adaptação às oscilações da produção e incertezas do mercado. Mais do que uma necessidade de subcontratar para atividades que garantam segurança ao processo e permitam à empresa líder concentrar seu foco na qualidade do produto, avança estrategicamente para pontos chaves da produção. Dessa forma, observaram-se casos de serviços menos qualificados (mecânicos, motoristas) e atividades que exigem maior qualificação por atuarem junto às partes estratégicas da produção (engenheiros, desenhistas, inspetores de qualidade).

A funcionalidade dos serviços terceirizados como sustentação das variações no volume da produção e na adequação da mão-de-obra às oscilações do mercado permite formular que há um sentido mais amplo para a caracterização dos serviços como atividades essencialmente de "apoio" ou "suporte" à produção (Offe, 1989). Insinuando uma certa diluição das diferenças entre funções de "apoio" e "produção", há uma projeção "indiscriminada" da terceirização para atividades produtivas principais, alargando consideravelmente essa condição de "apoio"– a exemplo do setor de inspeção de qualidade, operado por trabalhadores da Volkswagen e trabalhadores terceirizados.

> É o mesmo serviço que o pessoal da Volkswagen. Nós somos terceiros porque foi, como se diz, um pedido de aumento no quadro, e como esse aumento, deduzo isso, não sabiam se ia continuar por muito tempo,

se ia ter que reduzir ou não, nos contratou por uma terceirizada. Foi uma das primeiras contratações por firma terceirizada no setor; no nosso setor foi a nossa, que antes eles contratavam direto pela Volks. Porque ali na inspeção de qualidade, o que acontece? Ali é um setor onde a Volkswagen tem que atuar em cima, porque é a inspeção da Volkswagen. A Volkswagen, na verdade, não faz o caminhão, quem faz são as outras firmas; ela inspeciona o caminhão feito pelos parceiros, pelos módulos, no caso. Então, dali para a frente geralmente, normalmente até um tempo atrás, era só a Volkswagen que atuava ali, mas como teve a necessidade de um aumento de quadro, acredito que eles tenham ficado naquela: não sei se esse aumento vai ser necessário por muito tempo, vamos contratar um pessoal *terceiros*. (Funcionário de inspeção de qualidade.)

Pequenas Empresas: produzindo competências

As transformações técnico-organizacionais de desverticalização inserem demandas complexas para micro e pequenas empresas. Transferências de atividades às empresas subcontratadas (serviços auxiliares e produtivos) têm priorizado redução de custos, assim como buscado padrões de qualidade que independem do tamanho das empresas – grandes e pequenas devem acompanhar as exigências de qualidade dos produtos industriais.

O propósito da qualidade atinge toda a cadeia produtiva, acarretando dificuldades para as pequenas empresas o acompanharem sem grandes esforços e prejuízos, transferidos na maioria das vezes para seus trabalhadores, pelas reduções dos salários e dos benefícios. Circunstâncias de formação e desempenho das pequenas empresas que refletem diretamente no mercado de trabalho. Se, por um lado, seu aumento quantitativo representa mais oportunidades de emprego, amortecendo os efeitos negativos do desemprego, por outro, nas condições descritas de baixa qualidade de desempenho, criam-se postos de trabalho precários, comprometendo a reprodução das condições sociais de produção.

A descentralização das empresas no espaço mostra-se através do crescimento no setor automotivo das cadeias de fornecedores de produtos e de serviços intra-empresa ou entre empresas. Permite ganhos de eficiência e de flexibilidade, ajustando a oferta e reduzindo o tamanho eficiente das plantas. Entretanto, mantém as assimetrias de poder nas relações entre empresas (assim como entre empresários e trabalhadores), a ausência (ou fragilidade) de regulação dessas relações (em especial as de subcontratação) e, ainda, a fragilidade dos espaços de negociação (Cacciamali, 1997; Abramo, 1998).

No "consórcio modular", o desempenho das empresas terceirizadas procura acompanhar a qualidade e a eficiência demandadas pelos módulos, como estratégia de permanência. Esse padrão é seguido por empresas de serviços auxiliares, e priorizado por aquelas ligadas às atividades produtivas. A organização da produção reclama dessas empresas adequação às exigências da fábrica e acompanhamento do padrão de qualidade. Na tentativa de adaptação e crescimento, buscam cumprir as exigências sem impor limites precisos de atuação.

> ...A (terceira), ela sempre foi muito operacional. E operacional que eu quero dizer é com mão na massa, e agora a gente está partindo para política de planejamento e essa é a parte de planejamento, é a mais difícil, porque onde você não tinha planejamento a gente... ou seja, a gente apagava incêndio. Só que agora a gente não... está tentando planejar as coisas; isso é difícil, não é de um dia para o outro, e é onde a gente tem maiores problemas. E a gente está hoje enfrentando qualquer tipo de problema que uma empresa da idade da (terceira). É aquela fase de amadurecimento. (Funcionário do setor de logística.)

As observações indicaram que as empresas terceirizadas apresentam já alguma prática em prestação de serviços, sendo comum atuarem em outras cidades e estados, e mesmo oferecerem um conjunto diferenciado de serviços para as contratantes[7]. Experiências anteriores provêem conhecimentos no enfrentamento das concorrentes para oferecer melhores condições e preços nos serviços prestados. Sob um olhar mais detalhado, aparecem as diferenciações entre as empresas terceirizadas. Posições de destaque na hierarquia interna são valorizadas e buscadas, num esforço de "proporcionar a satisfação do cliente". Postura que pode levar as terceiras a incorporar tarefas não remuneradas como estratégia de mostrar eficiência e adquirir confiança, de modo que esse comportamento passa a ser considerado legítimo, como refere a fala do trabalhador:

---

[7] Acumular tarefas diversificadas pode ser notado em casos como o da empresa de alimentação, que presta serviços na região para outras empresas (Galvasud e PSA Peugeot Citroën) e no Rio de Janeiro, e ainda atua na limpeza, oferecendo condições difíceis de serem promovidas por pequenas empresas da região. Empresas terceirizadas de auxílio estratégico à produção, como a logística (movimentadores, operadores de empilhadeira, abastecedores, estoquistas) ou a manutenção (mecânicos, eletricistas), com experiências em outras fábricas, geralmente São Paulo e Rio de Janeiro, atendendo várias funções dentro de sua especificação, ou serviços diferentes.

Aí, o meu gerente fala uma coisa: que agregar responsabilidade para uma empresa terceirizada dentro de um consórcio, digamos assim, é a principal coisa que você pode fazer para que você comece a crescer dentro do consórcio (...) A (terceira) também começou assim, só que hoje a gente partiu para esse princípio de agregar responsabilidade, agregar às vezes assim até sem remuneração viável, mas mostrando que a gente é capaz de fazer (...) Você tem que estar com a preocupação de estar sempre em foco; não adianta você querer estar em segundo plano. A (terceira), ela começou com esse mesmo serviço, mas ela não... não foram serviços específicos, mas foram serviços paralelos para operação; ela pega uma função ali, pegou outra função ali e aumentou o corpo dela, e aumentou o contato dela com a empresa, começou a se disponibilizar a fazer certas coisas que antes não fazia porque não estava dentro do escopo do contrato, entendeu? E aí foi isso, foi crescendo, foi crescendo, foi crescendo e aumentou essa confiança da Volkswagen com a gente... foi indo, foi indo e a gente está em passos largos aí para conseguir uma, uma posição boa, como terceirizada, claro. (Funcionário do setor de qualidade.)

Relações de Trabalho: práticas modernas e antigas referências

No que se refere à organização do trabalho e à execução das atividades produtivas, percebe-se que as empresas terceirizadas acompanham os parâmetros das empresas consorciadas por atuarem em conjunto, uma vez que se encontram inseridas ou, como no caso do abastecimento, na origem do processo produtivo. De forma que, quanto mais próximas estiverem da produção, maiores responsabilidades lhes serão reclamadas, cabendo aos trabalhadores disporem maior atenção e executar tarefas muitas vezes rotineiras.

O formato da organização produtiva no "consórcio modular" acrescenta um elemento importante na análise das empresas terceirizadas. Pela necessidade de que cada empresa cumpra integralmente sua parte e partilhe responsabilidades, serviços ligados à produção ou de manutenção adquirem certo poder de barganha[8] junto à Volkswagen, devido a sua importância estratégica no interior da fábrica.

As relações de trabalho imprimem modos de comunicação e de execução do trabalho (trabalho de equipe, trabalho de grupo, parceria), demandando

---

[8] Há casos em que a Volkswagen interveio diretamente para evitar que conflitos num setor terceirizado condicionassem a paralisação da produção.

habilidades, qualificações e competências que rompem com modelos pautados na autoridade. Uma vez que a inculcação e/ou adesão a esses novos valores não se dá naturalmente, resultado do ímpeto do homem moderno para relações eventuais, fugazes, efêmeras, o comportamento flexível deverá ser também aprendido, apreendido e reelaborado.

Os trabalhadores deverão responder às novas demandas de habilidade, de qualificação e de competência, e orientar suas relações, inclusive pessoais, para movimentos fugazes, eventuais. Uma exigência de inserção no "mundo do trabalho" que se estende para contextos da vida privada, mesmo porque o trabalho está na base de formulação das identidades e estruturação social. A percepção desse redimensionamento é explicitada no relato do trabalhador:

> (...) porque chega um estagiário com outras idéias, você vai estar caduco dentro da empresa, por mais que você tenha feito *ene* cursos, você vai ser caro para a empresa, entendeu? O cara vai chegar lá garoto, assim, sem carteira assinada... e você sabe que ele vai acabar exercendo sua função, porque ele vai usar uma equipe que você montou, uma equipe que bem ou mal sabe como você pensa, e na hora que ele for lá, ele vai entrar e tal, e aí fazer, porque não existe ninguém insubstituível, não existe ninguém, entendeu? não existe, as pessoas são treinadas a fazer isso (...) (Funcionário do setor de qualidade.)

Estratégias de solidariedade de grupo auxiliam o excesso de trabalho e variações da produção (atividades produtivas). Tradicionalmente usadas por trabalhadores pouco qualificados, ganham novas denominações em analogia aos modernos modelos de organização do trabalho, aludindo de forma precária à "parceria" que se dá entre consorciadas. Em condições de sobrecarga de trabalho, lançar mão desses recursos lhes permite, ao elaborar com velhos instrumentais e atualizando suas práticas, cumprir com o volume de trabalho exigido. Na execução das tarefas, como referem os discursos, trabalhadores podem se deslocar de seus postos para atender melhor ao programa de produção, às vezes implicando no acúmulo de tarefas.

> Então, a coisa é tudo uma seqüência, uma rotina. Se você fugir daquela rotina, você prejudica um grupo inteiro... Então, cada qual tem que fazer o seu. Por isso que a minha parte eu procuro fazer bem, porque o outro também está fazendo bem, aquele lá da frente está fazendo bem, então a coisa chega num denominador comum tranqüilamente... Tem equipamentos. Mas, de vez em quando, tem que ser manual, mas se pesou

alguém grita: ô rapaz, ajuda aqui que não dá para mim; aí vem um, ajuda. Então é todo mundo trabalhando unido, acho que é um grupo que trabalha todo unido para um objetivo só. (Funcionário do setor de abastecimento.)

Então, aí eu ajudo ele fazer a parte dele, ele me ajuda a fazer a minha parte, que nós trabalhamos, não temos ajudante, então podendo pesar muito para uma parte. Na minha, a gente faz assim: de manhã ele vai, ajuda fazer a minha parte, depois do almoço a gente vai fazer a parte dele. Porque, quando a gente começou aqui, era... tinha muito serviço, então ficava muito difícil porque eu não tinha ajudante, aí ficava enrolado muito tempo num lugar só e outro serviço precisando... depois, ele também na parte dele. Aí nós falamos: *vamos fazer uma parceria nós dois*, eu te ajudo na tua parte, tu me ajuda na minha parte, isso aí facilitou, facilitou cem por cento. (Funcionário do setor de manutenção.)

A capacitação[9] dos trabalhadores é basicamente um aprendizado contínuo em seus postos de trabalho, predominando a orientação dos colegas mais experientes e exige adaptações constantes às mudanças na produção. Casos de treinamentos diferenciados entre trabalhadores da Volkswagen e terceirizados exercendo a mesma atividade, a responsabilidade dá-se igualmente. Apesar destes partilharem responsabilidades em algumas situações até mais acentuadas, muitas vezes não há reconhecimento explícito, em forma de premiações, das idéias e sugestões para melhoramentos da produção. O esforço despendido é naturalizado como algo intrínseco ao comportamento dos trabalhadores:

É o mesmo trabalho, não difere nada, a diferença é essa, é só terceirizada, mas é o mesmo trabalho, a responsabilidade é a mesma, a cobrança é a mesma, não há diferenciação nenhuma (...) ...no que diz respeito ao serviço especificamente, nós temos o mesmo, é o mesmo tratamento, mesma responsabilidade, mesmos problemas, mesmas cobranças, tudo; tudo igual, só não o salário. (Funcionário do setor de qualidade.)

---

[9] Em qualificação, fica evidenciado que, nos serviços auxiliares, os trabalhadores possuem baixa escolaridade, com primário ou secundário incompleto; outras exigem curso técnico (eletricista/encanador), os trabalhadores possuem ginásio completo e curso profissionalizante pelo SENAI. Para trabalhadores terceirizados que atuam junto ao processo produtivo, há exigência de segundo grau completo, embora nem todos apresentem. Em alguns casos, como na inspeção de qualidade, a Volkswagen oferece cursos de capacitação para seus trabalhadores, funcionando como capital profissional acumulado, diferenciando-os dos terceiros que trabalham no mesmo setor.

Procuro fazer o melhor, porque eu faço questão de ficar... ser sempre o primeiro. Eu não gosto de jogar em time que perde. Sei perder, mas não gosto de jogar em time que perde. Meu time tem que entrar em campo para ganhar, isso que eu falo para eles. E acho que até agora perdemos pouco, entendeu? Ganhamos mais do que perdemos. (Abastecimento.)

Trajetórias ocupacionais, experiências diversificadas

A caracterização da vulnerabilidade para trabalhadores terceirizados aparece associada ao lugar que a empresa assume, considerando sua proximidade ou distanciamento do foco da produção. No mercado interno de trabalho[10], o conjunto da força de trabalho denominado genericamente terceirizado é muito diverso nas atividades que desempenha, nas condições de trabalho e *status* que desfruta, apresentando um variado panorama.

Para objetivo de análise, podem-se considerar dois segmentos de trabalhadores terceirizados. O primeiro grupo é formados por trabalhadores de serviços estratégicos da produção (logística, manutenção) e por trabalhadores terceirizados que atuam conjuntamente aos trabalhadores da Volkswagen (inspeção de qualidade); apresentam melhores níveis de escolaridade, qualificação e salários; possuem experiências anteriores no mercado formal de trabalho e estimam favoráveis perspectivas de ascensão no interior ou fora da fábrica, visualizando outras possibilidades de emprego. O segundo grupo, composto por trabalhadores periféricos em relação à produção (limpeza, alimentação, vigilância), em sua maioria com experiências frágeis no mercado formal de trabalho, ou dele anteriormente desligados, para o qual muitos foram incorporados com a nova atividade assumida na empresa terceirizada; apresentam baixa escolaridade, salários e benefícios menores (ou inexistentes) e maiores possibilidades de rotatividade.

A condição aproximativa para os dois grupos de trabalhadores terceirizados refere-se à "instabilidade" em que se encontram. Quando responde pelo preenchimento das lacunas e flutuações da produção, a terceirização caracteriza, tanto para o grupo de trabalhadores das atividades de produção quanto para o grupo que exerce serviços auxiliares, condições relativamente semelhantes de

---

[10] Por mercado de trabalho, considera-se o contexto brasileiro; mercado local de trabalho a região Sul fluminense, incluindo Resende; e mercado interno, o interior da fábrica.

vulnerabilidade no mercado de trabalho. Para o primeiro grupo, em situação de oscilações, ou reduções na produção, ou (principalmente) de conflito, fica reafirmada maior possibilidade de demissão, considerando o posicionamento e a necessidade estratégica dos trabalhadores, tendendo para aqueles que não preenchem melhores características atribuídas (idade, sexo, etnia) e adquiridas (qualificação, escolaridade).

Transferidas para as empresas terceirizadas, as adequações às oscilações na produção são diretamente sentidas pelos trabalhadores, criando um clima de incertezas e falta de previsão, legitimadas como condição das terceirizadas e dos trabalhadores no moderno processo de produção.

> Então, eu não acho que o fato da (terceirizada) não nos dar o curso ou a Volkswagen, não acho que seria assim ruim, eu não vejo como uma coisa ruim, eu vejo como uma transição, a (terceirizada) está aqui para contratar e eu acredito também que a (terceirizada) não vá investir tanto porque ela também não recebe tanto. Se ela investir muito num funcionário terceirizado, nosso caso por exemplo, não sei com relação aos funcionários fixos dela, mas no nosso caso, que temos um contrato temporário, ela acaba tendo prejuízo em vez de lucro. (Funcionário do setor de qualidade.)

Experiências acumuladas pelo exercício laboral e a consciência de que esse conhecimento é imprescindível como suporte das condições de possibilidade de funcionamento da produção no modelo do "consórcio modular" geram sentimentos de "segurança" e conforto, apesar de amplamente questionados pelos trabalhadores frente aos valores da flexibilização. A assertiva "você é que faz a segurança" demonstra que, diante da instabilidade em que se encontram, a permanência no emprego aparece vinculada ao desempenho pessoal, situação que abrange os trabalhadores terceirizados de modo geral. Da mesma forma, a importância que se atribuem na produção refere-se ao cumprimento das obrigações, mais do que à concepção de serem indispensáveis como trabalhadores, mostrando-se estritamente relacionada à preocupação de se manterem no emprego[11].

> Você sabe, a segurança que normalmente numa empresa multinacional... você é que faz a segurança. Se você é um funcionário

---

[11] Essa preocupação é amplamente partilhada entre os trabalhadores da fábrica. Uma pesquisa sobre o perfil dos trabalhadores do "consórcio modular" (2001) mostrou que 48% estão preocupados em perder seus empregos e 22% estão muito preocupados.

exemplar em tudo, pontualidade, é... no seu dia-a-dia, entendeu? Você não deixando falhas que prejudique a você mesmo, com certeza. (Funcionário do setor de abastecimento.)

Agora, nós na (consorciada) somos importantes? Sim. Porque se a empresa, se a (consorciada) produz é porque a (terceirizada) abasteceu a (consorciada) para ela produzir. Então, eu procuro hoje, hoje eu estou na linha, quer dizer, a responsabilidade do abastecimento de linha é minha, entendeu? Eu com meu grupo de trabalho, porque eu não trabalho sozinho, trabalho com esse grupo. Então volta e meia a gente se reúne na hora do almoço, troca uma idéia rápida, sempre mostrando: galera, está tudo em ordem. Então eu tento mostrar para eles a responsabilidade... (Funcionário do setor de abastecimento.)

Os trabalhadores mais vulneráveis à substituição relacionam sua permanência no trabalho ao conhecimento que possuem das demandas da fábrica. De um panorama mais geral do mercado de trabalho regional, suas projeções de manterem-se materialmente estão referidas à possibilidade de mudarem de emprego, firmando-se em suas trajetórias de constante mobilidade. Esse histórico lhes permite reivindicar melhores condições de trabalho e salários[12], e mesmo serem considerados pela Comissão de Fábrica segmento importante e interessado nas causas coletivas. De modo que se, por um lado, as características adquiridas representam segurança para o primeiro grupo de trabalhadores, por outro, a experiência do dia-a-dia dos trabalhadores menos qualificados lhes permite lançar mão da alta mobilidade no mercado como um recurso importante para projeção de novas perspectivas de sobrevivência em situação de vulnerabilidade.

Trabalhadores com históricos em serviços temporários, de baixos salários, ou sem garantias, questionam a respeito dos benefícios, buscam melhorias e elaboram estratégias de mobilização no interior da fábrica. Contudo, essas mesmas experiências e o conhecimento das oportunidades de trabalho ofere-

---

[12] No que se refere aos benefícios e salários, são ressaltadas as diferenças entre trabalhadores terceirizados e trabalhadores consorciados e da Volkswagen, mesmo para aqueles terceiros que atuam no processo produtivo. São abonos que correspondem à metade, planos de saúde individuais em contraposição ao familiar e ainda maiores gastos com transporte e alimentação. A procura dos benefícios tem ocasionado deslocamentos para empresas do consórcio, sempre que preenchidas as exigências mínimas de escolaridade e aprendizado, em algumas situações, mesmo quando o salário inicial dessas é inferior ao pago pela terceirizada.

cidas os levam a avaliar seus salários positivamente no mercado local, e considerar suas condições de trabalho satisfatórias, uma vez que são reduzidas as perspectivas de mudança.

Dessa forma, partilhar valores flexíveis e comungar da instabilidade no mercado de trabalho podem certamente não representar rupturas nas trajetórias de alguns trabalhadores. Eles têm suas experiências laborais firmadas por trabalhos temporários, bicos, sem carteira assinada, desempenho do trabalho desfavorável, embora a referência buscada de projeção no mercado de trabalho seja condições de segurança, como sugerem os históricos.

Trajetórias flexíveis, trabalhadores para toda obra

Eletricista. Seu pai trabalhava na Prefeitura como encanador, mas se conheceram pouco porque ele faleceu quando tinha apenas 7 anos. Abandonado nas ruas sem o apoio dos familiares, freqüentava um matadouro até ser acolhido por um casal que passou a considerar seus pais. Começou a trabalhar com aproximadamente 13 anos no matadouro, depois serviu no quartel e foi açougueiro. Ao sair do quartel, fez cursinho em elétrica e começou então a atuar nessa profissão. Está na fábrica desde sua construção, o que o fez criar uma forte relação de identidade com ela. Mas na empresa terceirizada possui apenas dois anos de serviço e já insatisfeito com decisões autoritárias de extensão da jornada de trabalho que lhe impossibilitou usufruir de seus dias de descanso e mesmo de fazer os bicos de final de semana, planeja deixar o emprego para procurar outro no qual tenha alguma possibilidade de realizar pequenos trabalhos que sirvam para complementar a renda. Antigos valores de responsabilidade e dedicação se confundem com sua trajetória de mudanças constantes de emprego, em busca de maior autonomia para realizar um trabalho para o qual se sente altamente capacitado e pelo qual pretende ser ouvido e respeitado.

> (...) Todavia eu trabalhei em Angra, trabalhei na Bahia, trabalhei em Vitória, São Paulo, um punhado de dias, trabalhei aqui também, mas não... dizer que eu gosto da região aqui, não gosto não. (...) É que na época que eu estava em São Paulo, que eu fui para São Paulo, aí eu estava sem fichar, entendeu? Quer dizer, oito meses lá sem fichar; pô, eu pensei bem, ah! não vai dar certo não; eu trabalho sem fichar, vou para Resende, a fábrica está começando agora e alguma coisa vai melhorar lá. Ih! não

ganho nem a metade do que eu ganhava lá em São Paulo, entendeu? Mas está bom, pouco com Deus é muito (...).

...[Vai] fazer dois anos, eu nunca faltei um dia; eu não sou de faltar dia, não só aqui, mas em todo lugar que eu já trabalhei; onde eu entro, eu crio raiz mesmo, não sou de entrar hoje e daí três meses sair; aonde eu entro cria raiz mesmo. Mas só o problema é... não deu certo. Você sabe... nunca que eles vão arrumar com a gente. Eu prefiro ir embora. Passo para outra firma, aqui dentro; tentar na (outra montadora); graças a Deus, eu dou muita sorte com serviço, graças a Deus. Nossa! Deus tem me ajudado; Deus é muito bom. Sempre um mês, três meses, nunca... ou melhor, nunca fiquei três meses parado. Saio de um, já entro para outro, graças a Deus. Eu pretendo ir para São Paulo; não gosto desse lugar aqui não; fui nascido e criado em Barra Mansa, mas não gosto desse lugar.

Mecânico, o trabalhador começou como *office boy* antes da maioridade numa indústria de celulose em que seu pai trabalhava como auxiliar de produção. Foi despertado para a profissão de mecânico porque esteve em contato com o setor onde observara no período os serviços de "todo tipo de mecânica" (usinagem, mecânica de manutenção, elétrica). Numa trajetória que se assemelha à do seu pai, o trabalhador atribui à sua formação profissional a possibilidade de prestar serviços em qualquer grande empresa para a qual seja contratado.

Olha... eu nunca trabalhei em firma assim um, dois, três anos. No caso, eu trabalho assim na Volkswagen, no caso eu trabalho na CSN, funcionário da CSN. Eu nunca trabalhei em indústria assim diretamente, sempre trabalhei em firmas terceirizadas, então... estou contente. Pode rolar alguma diferença em termos de salário, às vezes não é um salário de uma indústria, diretamente pela indústria. É diferente você estar pela terceirizada, diferente; salário melhor, plano de saúde melhor, você tem às vezes até... Digamos que se a gente estivesse trabalhando direto na indústria, talvez a gente estaria com plano de saúde integral, hoje a gente tem só uma parte, só o titular mais um dependente. Então a diferença de ser terceirizada cabe mais isso aí, diferença de salário, alguma coisa só, o resto é bom trabalhar numa firma terceirizada, eu nunca tive nada a reclamar.

Olha... é um, é uma experiência diferente. Eu nunca trabalhei, nunca tinha trabalhado em área automotiva. A única experiência que eu tive, a única modificação que teve, é que eu vi alguma coisa diferente, foi só isso, você trabalhar numa área automotiva. Porque o tipo de trabalho que a gente faz aí, tanto eu quanto os outros colegas, é a mesma coisa de qualquer outra indústria metalúrgica, ou indústria química, mesma coisa, o trabalho mesma coisa, manutenção (...) parte mecânica e elétrica, mesma coisa.

A (terceirizada) é uma boa firma... nós não temos nada a reclamar da (terceirizada) e deve significar só mais um emprego, é mais uma firma que deu oportunidade para a gente, a gente deu trabalho nela. É mais uma firma para a gente trabalhar, se manter empregado, manter o sustento da família. Se a gente não estivesse trabalhando aqui na (terceirizada) poderia estar trabalhando em outra firma qualquer. Então mais é isso.

Mobilidade e projetos de ascensão

A composição do mercado local de trabalho, como aparece representado no universo da Volkswagen, são trabalhadores jovens, mulheres e homens com experiências anteriores no mercado informal, ou desempregados que, considerando a população local e a emigração em função da oferta anunciada com a chegada da fábrica, foram incorporados em relações formais de assalariamento. A presença da Companhia Siderúrgica Nacional e da Xerox, entre outras empresas, é responsável por difundir padrões de trabalho (remuneração e benefícios) que se tornam referência na região, embora participem dele um restrito número de trabalhadores.

Em função de suas trajetórias ocupacionais, trabalhadores terceirizados geralmente percebem seus empregos positivamente, embora encontrem-se em relações de trabalho comparativamente menos favoráveis. Nos serviços produtivos, essa avaliação está referida aos salários e às condições de trabalho no mercado local. Segmentos menos qualificados expressam concretamente em suas trajetórias a inserção no mercado formal de assalariamento, a exemplo de mulheres do serviço de limpeza, tratando-se do primeiro emprego regularizado na carteira de trabalho, e de trabalhadores da manutenção, antes em serviços temporários e irregulares. Preenchem, no caso dos jovens, perspectivas de sobrevivência e *status*, consideradas as reduzidas oportunidades de trabalho no mercado local.

Sob a perspectiva dos projetos individuais, o ingresso numa empresa terceirizada significa a inserção ao assalariamento formal, ou liga-se à possibilidade de mobilidade interna[13], pela busca de melhores salários e benefícios. Essa condição das terceirizadas, não como o lugar de permanecer, mas como via de possibilidade de ascensão, aparece associada à consciência do bom desempenho e da dedicação pessoais ao trabalho, inclusive como forma de reduzir a vulnerabilidade. Na escalada para essas posições mais "seguras", os trabalhadores reproduzem a idéia de que "só depende de cada um".

No relato dos trabalhadores, a terceirização passa a ser vista como um "mal necessário para a sobrevivência". Primeiramente, devido ao fato de criar novos postos de trabalho que, em situações de trabalho direto na fábrica, sobrecarregaria o quadro de funcionários permanentes, dificultando o acompanhamento das oscilações do fluxo produtivo. Em segundo lugar porque, na organização interna da fábrica, representa possibilidades de mobilização para condições melhores de trabalho. Ao avaliar a terceirização e os empregos, os discursos parecem contundentes:

> Contra, não. Eu acho que eu sou a favor porque se... Eu me colocaria no lugar da empresa, se eu tivesse... alguém que trabalhasse para mim e me desse só o retorno, eu estaria satisfeito. Agora, eu vou exigir deles. Eu acho que a terceirização deu mais oportunidade para surgirem novos campos de trabalho, entendeu? Se você vê aqui a (terceirizada) hoje, que é uma empresa pequena, ela está empregando 150, 149 funcionários. (Funcionário de setor de manutenção.)

> Acho que com a crise que nós estamos agora, entendeu? acho que é a média que nós temos aí é essa mesmo aí, o salário é esse mesmo. Aqui depende é... tem funcionário mais antigo que chega a ganhar oitocentos, os mais novos ganham trezentos e cinqüenta, quatrocentos, mas isso aí faz parte da... o país está fazendo com que você tenha um salário desses. Agora, se eu falo para vocês que está ótimo, eu estaria mentindo, porque quanto mais você tem, você quer mais, mais e mais. Agora, eu estou satisfeito, para mim está, está dando para viver, entendeu? Está dando para dar

---

[13] Assim, alta rotatividade, como ficou caracterizado pelo serviço de limpeza, deve-se à mobilidade dos trabalhadores para empresas do consórcio ou terceirizadas estratégicas. Muitas vezes o ingresso nas terceirizadas de limpeza e alimentação foi previamente pensado como mediação. Outros atributos requeridos para contratação se somam ainda: segundo grau completo; referências de bom desempenho na função que desempenhava anteriormente na terceirizada; relações de amizade que facilitem obter informações sobre quais empresas estão recrutando, e receber possíveis indicações.

um conforto razoável em casa. Quanto à empresa, eu também me sinto orgulhoso. Eu tenho hoje... tenho orgulho, já não sinto mais falta da (empresa anterior)... Lá eu trabalhava na mesma área que eu trabalho. Mas lá eu comecei desde pequenino, fiz de tudo, até chegar próximo à gerência de logística. Eu passei a gostar, porque no Exército também servi numa área que seria como se fosse a logística aqui fora, entendeu? Acho que também eu... como diz aí: você gosta de começar com a empresa. Que a Volks já tem cinqüenta anos, mas aqui, em Resende, ela tem... fez cinco anos agora em novembro. Então, você gosta de começar com a empresa (...) (Funcionário do setor de abastecimento.)

Fator que se soma como motivação para os trabalhadores e que à primeira vista não parece importante é o *status* social[14] de que desfrutam em suas comunidades, pela associação que a população da região faz entre trabalhar na planta com trabalhar para a Volkswagen, e que os trabalhadores partilham como legítimas. Como é consenso que as condições de trabalho na fábrica são favoráveis, o prestígio está associado a esse posicionamento social, principalmente quando cultivam o sentimento de terem começado com a fábrica.

Não, as condições da empresa, realmente, para mim, eu tenho orgulho. Como tinha orgulho na época de ser funcionário da (empresa anterior), eu tenho orgulho de ser funcionário agora. Eu não digo nem (terceirizada); se você falar eu trabalho na (terceirizada), na X, na Y, ninguém conhece. Agora, eu tenho orgulho de dizer: o negócio é que eu trabalho, eu trabalho na Volks, entendeu? Meus filhos têm orgulho disso: "Meu pai trabalha na Volks"... Então, isso é importante... Então eu tenho o maior orgulho. (Funcionário do setor de abastecimento.)

Percebe-se, a partir das experiências concretas desses trabalhadores, que se, por um lado, a terceirização comparativamente é sinônimo de precarização do trabalho, e o é de fato como foi observado, por outro, não se pode afirmar que seja incoerente a avaliação positiva dos trabalhadores sobre seus empregos, com base nas trajetórias laborais e no mercado local de trabalho. Esses novos empregos, construídos pela força da conjuntura econômica, são também frutos das escolhas refletidas, considerando seus conhecimentos do trabalho e da trajetória pessoal.

---

[14] A referida pesquisa sobre o perfil dos trabalhadores do Consórcio também mostra que 86% se orgulham de trabalhar na empresa.

Representação Coletiva: fragmentação de interesses e diversidade

A representação coletiva dos interesses confronta-se com a diversidade das condições de trabalho das várias empresas terceirizadas e o pertencimento dos trabalhadores a diferentes categorias, em função da natureza de suas atividades, criando novas questões quanto à organização dos grupos e poder de barganha junto ao empregador. O impasse em participar ou não da categoria dos metalúrgicos demonstra situações de receio em ser representado, reivindicar direitos, atitude geralmente associada ao enfrentamento com o patrão.

No processo de representação local, o sindicato dos metalúrgicos (Força Sindical)[15], no qual trabalhadores de algumas terceiras (Union, Projecto e Total-tec) encontram-se filiados, adquiriu experiência e avançou nas negociações. Contudo, essa prática não abrange a todos, a exemplo da construção civil e dos serviços gerais. Dificuldades em solucionar problemas cotidianos têm levado os trabalhadores a buscarem desvincular-se de seus sindicatos originários, na tentativa de filiação junto aos metalúrgicos, esbarrando na questão legal do pertencimento a outras categorias e ocasionando conflitos internos.

Agregar interesses e atender a reivindicações específicas têm sido desafios enfrentados pelos sindicatos. A fragmentação e as dificuldades de mobilização projetam-se na organização coletiva, associadas ao "medo do trabalhador de perder seu emprego". As condições diferenciadas das empresas terceirizadas, em comparação às empresas consorciadas, direcionam as demandas das primeiras no sentido de reivindicar equidade dos salários e dos benefícios. Pela busca de melhorias, mesmo o receio de exposição pode ser superado, fato que se deve, na avaliação da Comissão de Fábrica, à "necessidade maior", ao "sofrer mais na pele", motivando a participação nas assembléias e nos eventos coletivos.

A postura cautelosa esperada dos sindicatos – que não seja nem de enfrentamento agressivo, nem de tolerância desmedida aos propósitos das empresas – é um sentimento incorporado pelos trabalhadores, vinculado à percepção da vulnerabilidade no mercado de trabalho. Menção à conjuntura

---

[15] As empresas terceirizadas ligadas ao sindicato dos metalúrgicos atuam na manutenção e nos serviços de produção. Das dez empresas terceirizadas, quatro encontravam-se filiadas. Trabalhadores dos serviços estratégicos na produção adquirem poder de reivindicação em função do modelo de responsabilidades e riscos partilhados, uma vez que qualquer entrave num dos módulos pode repercutir na paralisação da produção.

econômica do país e às estratégias dos sindicatos aparecem associadas à permanência ou não dos investimentos multinacionais em determinadas regiões. Esperando relações capital/trabalho abertas, demandam uma política mais negociadora do que conflitiva, como parte na conformação de interesses que se somam entre Estado, capital e trabalho. O relato do trabalhador exprime essa preocupação:

> O sindicato pode acabar... eu chamo, eu falo que o sindicato pode ser a resolução dos problemas ou o gafanhoto que chega, come tudo e vai embora. Porque se ele chegar forte e não for de negociação, a empresa abre mão, as empresas vão abrir mão mesmo, quanto mais essas multinacionais, vão abrir mão mesmo. Agora, simplesmente eu acho que pelo capital que estão investindo no País, que elas sabem que esse capital é importante, que melhora é, é poder de compra, melhora emprego, para o País, País em desenvolvimento que é o Brasil, e tira, simplesmente tira. Ela tem incentivos fiscais para botar e tirar na hora que quiser. E esse tira a hora que quiser gera uma série de desempregos (...) inflação que, inflação não digo, mas pega, o poder de compra diminui, não tem um poder de compra para a pessoa... e aí? começam os problemas todos. A região fica deficiente, aí o que acontece? É... a mão-de-obra fica baratíssima, aí vem outra empresa com muito menos dinheiro, com os mesmos incentivos fiscais que a outra... que é uma região que necessita, e pega a mão-de-obra que antes ganhava seiscentos reais, ganhando duzentos, porque oferece e as pessoas aceitam, é porque é uma região deficiente, uma região fraca. Isso é bom para o País? Não é (...) mas é isso aí. (Funcionário do setor de qualidade.)

Considerações finais

O movimento de relocalização das plantas industriais em lugares sem tradição no setor automobilístico e de prática incipiente em organização coletiva pode apontar no sentido da precarização do trabalho (baixos salários e benefícios), reafirmando processos de inclusão e exclusão problemáticos do aspecto da integração social. Considera-se ainda que uma avaliação crítica revele, por trás da diversidade nas relações de trabalho, diferenciais que culminam em projetar melhores condições de trabalho onde comparativamente elas sejam desvantajosas. Mas deve também sugerir que o tecido social local será reelaborado, pelo resgate dos elementos de identificação, de interesses e de conflitos, numa dinâmica que envolve trabalhadores, organizações coletivas, empresas locais e organizações sociais.

O interesse por novas regiões implica consequências diferenciadas em função do deslocamento dos investimentos multinacionais. A presença desses projetos num determinado lugar, e não em outros, muda a conjuntura que essas localidades assumem; dá dimensão a lugares sociais distintos, elaborando novas espacialidades, nas quais as relações sociais, econômicas e políticas serão mais visíveis. Ao focar o lugar, geram-se responsabilidades em torno dos serviços privados e públicos, como caracteriza o quadro dos investimentos na região Sul fluminense[16] após a instalação da fábrica Volkswagen.

O setor automobilístico é um protótipo de desenvolvimento industrial e reflete à sua volta o crescimento econômico nas regiões onde se instala. É também palco de exercício das conquistas salariais, servindo de parâmetro às comparações pela eqüidade dos direitos trabalhistas. Nas novas condições de flexibilização, instrumentaliza comportamentos e gera princípios de desempenho laboral que se estruturam como norma. Usos adversos da terceirização sob um conjunto variado de trabalhos precarizados tendem a estabelecer como regra práticas laborais antes consideradas periféricas ao assalariamento formal.

O estudo de caso da fábrica Volkswagen de caminhões e ônibus em Resende revela a diversidade do processo de terceirização no "consórcio modular". Sua abrangência não foge à regra de gerir oscilações do mercado e demandas da produção flexível; agrega práticas tradicionais e modernas de lidar com incertezas e atender aos parâmetros de qualidade dos produtos. Presente nas atividades auxiliares e estratégicas, estende sua função de "apoio", assumindo parcelas da produção. Considerando suas características gerais e particulares, algumas observações podem ser pontuadas:

1) As empresas terceirizadas, principalmente aquelas estrategicamente posicionadas na produção, buscam seguir custos e qualidade exigidos pela fábrica. O formato de organização da produção no "consórcio modular" torna-se fator importante na distribuição e acompanhamento das metas, requerendo uma atuação em conjunto entre as empresas terceirizadas e as demais empresas (fornecedoras e consorciadas), numa espécie de sincronismo. O

---

[16] Quadro elaborado por Ramalho e Santana, 2001, a partir de dados obtidos nos jornais *Gazeta Mercantil* e *Diário do Vale* de Volta Redonda-RJ e reproduzido no capítulo 4 deste livro.

posicionamento das empresas terceirizadas na produção reflete diferenças significativas em termos de *status* e poder de barganha, estimulando esforços adicionais no cumprimento das tarefas, com o propósito de adquirir competência e confiança junto à Volkswagen. As terceiras em atividades auxiliares, presentes desde a inauguração da fábrica, adaptaram-se às suas demandas, experiência considerada positiva como fator de segurança.

2) A despeito da aceitabilidade da terceirização pelos trabalhadores, quando representa novas oportunidades de emprego e inserção no mercado formal de trabalho, por outro lado, as diferenças nas condições de desempenho laboral, nos salários e benefícios reforçam condições de desigualdade, gerando disparidades que passam a ser incorporadas da perspectiva da normalidade. Essas idéias controversas indicam problemas pontuais em relação à relocalização das grandes indústrias e dos novos modelos produtivos – a fuga de capitais para regiões com fraco desenvolvimento socioeconômico e mercado de trabalho formal restrito legitima a inclusão mediada por baixo, naturalizando a desregulamentação e as perdas para os trabalhadores como uma condição necessária da flexibilização, o que gera impasses para o desenvolvimento local e para a reprodução das condições sociais de produção.

3) Considerando a sociabilidade interna, pode-se visualizar práticas de mobilização e projetos de ascensão no interior da fábrica, como parte da dinâmica que transforma e constrói novas possibilidades. Dentro das condições gerais e particulares (inserção no mercado de trabalho, ameaça de desemprego, sobrecarga de trabalho, redução de salários e benefícios) nas quais os trabalhadores se encontram, procuram avaliar seus desempenhos, buscando competência e "segurança". O (re)conhecimento das oportunidades e limites permite aos trabalhadores atuações condizentes com as situações de trabalho e com as estratégias utilizadas pelas empresas, em várias esferas: no caso de sobrecargas de trabalho, são acionadas práticas tradicionais de cooperação; sob a percepção da integração necessária entre empresas fornecedoras, consorciadas e terceiras para o funcionamento da produção, são demandadas melhorias das condições de trabalho; em perspectivas de ascensão dentro da fábrica, empresas terceirizadas funcionam como veículos de mobilidade para trabalhos com melhores salários e benefícios; diante das políticas de trabalho autoritárias das empresas, procuram amenizar as desvantagens, buscando o exercício dos direitos junto à Comissão de Fábrica e ao Sindicato; se há insatisfação e dificuldade em solucionar tais impasses, ameaçam, assegurados de seus conhecimentos das

necessidades da produção, buscar outras ofertas de emprego que considerem respeitosamente suas trajetórias como trabalhadores e indivíduos.

4) A fragmentação dos trabalhadores no interior da fábrica, reforçada pela prática "indiscriminada" da terceirização, coloca novos desafios para a representação coletiva. Esse impasse é sentido na organização interna dos trabalhadores também pela Comissão de Fábrica, que procura atender às demandas muito diversificadas, incluindo os trabalhadores terceirizados nos planos das reivindicações, ainda quando a representação é legalmente vetada pelo pertencimento a categorias diferentes. Essa postura reflete, por outro lado, a importância quantitativa e qualitativa que os trabalhadores terceirizados assumem no "consórcio modular". A organização local dos trabalhadores, relativamente recente no setor automobilístico, direciona-se em busca de posturas negociadoras e de adquirir confiança junto aos trabalhadores e à empresa, mostrando particularidades.

BIBLIOGRAFIA

ABREU, A.; BEYNON, H.; RAMALHO, J.R. 'The dream factory': VW's modular production system in Resende, Brazil. *Work Employment and Society*. Cambridge/University Press, v.14.n.2, june 2000.

ABREU, Alice R. de Paiva; RAMALHO, José Ricardo. *A indústria automobilística brasileira e a implantação de novos pólos de desenvolvimento regional- o caso do Rio de Janeiro*. III Congresso Latinoamericano de Sociologia del Trabajo, Buenos Aires, 2000 (texto mímeo).

ABREU, A. R de Paiva *et al*, *Produção flexível e relações interfirmas: a indústria de autopeças em três regiões do Brasil*. Texto mímeo, 2000.

ARBIX, Glauco. Trabalho: dois modelos de flexibilização. In: *Lua Nova- Revista de Cultura e Política*, ano 96, n. 37, pp.171-190.

BRESCIANI, Luís Paulo. O contrato da mudança: a inovação e os papéis dos trabalhadores na indústria brasileira de caminhões. *Mímeo/Tese Doutorado, 2001*.

BURAWOY, Michael. *A transformação dos regimes fabris no capitalismo avançado*. Revista Brasileira de Ciências Sociais, n.13, ano 5, p.29-50.

CACCIAMALLI, Maria Cristina. *Flexibilidade: maior número de micros e pequenas empresas ou manutenção da concentração de forma descentralizada?* Contemporaneidade e Educação, ano II, n.1, 1997, pp.46-57.

CARDOSO, Adalberto M. *Trabalhar, verbo transitivo: trajetórias ocupacionais de trabalhadores da indústria automobilística*. Dados - Revista de Ciências Sociais, v. 41, n.4, 1998, pp. 701-750.

CASTRO, Nadya Araújo de (Org.). Modernização e trabalho no complexo automotivo brasileiro. In: *A máquina e o equilibrista: inovações na indústria automobilística brasileira*. Rio de Janeiro: Paz e Terra, 1995.

GITAHY, Leda; BRESCIANI, Luís Paulo. Reestruturação produtiva e trabalho na indústria automobilística brasileira. *DPCT/IG/UNICAMP*, 1998 (texto mímeo).

GUIMARÃES, A. S.; AGIER, M.; CASTRO, N. C. *Imagens e identidades do trabalho*. São Paulo: HUCITEC, 1995.

HIRATA, Helena. Reestruturação produtiva, trabalho e relações de gênero. *Revista Latinoamaricana de Estudos do Trabalho*. Ano 4, n.7, SP, ALAST, 1998.

MACHADO DA SILVA, Luiz Antonio; CHINELLI, Filippina. Velhas e novas questões sobre informalização do trabalho no Brasil atual. *Contemporaneidade e Educação*. Ano II, n.1, pp.24-45, 1997.

MARTIN, Scott. Redes sociais e flexibilidade no trabalho: uma análise comparativa. *Revista Latinoamericana de Estudos do Trabalho*. Ano 3, n.6. SP, ALAST, 1997.

MARTINS, Heloisa de Souza. Os dilemas do movimento sindical em face da terceirização. In: Martins, H. de S., Ramalho, J. R. (Orgs). *Terceirização: diversidade e negociação no mundo do trabalho*. São Paulo: Hucitec: CEDI-NETS, 1994.

OFFE, Claus. *Capitalismo desorganizado*. São Paulo: Brasiliense,1989.

OFFE, C.; LENHART, G.. Problemas estruturais do Estado capitalista. In: *Teoria do Estado e política social*. Rio de Janeiro: Tempo Brasileiro, 1984.

PEREIRA, Carla R. Assunção. *Estratégias de terceirização, usos singulares: empresas e trabalhadores no "consórcio modular" da Volkswagen de Resende-RJ*. UFRJ-IFCS-PPGSA, Mímeo/Dissertação Mestrado, 2002.

_____. *Novas formas de organização do processo de trabalho e desgaste mental: "Hoje, a gente trabalha o esforço físico e o esforço psicológico"*. UFMA, Mímeo/Monografia Ciências Sociais, 1998.

POLANYI, Karl. *A grande transformação*. Rio de Janeiro: Campus, 1980.

Pesquisa "*O global e o local: os impactos sociais da implantação do pólo automotivo do Sul fluminense*". Acervo e Relatórios.

RAMALHO, José Ricardo. Organização sindical e a instalação de novas fábricas do setor automobilístico- o caso do Sul fluminense. In: Rodrigues, Iram Jácome (Org.). *Novo Sindicalismo vinte anos depois*. RJ/SP: Vozes/EDUC/Unitrabalho, 1999.

RAMALHO, José Ricardo; SANTANA, Marco Aurélio. Promessas e efeitos práticos da implantação da indústria automobilística no Sul fluminense. *XXV Encontro Anual da ANPOCS*, Texto mímeo, 2001.

RODRIGUES, Iram Jácome. A questão da organização por local de trabalho: dilemas e perspectivas do sindicalismo – CUT. In: *Terceirização: diversidade e negociação no mundo do trabalho*. São Paulo: Hucitec: CEDI-NETS, 1994.

_____. A indústria automobilística na virada do século. In: Glauco Arbix e Mauro Zilbovicius (Orgs.). *De JK a FHC, a reinvenção dos carros*. São Paulo: Scritta, 1997.

CAPÍTULO 6

O novo discurso da qualificação profissional na indústria automobilística do Rio de Janeiro[1]

Lia de Mattos Rocha

A proposta deste capítulo é discutir a qualificação profissional e a existência de um novo paradigma de qualificação, centrado na questão da competência e da exigência de novos atributos, capacidades e habilidades. O trabalho foi realizado tomando como base a experiência do "consórcio modular", implantado na fábrica da Volkswagen de Resende (RJ) em meados dos anos 1990, e que foi anunciada como altamente inovadora em termos de organização da produção[2].

A partir desse caso procurei verificar as características as quais o setor automotivo atribuía mais importância na contratação de seus empregados, e como essas exigências eram compreendidas distintamente pelos trabalhadores e pela gerência. Da mesma forma, busquei analisar como os trabalhadores vivenciaram esses novos atributos no cotidiano do chão-de-fábrica, como se

---

[1] Este capítulo foi escrito a partir de minha dissertação de mestrado, defendida em 2002, no Programa de Pós-Graduação em Sociologia e Antropologia da UFRJ.

[2] Além do material coletado por mim, tive acesso irrestrito aos dados recolhidos e produzidos pelo grupo de pesquisa "O Global e o Local: os impactos sociais da implantação do pólo automotivo do Sul fluminense". Queria agradecer ao professor José Ricardo Ramalho e também aos outros participantes do grupo de pesquisa, especialmente pela oportunidade de dividir as questões e os problemas pertinentes a esse trabalho com meus colegas e ouvir deles sugestões, propostas e críticas que foram fundamentais para a redação do trabalho.

dava o processo de treinamento dos trabalhadores e o uso que a gerência fazia desses novos atributos no processo da produção.

Mudanças no mundo do trabalho e na qualificação profissional

As transformações que tiveram lugar com a crise do fordismo são temas hoje da maioria das pesquisas na área da sociologia do trabalho. A literatura atual, quando se refere às novas formas de expressão do capitalismo (Piore & Sabel, 1984), identifica mudanças que envolvem tanto transformações tecnológicas quanto formas de gestão e organização do trabalho.

As empresas deixaram de executar diferentes atividades, concentrando-se nas que representam sua maior especialidade e terceirizando as outras. Procuraram manter o foco no aumento da produtividade, na rapidez e na inovação, inclusive permitindo que uma mudança de produto ou de mercado pudesse ser feita rapidamente, e enfatizaram o núcleo de trabalhadores mais qualificados, muitas vezes utilizando incentivos e participações nos resultados das empresas (Locke *et al*, 2000). Essas mudanças passaram a representar um redirecionamento das atribuições dos trabalhadores, que agora possuem um papel mais participativo, assumindo responsabilidades antes exclusivas da gerência, seja em grupos de solução de problemas, no trabalho organizado em times ou outras variações.

Porém, muitos autores ressaltam que essa modificação no papel do trabalhador é um processo com dois desdobramentos distintos: o aumento da especialização de certas tarefas e a precarização crescente de outras. Dentro de muitas empresas existiria uma linha separando os empregados cujo saber seria crucial para as atividades centrais da empresa (e que, portanto, estão em posição mais privilegiada no mercado de trabalho) e outros com trabalhos rotineiros ou de suporte que correm o risco freqüente da demissão. Hirata (1998) afirma que para a realização dos novos modelos de produção são necessários dois aspectos: o primeiro é o envolvimento do sujeito no processo de trabalho, a autonomia, a criatividade, responsabilidade, comunicação, que só são possíveis com a estabilidade do trabalhador no emprego e na função. O outro aspecto, no entanto, é um grande processo de "instabilidade", de precarização dos laços empregatícios, de desemprego prolongado, de flexibilização, etc.

Esses aspectos não são separados nem opostos, pois para a autora a emergência de um novo modelo baseado na flexibilidade (das tarefas, mas também dos trabalhadores) requer uma grande "precarização", que permita o reposicionamento dos recursos – e, no caso, da mão-de-obra através da "precarização" dos laços empregatícios ou de demissões. Vale destacar ainda que a instabilidade resulta em um enorme distanciamento entre os trabalhadores e a representação de pertencimento a uma categoria ou classe, gerando um sentimento de incerteza constante sobre o futuro e o lugar desses trabalhadores no mundo[3].

A reestruturação produtiva, o combate à rigidez do fordismo através da flexibilização da linha de produção, mudou também o papel desempenhado pelos trabalhadores. A hierarquia da fábrica fordista foi questionada e substituída por uma estrutura mais horizontal, com uma proposta de reduzir a divisão entre execução e planejamento e de contar com um comprometimento maior dos trabalhadores com os objetivos da empresa. Para tal passou-se a exigir um trabalhador com um novo perfil e com novos atributos para atender às novas demandas feitas pelo mercado.

Nesse novo perfil, a referência passa a ser o "modelo de competência". A "competência" seria um alargamento do "saber fazer", que agora é acompanhado também do "saber ser", no sentido de que, além dos conhecimentos objetivos, o trabalhador deve utilizar disposições subjetivas que constantemente reatualizam e renovam esses conhecimentos, seja no momento do trabalho ou fora dele (Régnier, 1998). Se, por um lado, a abordagem que privilegia a "competência" valoriza aspectos subjetivos (que vão além da educação formal e da formação profissional) que muitas vezes se escondiam no processo produtivo, mas que já estavam presentes, por outro lado, o valor que se dá às diferentes competências é determinado pelas necessidades e demandas do mercado, o que significa que muitos saberes e conhecimentos podem ser deixados em segundo plano de acordo com o mercado, não importando sua relevância para a formação do trabalhador enquanto indivíduo e cidadão. Para Régnier (idem), o novo discurso empresarial aponta para a superação da lógica da qualificação (normalmente associada a um posto de trabalho concreto com tarefas previamente definidas e mapeadas) e a afirmação da lógica da "competência" (em que o imponderável, o incerto, o imprevisto tornam-se a tônica) como elemento constitutivo dos seus processos de reestruturação.

---

[3] Para uma análise aprofundada a respeito da desconstrução da auto-imagem dos trabalhadores enquanto categoria e classe social, ver Sennett (1999).

As noções que orientam a estruturação do "modelo de competências" seriam, segundo Deluiz (2001), a flexibilidade, a transferibilidade, a polivalência e a empregabilidade[4]. A gestão do trabalho por competências representaria para os empresários a possibilidade de contar com trabalhadores flexíveis, aptos a se adequarem às mudanças e a lidar com imprevistos, até em termos de mudanças de funções, por exemplo. Essa mobilidade e flexibilidade pressupõem uma polivalência e uma constante atualização de competências, o que permitiria medir a "empregabilidade" de cada trabalhador.

O conceito de "competências" representa uma adequação maior às necessidades dessa nova fase de desenvolvimento do capitalismo e a um contexto de desemprego crescente, quando é necessária a construção de alternativas ao mercado de trabalho formal e estável. Paiva (2001) afirma que no "modelo de competências" as virtudes pessoais são utilizadas como parte do conhecimento de um modo muito mais intenso do que no modelo de qualificação, no qual o capital cultural e o social eram menos importantes e era possível medir competência profissional através de critérios mais objetivos.

Com essas transformações, o trabalhador passa a assumir responsabilidades que vão além da simples execução da tarefa, como o controle da qualidade, por exemplo. Essas "novas responsabilidades" (Rosa, 1998) pressupõem uma maior participação e responsabilidade na execução do trabalho. Dessa forma, a maior autonomia dada ao trabalhador é marcada por novas obrigações que antes eram atribuídas à gerência (como o controle de estoque, de qualidade, a manutenção, a preocupação com as metas impostas, etc.). A responsabilidade passa a ser do grupo, e os trabalhadores são pressionados a produzir no tempo determinado e com a qualidade esperada, objetivos fixados não pelos próprios, mas pela gerência.

**A nova qualificação:
as mudanças na educação e na formação profissional no Brasil**

A formação profissional no Brasil tem passado por diferentes estágios ao longo do tempo, mas com os novos parâmetros introduzidos por esse novo contexto produtivo passou a ser um assunto não mais restrito aos espaços

---

[4] Empregabilidade é a capacidade do trabalhador de conseguir um trabalho ou de se manter empregado. Para maiores informações sobre o conceito, ver Hirata (1996).

tradicionais, como, por exemplo, o Sistema S (SENAI, SESC, SENAR e SESTRAN). Atualmente, governo, sindicatos e outras organizações da sociedade civil aparecem de modo diverso no processo de formação do trabalhador. Pode-se citar, nesse sentido, as ações relacionadas ao Fundo de Amparo ao Trabalhador (FAT), em parceria com sindicatos e organizações da sociedade civil, os planos de qualificação implementados pelos Ministérios da Educação, Trabalho e Saúde, e a importância dada a projetos nessa área por órgãos financiadores internacionais (BID, Banco Mundial, ONU, etc.).

Apesar da ampliação do envolvimento com a questão da formação profissional, as organizações ligadas ao "Sistema S" foram mais profundamente afetadas por essas mudanças, especialmente por estarem ligadas diretamente às empresas e atenderem às demandas apresentadas por elas. A especificidade da gestão dessas instituições também apresentou desafios para a reformulação do atendimento dado.

Como em todas as organizações do campo do ensino profissional, o SENAI também passa por diversas transformações. A partir da década de 90, sua metodologia de trabalho tem sido reformulada para atender às novas demandas por parte do mercado, e os exercícios individualizados são substituídos por cursos nos quais os alunos, reunidos em turmas, apreendem conceitos como habilidades básicas, específicas e de gestão. O novo paradigma produtivo que deve ser atendido se baseia em "polivalência, capacidade de decisão e de iniciativa, pela cooperação, pela autonomia, pela responsabilidade, pela criatividade e participação efetiva deste trabalhador no processo produtivo" (SENAI – RJ – DE – DFP, 1994, apud Paranhos, 2000).

O conteúdo técnico mais aprofundado foi substituído por uma proposta mais geral e superficial dos conhecimentos necessários à execução do ofício. Dentro dos critérios de multifuncionalidade, ser especialista passou a significar a redução das possibilidades de inserção profissional. O conteúdo técnico perde importância na formação de novas habilidades, com a exigência de atributos mais individuais do trabalhador, difíceis de serem aprendidos, quantificados e utilizados como recursos.

Essa questão foi abordada em entrevista realizada com uma funcionária do departamento de pesquisa do SENAI, no Rio de Janeiro.

> Eu acho que hoje a empresa vive essa contradição. Porque quando você começa a precisar de criatividade... a criatividade dificilmente pode ser circunscrita, a capacidade crítica, isso dificilmente você poderá engessar

> dentro de um quadradinho. Eu acho que as empresas ficam tentando lidar com isso, porque não podem mais prescindir... Não que no passado não tenha se apoderado disso também. (...) O esforço de canalizar tudo isso para um modelo muito prescritivo era grande. O que há hoje é uma visão, eu acho, de maior visualização e de maior exigência disso. (Funcionária do SENAI/DEP.)

Existe uma demanda por parte de algumas empresas por trabalhadores capazes de lançar mão de outros conhecimentos, além do técnico, em seu trabalho. Mas como afirma a entrevistada, esse reconhecimento da possível contribuição do trabalhador para a melhoria da produtividade não é encontrado em todos os setores — nos setores em que a inovação tecnológica e organizacional são menores existiriam poucas possibilidades de maior envolvimento do trabalhador na gestão do trabalho; além disso, muitos estariam ainda ligados à concepção de que o trabalhador deve ser controlado, e não incentivado a gerir seu trabalho. Ainda com relação ao envolvimento do trabalhador, a entrevistada afirmou:

> Mas você queria dizer da questão da subjetividade. É a grande questão. Quantificar a gente não quantifica. Isso é uma questão grande. A gente tem procurado entender a questão de competência de gestão, da subjetividade... Não como uma subjetividade psicologizante, de um ponto de vista psicológico. Mas uma visão pedagógica. Então a gente tem procurado fugir da discussão que vai de encontro a um perfil muito pessoal. Porque tem muitos modelos que usam isso. (Funcionária do Senai/DEP.)

Pode-se perceber na entrevista algumas definições que são resultado do esforço feito pelo SENAI no sentido de repensar os conteúdos de sua formação e os perfis profissionais requisitados pelo mercado.

O SENAI/Resende tem atendido a uma demanda crescente de novos profissionais, e é um dos maiores centros de formação no Estado do Rio de Janeiro. Além disso, tem se destacado no campo automotivo ao acompanhar a tendência regional para a indústria automotiva e metal-mecânica. A instalação da unidade de Resende aconteceu em 1981, já inserida no projeto de transformar a região em pólo industrial.

Como apontado em relatos sobre o "consórcio modular", fica claro que a intenção do prefeito de Resende na época era investir em infra-estrutura e educação para atrair empresas para o município, em um processo de planejamento estratégico, e nesse sentido a unidade do SENAI foi preparada para qualificar a mão-de-obra da região. Além disso, a Federação das Indústrias do Estado do Rio de Janeiro (FIRJAN) tinha indicadores que comprovavam a existência de uma possível demanda na área de qualificação industrial.

O atendimento às demandas das fábricas da região sempre foi o objetivo da FIRJAN e do SENAI. A vinda da indústria automotiva para a região, porém, representou uma reformulação nos objetivos do SENAI local. Além disso, o direcionamento para a área automotiva se tornou um diferencial da unidade de Resende em relação a outras cidades.

A relação do SENAI/Resende com as duas montadoras (além da VW, a PSA Peugeot Citroën se instalou no município contíguo de Porto Real, a partir de 2000) é bastante próxima. Além de ter sido utilizado como argumento para atrair as montadoras para o Sul fluminense, o SENAI reabriu cursos já extintos, usou material e equipamento das empresas e, no caso da PSA Peugeot Citroën, montou dentro de sua unidade uma linha de montagem para o treinamento dos alunos. O SENAI também atuou no recrutamento dos novos empregados, disponibilizando seu banco de dados de egressos. Aproximadamente 9% dos trabalhadores do "consórcio modular" foram contratados através do SENAI[5].

Dados obtidos em uma entrevista realizada com a diretora da subsede da FIRJAN, SENAI e SESI em Resende demonstram que os conceitos a respeito da qualificação profissional e do perfil do trabalhador a ser formado têm se alterado nesse novo contexto. Para ela, o objetivo do SENAI deve ser a formação do profissional "como um todo", com competência "técnica e social". A grade de qualquer curso oferecido deve ter a preocupação em formar um cidadão. Porém, diz a diretora, é preciso preparar o trabalhador para um mercado "sem carteira assinada", no qual o profissional competente "vende seu serviço"[6].

Outro aspecto frisado é a necessidade de uma mudança comportamental, com ênfase no bom relacionamento em equipe, na capacidade de exercer liderança e na criatividade. O peso dado a atributos subjetivos e comportamentais (mais psicologizantes, na palavra de uma funcionária do Departamento de Educação Profissional) é muito maior do que nos documentos oficiais produzidos pelo SENAI. O termo "competência social", particularmente, é impor-

---

[5] Cf. Ramalho&Santana, 2002.

[6] Frases extraídas de entrevista feita com a diretora da Subsede do Senai em Resende na época do trabalho de campo.

tante por reunir o conceito competência com a idéia do comportamento social. Nesse sentido, trabalhar em equipe e participar ativamente da produção são mais questões de "ser social" do que de competência de gestão nos termos apresentados nos documentos – compreensão maior do mundo e do processo de trabalho.

Uma comparação entre as entrevistas da funcionária do Departamento Nacional e da diretora de Resende mostra uma convergência na constatação de que as empresas têm novas demandas e que o SENAI não estava preparado para atendê-las. As divergências, sobre como agir diante desse novo quadro, aparecem no relato dessas duas funcionárias: em um caso, a questão da capacidade de gestão é vista como a principal contribuição para a qualificação do trabalhador, enquanto a diretora regional se refere a aspectos mais comportamentais e motivacionais, como a diferença da antiga para a atual qualificação. No entanto, fica claro que, em ambos os níveis de atuação do SENAI, as "competências" relacionadas a atitudes e motivações são consideradas parte dos novos conhecimentos necessários para a atuação profissional.

A divergência a respeito das reais exigências do mercado de trabalho pode ser um indício de que o novo perfil profissional do trabalhador metalúrgico não está ainda bem definido, e que as demandas expressas pelas fábricas não se pautam por padrões objetivos sobre as necessidades da produção. De qualquer forma, a importância dada à educação profissional na contratação e permanência dos trabalhadores na empresa fica evidente nos dados levantados: 80% dos contratados do "consórcio modular" fizeram algum tipo de curso profissionalizante, e desses, 75% fizeram no SENAI[7]. Dessa forma, a qualificação se coloca como definidora de oportunidades para quem quer trabalhar nessas fábricas.

O trabalhador do "consórcio modular"

Por ser uma fábrica instalada em meados da década de 1990, a Volkswagen tem por diferencial o fato de já ter contratado sua mão-de-obra dentro dos novos padrões de competência profissional do mercado. Dessa forma, a maior parte de seus funcionários (excluindo aqueles que vieram transferidos de outras fábricas) já iniciou seu trabalho na organização dentro de um novo esque-

---

[7] Ramalho&Santana, 2002.

ma de relação capital-trabalho, sem a transição entre modelos que marca a história de grande parte das indústrias automotivas.

A partir do que foi discutido anteriormente, procura-se aqui compreender como as categorias relacionadas ao novo perfil profissional que apareceram nos discursos apresentados (tanto dos pesquisadores da área quanto dos formadores da mão-de-obra e da gerência da VW) são apreendidas e experimentadas pelos trabalhadores e seus superiores no chão-de-fábrica.

Para a análise desse novo perfil profissional, serão utilizados dois tipos de material: a) o *survey* "Um perfil dos metalúrgicos da Volkswagen de Resende/ RJ" (Ramalho&Santana, 2002), realizado junto aos funcionários da montadora e das empresas consorciadas[8]; e b) um conjunto de entrevistas com dois membros da comissão de fábrica, um gerente de uma empresa do "consórcio modular" e três funcionários do nível de inspeção da produção.

Com os dados do *survey*, é possível traçar algumas características dos trabalhadores. A primeira constatação é a de que a maioria dos que trabalham no "consórcio modular" é de homens (97,9%), jovens e com boa escolaridade. A questão de gênero parece ser uma "barreira de entrada significativa" (Guimarães & Campos, 1999). Nesse caso, a pouca presença de mulheres dentro da fábrica, mais do que representar um fato cotidiano dentro do setor industrial em geral, aponta para a condição de gênero como a principal condição para a contratação do trabalhador. Em oposição à idéia de que o novo paradigma de perfil profissional baseia-se em critérios técnicos e de competência, é esta característica adscrita (como idade, em oposição a características adquiridas, como escolaridade) que filtra em primeiro lugar a contratação dos trabalhadores.

No quesito da formação educacional, as empresas do "consórcio modular" procuraram selecionar trabalhadores com mais escolarização. No entanto, a existência de muitos trabalhadores (50%) sem o ensino médio completo, o antigo 2° grau, demonstra que a exigência de escolaridade não se aplicou do mesmo modo para todas as empresas.

No entanto, quase metade dos funcionários entrevistados fazia algum curso (44%) — sendo que 64% desses estavam completando o ensino médio ou o curso superior, enquanto os outros estavam fazendo cursos profissionalizantes (21,3%), de línguas estrangeiras ou pré-vestibular. A maior escolaridade re-

---

[8] Foram entrevistados 90 funcionários, sendo 11 gerentes e 79 trabalhadores de linha (o que representa 10% dos funcionários, tanto da VW quanto das consorciadas).

presenta maiores oportunidades em termos salariais, ou seja, o trabalhador com maior escolaridade tende a receber salários mais altos do que os trabalhadores com menor escolaridade dentro da fábrica. O gráfico abaixo demonstra isso – a escolaridade foi agregada em "ginásio" (reunindo tanto quem completou quanto quem não terminou o primeiro grau), "ensino médio" (2° grau completo e incompleto) e "ensino superior" (também completo e incompleto). As faixas salariais foram agregadas em salários mínimos.

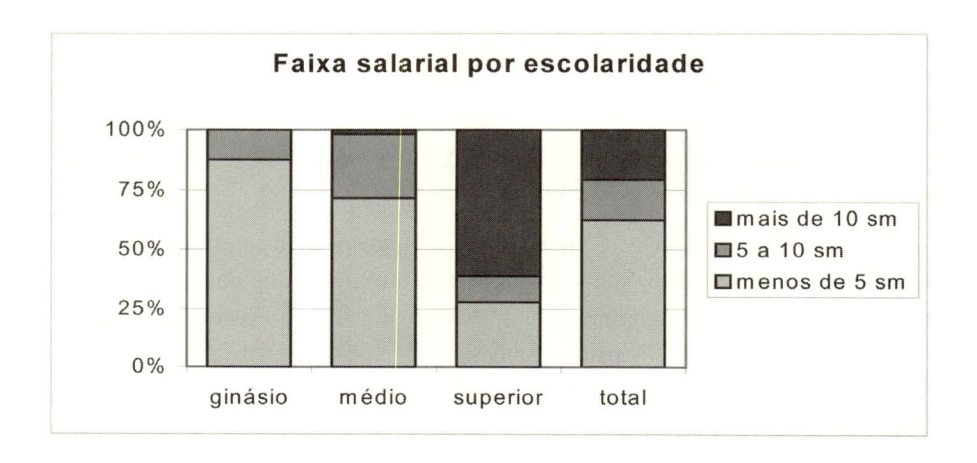

Faixa salarial por escolaridade

(Gráfico de barras mostrando percentuais por ginásio, médio, superior e total, com faixas: mais de 10 sm, 5 a 10 sm, menos de 5 sm)

Em termos da formação profissional, 83,5% dos trabalhadores fizeram cursos profissionalizantes. Também aqui as oportunidades de salários mais elevados são maiores para os que possuem diploma. A maioria fez esses cursos profissionalizantes no SENAI (75%), e uma pequena parte estudou em escolas técnicas (13%), SESI (3%) ou fizeram na empresa onde trabalhavam (9%). O SENAI aparece com destaque na formação desses trabalhadores. Os cursos profissionalizantes muitas vezes representam uma melhoria nos currículos dos candidatos às vagas dentro do "consórcio modular", e alguns trabalhadores, mesmo após a contratação, continuam em busca de cursos de atualização.

Pode-se, portanto, afirmar que esses foram os princípios que orientaram a formação (pelo menos em parte) de 60% dos trabalhadores do "consórcio modular". Isso, no entanto, não explica como essa orientação é atualizada na prática da linha de produção. Somente a experiência dentro da fábrica pode medir como essas "competências" são vivenciadas no cotidiano.

Apesar da exigência de segundo grau para o recrutamento dos trabalhadores da fábrica, isto não se confirma em todas as empresas do "consórcio".

Enquanto a VW, por exemplo, utiliza este critério de seleção, outras empresas recrutam mão-de-obra menos qualificada. O fragmento de entrevista abaixo (feita com um funcionário da VW) aborda os requisitos necessários para a contratação na Volkswagen.

> Os primeiros passos para chegar à Volkswagen, o que a gente exige, para trabalhar na produção, como em qualquer área da Volkswagen, é o nível de segundo grau com técnico, de preferência mecânico. Mas como aqui a região é carente desses técnicos, (...) então no início a gente tinha dificuldade para encontrar essas pessoas. Mas aí a gente foi se adaptando com a região, contratando gente nova. (Analista de produção da VW.)

Observa-se a referência aos conhecimentos técnicos, aliados ao ensino formal, como critério fundamental para a contratação. Tal exigência, pelo menos por parte da VW, foi confirmada em outra entrevista com o encarregado dos inspetores da VW. A posse desses conhecimentos representa um referencial concreto para a contratação — e em alguns casos servem apenas como filtro, já que são utilizados como critério em relação a postos de trabalho que não necessitam desses tipos de conhecimento para a sua execução. Além disso, o fato de serem critérios para a entrada não significa que serão garantia de permanência, já que outros aspectos são considerados na avaliação do trabalhador — inclusive atributos subjetivos, como os discutidos anteriormente: responsabilidade, dedicação, participação, bom relacionamento em grupo, etc.

O bom índice de escolaridade da maioria dos trabalhadores do "consórcio modular" não exclui, no entanto, a importância do treinamento que ocorre no próprio chão-de-fábrica (chamado *"on-the-job"*). Para o encarregado de produção de uma das empresas do "consórcio", o mais importante era o treinamento dado na linha de montagem e o desenvolvimento do trabalhador na execução de suas tarefas. A especificidade das tarefas só poderia ser retratada na prática. Para o treinamento de seus funcionários recém-contratados, essa empresa do "consórcio" possuía "multiplicadores" – trabalhadores com mais experiência que ficavam responsáveis por orientar os mais novos.

O treinamento *"on-the-job"* era valorizado por todas as empresas, independentemente do tipo de tarefa que executavam dentro do "consórcio modular".

No que concerne à escolaridade dos trabalhadores, também não houve grande disparidade em relação ao tempo de treinamento, mas pode-se perceber um aumento na percentagem de trabalhadores que declararam terem sido treinados por mais de 15 dias, em relação ao grau mais alto de escolaridade – de quase 70% entre os que possuem ginásio completo ou incompleto, para quase 90% dos que possuem terceiro grau, também completo ou incompleto. Tal diferença pode demonstrar que mesmo os mais escolarizados, provavelmente executando tarefas mais complexas, têm que receber treinamento no posto de trabalho.

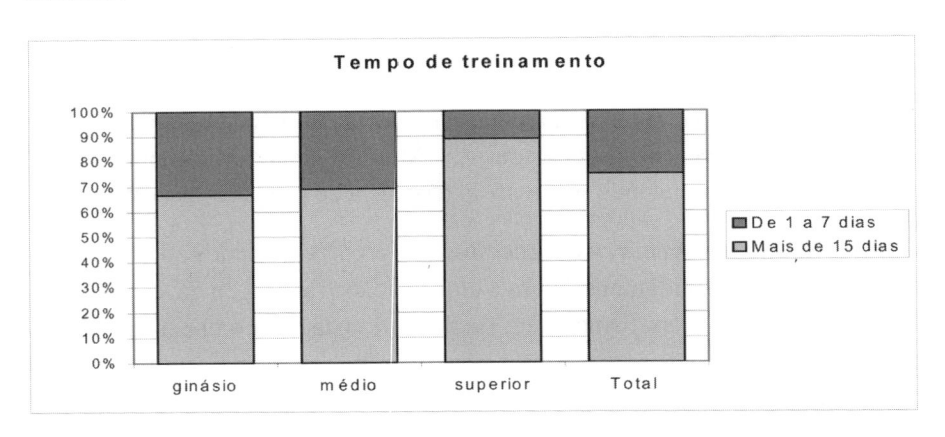

Tempo de treinamento

(gráfico de barras: ginásio, médio, superior, Total; legenda: De 1 a 7 dias / Mais de 15 dias)

A importância atribuída ao treinamento *"on-the-job"* é reafirmada por um analista de produção da Volkswagen. No fragmento da entrevista citado abaixo, o funcionário confirma a necessidade do treinamento para o melhor desenvolvimento do trabalhador frente às suas funções, pois o conhecimento adquirido na prática complementaria o conhecimento técnico que o trabalhador traz de fora.

> Tem a parte técnica, mesmo assim o cara, sendo técnico, passa por um treinamento, ele não vai chegando e sendo o encarregado daqui não, ele passa por um treinamento, passa por várias avaliações. Faz um treinamento em todas as áreas para depois chegar na área onde ele vai trabalhar, para ele chegar lá ciente das ações que vai ter que tomar. (Analista de produção da VW.)

O entrevistado destaca ainda a experiência como critério para a transferência do trabalhador para tarefas mais complexas. Ou seja, além do conhecimento formal, é a experiência (tanto em termos de treinamento *"on-the-job"* quanto em anos de trabalho) que permite o bom desempenho em cargos de maiores responsabilidade e complexidade.

E na minha área, que é uma área mais complicada, de retrabalho, e liberação final, as pessoas têm que ser mais calibradas, mas isso é treinamento a longo prazo, a fim de chegar no ponto oito. Então a pessoa começa no início da linha, início de chassis, vai andando, vai um posto para lá, um posto para cá, passa pelo ponto sete... Até chegar ao ponto oito.(Analista de produção da VW.)

Pode-se afirmar, portanto, a partir dos dados do *survey* e das entrevistas, que escolaridade formal, conhecimento técnico, treinamento e experiência são requisitos importantes para o bom desempenho do trabalhador dentro do "consórcio modular". Mas outras qualidades e capacidades também são valorizadas. Aspectos como trabalho em equipe e participação foram citados como importantes e necessários para o desenvolvimento da produção. Contudo, como essas "competências" são apreendidas e vivenciadas pelos trabalhadores?

No que diz respeito ao relacionamento intergrupal, 85,4% dos trabalhadores entrevistados (incluindo os gerentes das empresas) responderam positivamente à pergunta "você se sente trabalhando em equipe?", reafirmando a importância dada pelo novo perfil profissional ao trabalho em equipe, ao bom relacionamento com os colegas e às habilidades ligadas à gestão em conjunto do trabalho.

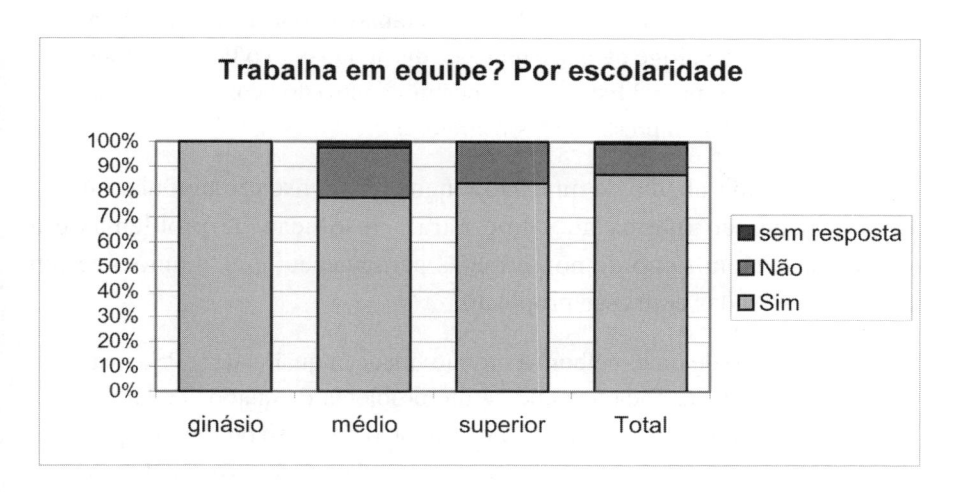

Trabalha em equipe? Por escolaridade

(Gráfico de barras empilhadas mostrando percentuais por escolaridade: ginásio, médio, superior, Total. Legenda: sem resposta, Não, Sim.)

Apesar do alto índice de respostas positivas, deve-se destacar que as respostas negativas vieram do grupo de trabalhadores com as maiores taxas de escolaridade — ainda que não se considerem as respostas da faixa com superior completo, em que a maior representação é dos gerentes. A relação entre maior escolaridade e menor sentimento de pertencimento ao grupo pode ser compreendida como resultado das especificidades de cada tarefa dentro da produção, observando-se que tarefas mais complexas, realizadas por trabalhadores mais escolarizados, não são realizadas de forma coletiva.

Embora a prática do trabalho de time tenha sido implementada na empresa após a sua instalação, sendo pouco tempo depois abandonada por boa parte das empresas do "consórcio", quando perguntados se existia "trabalho de time" quase 75% dos funcionários responderam que sim. Um dos motivos para o insucesso da proposta de "trabalho de time" na fábrica, segundo um gerente, se deveu à inexistência de pausas na produção, o que tornou ineficaz a estratégia, já que as equipes não encontravam momentos durante a jornada de trabalho para trocar informações sobre melhorias no processo e solução de problemas.

> O projeto é muito bonito, mas aqui basicamente a linha não pára para nada. Não há tempo para a reunião desses times. Exemplo: eu fiz uma visita à Audi de Curitiba, onde a linha de montagem estava setorizada, fragmentada em times. Então existia um local para os funcionários se reunirem, armários, uma máquina de Coca-Cola. Aí, eu perguntei como eles faziam para se reunir e discutir os problemas pertencentes ao grupo, principalmente a parte de qualidade. Eles disseram que toda a vez que a linha pára, a equipe se dirige para lá e realiza a discussão com o líder do grupo. E se a linha não parar? Esta não é a postura dentro do "consórcio". (Gerente de uma das empresas do "consórcio".)

A proposta do trabalho de time não vingou no "consórcio modular" mas a idéia da discussão interna ao grupo para a resolução de problemas e a conscientização em torno de novas metas permaneceu, e as reuniões "Bom dia" foram pensadas com esse propósito.

> (O trabalho de time melhora a produtividade, a qualidade?) Principalmente a qualidade. Toda vez que há um problema de qualidade, basicamente ocorre por esses motivos: o produto ou o processo produtivo, que é a interferência da participação humana. Aí, toda vez que você consegue reunir os grupos e começa a discutir esses problemas de como o homem pode ter um comprometimento maior, para que não ocorram esses problemas novamente, isso vai melhorando, a pessoa vai se conscientizando de que não pode fazer daquele jeito, e quando você não tem essa oportunidade, só dispõe de outras ferramentas. Quais são elas? "Bom dia", você vai

martelando "água mole em pedra dura", (...), através do contato direto do encarregado; mas não há o comprometimento do time, uma possibilidade de reunir o time para discutir. (Gerente de uma das empresas consorciadas.)

A importância dada ao grupo dentro do "consórcio modular" é muito forte – são os grupos que permitem que as metas sejam alcançadas e os objetivos cumpridos. Para o encarregado de uma das consorciadas, "sem o grupo não é possível alcançar esses objetivos, portanto quem não está integrado à equipe sai fora". Para ele, a união do grupo é perceptível na rotina, na solidariedade em questões familiares ou no apoio para que funcionários busquem se reciclar e melhorar seu desempenho.

A exigência de um envolvimento do trabalhador com as metas da empresa se concretiza nos números de caminhões e ônibus que devem ser produzidos e também nos índices de qualidade que devem ser alcançados. Cada grupo de trabalho possui uma meta de qualidade e deve se organizar para alcançá-la.

Outra estratégia de participação são as "caixas de sugestão" (adotada pela maioria das empresas pertencentes ao "consórcio modular") onde são colocadas propostas que visem melhorar o funcionamento da produção. O incentivo para essa participação são prêmios dados pelas empresas (aparelhos domésticos, relógios, etc.). A comunicação é individualizada e a premiação também.

Já as reuniões semanais são espaços nos quais as questões do cotidiano são apresentadas para os superiores, mas também são o espaço no qual a gerência repassa aos funcionários orientações sobre limpeza, segurança e principalmente metas de qualidade e produtividade. Ambos os espaços, porém, restringem a participação dos funcionários, já que nas "caixas" as sugestões são individuais e nas reuniões o espaço é mediado pela gerência e visa à comunicação direta entre todos os trabalhadores da empresa e a gerência.

No que diz respeito às reuniões "Bom dia", todas as empresas do "consórcio modular" são estimuladas pela própria VW a realizar suas reuniões, e são cobradas quando estas são suspensas. Na época em que o trabalho de campo foi feito, todas as empresas do "consórcio modular" realizavam suas reuniões. Algumas possuíam dias fixos para cada assunto — um dia para qualidade, outro para segurança, outro para meio-ambiente, manutenção, etc, que são tratados em formas de palestras. Outras realizavam a reunião semanalmente. Algumas utilizavam esse tempo para o treinamento dos trabalhadores, com a aplicação de exercícios. Essas reuniões eram coordenadas pelos supervisores e serviam de canal de comunicação com a gerência — era durante o "Bom dia" que mudanças no desenvolvimento do trabalho eram anunciadas, além da negociação dos assuntos relativos a metas, licenças, calendários, etc.

Mas o espaço também era utilizado pela comissão de fábrica que representava os trabalhadores do "consórcio modular".

A: E esse Bom dia que você perguntou são reuniões... Tem terça e quinta, no início do dia, e que passam algo de lição de segurança, alguma informação mais importante que a empresa quer passar...

B: E que a gente também participa.

A: Se tem alguma informação que a gente tem que passar, a gente aproveita... (Para passar informes?) Aproveita que está todo mundo reunido para falar.

B: E quando a gente tem que reclamar de alguma coisa e que o supervisor tem que ouvir, a gente já vai na reunião e já fala de uma vez. (Membros da Comissão de Fábrica.)

Mas os membros da comissão de fábrica afirmaram que assuntos relativos ao contrato coletivo e outras questões salariais ou jurídicas não eram discutidos nesse espaço.

Na literatura sobre novos perfis profissionais, parte das novas competências requisitadas diz respeito à participação dos trabalhadores na solução dos problemas. Mas a participação do trabalhador nos problemas do cotidiano parece mais ligada a questões que não eram tradicionalmente responsabilidade do trabalhador na linha (como controle de qualidade, manutenção e limpeza da área de trabalho) do que a uma maior autonomia nas decisões sobre a organização da produção. O espaço construído para a participação, formalizado como tal, é ainda a "caixinha de sugestões".

As caixas de sugestão são meios individualizados de participação e não possuem o caráter de colaboração entre trabalhadores e gerência, já que partem de um movimento espontâneo do trabalhador, sem um comprometimento maior por parte da coletividade dos funcionários.

Quando perguntados sobre a participação dos trabalhadores na solução de problemas, os encarregados e supervisores entrevistados afirmaram que os problemas que surgem são na maioria das vezes já previstos, resultado de erros cometidos e que, portanto, há pouco espaço para contribuições inéditas por parte dos trabalhadores.

No discurso do entrevistado, a idéia de problema na produção é identificada apenas com a questão do erro humano, de uma falha por parte do trabalhador, e não com melhorias possíveis na linha de produção. O aperfeiçoamento da produção não apareceu na entrevista como objeto de intervenção dos trabalhadores.

> A produção já é quase mecânica. Quando tem algum problema, ele vai identificar e vai marcar para ser corrigido por um retrabalho, por um mecânico. Pode haver também uma discussão, se realmente aquilo ali é a melhor solução ou não, porque o processo já tem um roteiro predeterminado, nada que seja tão rígido que não possa ser melhorado. A melhoria é contínua. A gente está sempre tentando melhorar a qualidade, a gente está sempre aberto para opiniões, sugestões de alguma melhoria. (Encarregado de inspetores da Volkswagen.)

Apesar da existência de mecanismos de comunicação e participação que não envolvem a coletividade dos trabalhadores e do fato de que a participação dos trabalhadores não é organizada como algo sistemático dentro da fábrica, muitos trabalhadores definem a gerência de suas empresas como abertas ao diálogo com os trabalhadores. Quando perguntados sobre sua relação com a gerência, 62% dos trabalhadores entrevistados definiram suas gerências como "abertas ao diálogo", 28% declararam que a gerência aceita a participação nas decisões importantes e 10% declararam que a gerência era autoritária.

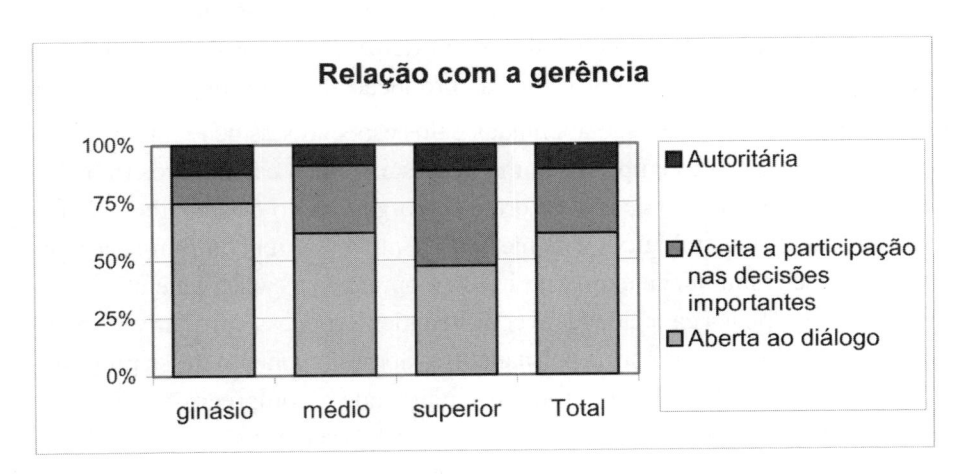

Tais percentuais indicam uma satisfação com o nível e a forma com que a comunicação entre trabalhadores e gerência tem se dado. Quando cruzamos a informação sobre relação com a gerência com a escolaridade do entrevistado percebemos que, enquanto 75% dos trabalhadores com ginásio completo ou incompleto consideram a gerência aberta ao diálogo, esse índice cai para menos de 50% entre os trabalhadores com ensino superior (completo ou incompleto). A razão para essa queda pode ser explicada pelo fato de os trabalhadores com maior escolaridade estarem em contato maior com a gerência, envolvidos em tarefas que exigiriam uma maior comunicação, o que poderia gerar maiores expectativas e também frustrações em relação à abertura da gerência ao diálogo. No entanto, em todos os níveis de escolaridade, poucos trabalhadores consideram a gerência autoritária.

Quando perguntados se eram consultados sobre mudanças implantadas nas fábricas, as opiniões se dividiram, mas a maioria reforçou a definição de uma gerência que ouve a opinião dos trabalhadores nos momentos de decisões. Dos entrevistados, 35% responderam que eram muito ou bastante consultados, 36% responderam que eram razoavelmente consultados e 29%, que eram pouco ou muito pouco consultados.

A opinião de que a gerência é aberta ao diálogo pode ser relacionada com o alto índice de funcionários que se sentiram consultados sobre mudanças e inovações realizadas na fábrica, mesmo que com variações diferentes. E o fato de que 71% dos trabalhadores responderam terem se sentido consultados sobre as mudanças implementadas aponta que, apesar da inexistência de espaços ou momentos concretos de diálogo e participação, o sentimento de participação e envolvimento com os rumos da produção se encontra presente.

Diversas capacidades são apontadas pelos especialistas de recursos humanos e pela direção das empresas como necessárias para capacitar os trabalhadores a produzir dentro de novas formas de organização do trabalho e de novos paradigmas tecnológicos e de mercado. Entre essas, encontram-se a capacidade de se comunicar e expressar idéias e opiniões, a capacidade de se relacionar em grupo e a capacidade de compreender o processo produtivo e participar dele, buscando de forma permanente o aperfeiçoamento desse processo. A experiência do "consórcio modular" indica que a compreensão a respeito dessas competências e a utilização delas dentro da produção são (re)atualizadas a partir das especificidades encontradas na fábrica.

No caso do trabalho em equipe, sua organização é orientada dentro da fábrica para a formação de um grupo, para a coesão dos trabalhadores em torno de metas e objetivos traçados. A valorização do diálogo entre os trabalhadores visando à contribuição ao processo de trabalho (diminuindo assim a distância entre planejamento e execução) fica comprometida pela falta de espaços e momentos concretos para esse diálogo. A participação dos trabalhadores é requisitada, mas de uma forma pouco inovadora, já que condiciona a participação ao nível individual e não propõe meios de cooperação permanente. A pouca inovação em termos da organização do trabalho foi constatada por Arbix e Zilbovicius (1997:469) quando notaram a falta de qualquer sinal de inovação na organização dos grupos de trabalho ou que, na definição das atividades, qualquer atitude tenha sido tomada no sentido de desenvolver a autonomia dos trabalhadores. Na visão deles, toda a concepção da fábrica reside em um sistema baseado no fluxo convencional da produção, que não dá espaço para o envolvimento do trabalhador ou do sindicato em sua configuração ou funcionamento.

Dessa forma, pode-se observar dentro do "consórcio modular" a existência de novos requisitos em relação ao trabalhador; além do conhecimento técnico, são valorizados o ensino formal e a posse de habilidades e capacidade relacionadas ao pensamento estratégico e abstrato e a posturas mais participativas e colaborativas. No entanto, muitos desses requisitos não possuem meios de realização dentro da fábrica, já que os mecanismos necessários para tanto não existem. Se, por um lado, o "consórcio modular" se apropriou do discurso do "modelo de competências" para definir suas necessidades e demandas em relação ao trabalhador, por outro, não soube construir estratégias capazes de utilizar esses novos recursos. Contudo, mesmo não exercendo de forma institucionalizada esses novos atributos, os trabalhadores estão imbuídos do discurso da participação e da colaboração, o que indica o conhecimento sobre as novas demandas em relação ao papel deles na produção e a compreensão da necessidade de adequação a esse discurso.

Conclusão

A experiência do "consórcio modular" até o momento pode contribuir para uma melhor compreensão das novas "competências" requisitadas, por se tratar da formação de uma categoria profissional que, em outros lugares, vem diminuindo seus contingentes. Os milhares de postos de trabalho que foram fechados nas montadoras do ABC paulista contrastam com a abertura de postos em Resende, mesmo que esses representem apenas uma pequena parte dos que foram fechados. Além disso, a instalação do "consórcio modular" se deu em um momento em que muitas das mudanças realizadas em função da reestruturação produtiva no país já estavam consolidadas. Poder implementar tais práticas de gestão e organização do trabalho sem a necessidade de realizar transições, muitas vezes traumáticas para trabalhadores e gerência, faz da fábrica em questão um caso rico para o estudo das novas realidades do setor produtivo no Brasil.

O "consórcio modular", apesar de inovador em termos da relação com fornecedores, não manteve o mesmo grau de inovação em termos da organização do trabalho, já que não privilegia formas alternativas para a organização dos trabalhadores, como, por exemplo, os grupos de trabalho, e não valoriza a prática de incorporar o trabalhador (ou o sindicato) às discussões sobre as atividades da produção. O envolvimento da subjetividade do trabalhador e a exigência de sua dedicação e colaboração com a empresa não são características exclusivas do novo "modelo de competências". O que pode ser destacado como novidade é o fato de que tais exigências são expressas nos discursos tanto das empresas quanto dos especialistas e colocadas como condições para a conquista e a manutenção do trabalho. No entanto, esse envolvimento continua sendo orientado pelas demandas do empregador, sem que haja uma reciprocidade entre capital e trabalho; pelo contrário, a dedicação, colaboração e o envolvimento com os objetivos da produção são, na maioria das vezes, retribuídos com relações de trabalho construídas a partir da instabilidade e da incerteza sobre o futuro.

O alto índice de trabalhadores que se sentem participando da tomada de decisões, que sentem a gerência aberta ao diálogo, mostra que, apesar de superficiais, essas práticas têm alcançado algum sucesso. Os trabalhadores afirmam que estão participando e colaborando, seja através de caixas, reuniões ou da relação mais direta com o gerente na linha. Tais práticas cumprem sua função de, pelo menos no discurso, aproximar gerência e trabalhadores.

O envolvimento do trabalhador (em termos mais subjetivos, como dedicação, responsabilidade, opiniões, cooperação para além da execução das tarefas) é valorizado, mas quando não existem canais para que isso aconteça – meios "institucionalizados", como grupos de trabalho envolvendo trabalhadores e gerência ou parcerias entre a fábrica e o sindicato para colaboração em termos tecnológicos ou de organização do trabalho e da produção –, esse envolvimento se torna vazio de sentido. Quando as oportunidades de participação são esvaziadas, o que permanece é um maior comprometimento por parte do trabalhador, sem uma compensação por parte das empresas em termos de melhores salários, condições de trabalho ou estabilidade.

BIBLIOGRAFIA

ARAÚJO, Ronaldo M. de Lima (1999). "As Novas Qualidades Pessoais Requeridas Pelo Capital". *Revista Trabalho e Educação*. No. 5, jan/jul de 1999, Rio de Janeiro.

DELUIZ, Neise (2001). "O Modelo das Competências Profissionais no Mundo do Trabalho e na Educação: Implicações para o Currículo". In: *Boletim Técnico do Senac*, Vol. 27, no. 3, Setembro/Dezembro.

GUIMARÃES, Nadya A.; CAMMPOS, André G. (1999). "O Dia Seguinte: As credenciais da sobrevivência ao ajuste nas empresas", In: *Educação & Sociedade*, ano XX, no. 69, Dezembro.

HIRATA, Helena (1996). "O(s) mundo(s) do trabalho: convergência e diversidade num contexto de mudanças dos paradigmas produtivos" In: *Educação para o trabalho: novas exigências de aprendizagem*. São Paulo, Ed. Rhodia/PUC-SP.

─────────── (1998). "Reestruturação produtiva, trabalho e relações de gênero". *Revista Latino-americana de Estudos do Trabalho*. Ano 4, No. 7

Locke, Richard *et al.* (2000). "Rebuilding Labor Market Institutions". Mimeo.

PAIVA, Vanilda (2001). "Qualificação, crise do trabalho assalariado e exclusão social". Mimeo.

PARANHOS, Mônica (2000). A Formação do Novo Trabalhador Industrial – a Experiência do SENAI RJ. 2000. Dissertação (Mestrado). Universidade Federal do Rio de Janeiro, Rio de Janeiro.

PIORE, Michael; SABEL, Charles F. (1984). The Second Industrial Divide. New York: Basic Books.

RAMALHO, J.R.; SANTANA, M.A. (2001). "The VW's Modular System, Regional Development and Workers' Organization in Resende, Brazil". Mimeo.

─────────── (2002). "Um perfil dos metalúrgicos da Volkswagen de Resende — RJ". Rio de Janeiro, Unitrabalho/UFRJ.

RÉGNIER, Karla von Dölinger (1998). Transformações Organizacionais, Qualificações e Competência – um estudo de caso no setor serviços. Dissertação (Mestrado). UFRJ, Rio de Janeiro.

ROSA, Maria Inês (1998). "Do Governo dos Homens: Novas responsabilidades do trabalhador e acesso aos conhecimentos". In *Educação & Sociedade*, Ano XIX, no. 64, setembro de 1998.

SENNETT, Richard (1999). *A Corrosão do caráter: conseqüências pessoais do trabalho no novo capitalismo*. Rio de Janeiro, Record.

CAPÍTULO 7

Trabalhadores e política no Sul fluminense: a experiência de Volta Redonda nos anos 1980

Marco Aurélio Santana

O presente capítulo analisa as articulações entre o sindicalismo e os movimentos sociais estabelecidas na cidade de Volta Redonda nos anos 1980. A intensa mobilização e associação desses movimentos, empreendidas por trabalhadores dentro e fora das fábricas, transformaram a cidade em um experimento interessante em termos de atuação política.

Os trabalhadores e seus sindicatos têm considerável importância na história republicana do Brasil, sendo seus movimentos determinantes no desenvolvimento histórico do país, em maior ou menor grau, dependendo da conjuntura dos diferentes períodos. Nesse sentido, um dos momentos mais ricos e vitoriosos é a década de 1980, quando o sindicalismo brasileiro retoma suas lutas com uma intensidade maior – juntamente com outros movimentos sociais –, depois de um período ditatorial, de repressão e enfraquecimento das organizações populares.

A década de 1980, caracterizada pela abertura política e pela transição democrática, pode ser considerada um período de ressurgimento, mobilização e ascensão do movimento dos trabalhadores, reintroduzindo este importante ator na cena política nacional. Como é mostrado em diversos estudos sobre este período, o pioneirismo deste movimento se deve aos operários do ABC paulista. A famosa greve de 1978, na região industrial mais importante do país, abriu caminho para diversas outras paralisações e semeou a mobilização dos trabalhadores nas outras regiões.

Após a greve de 1978, tornaram-se possíveis outras mobilizações, em um processo que se consolida e amplia com as greves de metalúrgicos em 1979 e 1980, às quais, em volume ainda maior que a anterior, se incorporam outras categorias (bancários, petroleiros, professores, etc.) em todo o país, em uma verdadeira ascensão da classe trabalhadora brasileira (Santana, 2003)

Já é de grande monta a quantidade de estudos publicados sobre este movimento na região de São Paulo, dada sua importância e precedência. Desde seu surgimento, despertou a curiosidade de pesquisadores, que produziram uma extensa bibliografia sobre o tema. Alguns estudos dão conta deste processo no Estado do Rio de Janeiro. Um dos movimentos mais importantes ocorreu em Volta Redonda, com os trabalhadores da Companhia Siderúrgica Nacional (CSN). Esta região, entretanto, sofre com poucas publicações[1], se comparadas à sua importância, que desvendem e expliquem este momento particular. Existem lacunas em questões específicas da região, que merecem ser pesquisadas mais profundamente.

Este texto busca contribuir nessa direção, enfocando a relação estabelecida naquela cidade entre o sindicato dos metalúrgicos e os demais movimentos populares surgidos na região. Tal relação se deveu a motivos diversos e a circunstâncias tanto locais de Volta Redonda quanto gerais do país, que passava por um momento de abertura política e de acirramento das reivindicações das organizações sindicais e populares.

O tema torna-se ainda mais interessante quando se nota hoje em dia uma tendência dos sindicatos a se aproximarem das comunidades e de outros movimentos sociais, como solução para as dificuldades encontradas após a reestruturação produtiva, que enfraqueceu seu espaço de luta. Esta solução, o "sindicalismo comunitário", é vista como a "saída" para os sindicatos reconquistarem sua força nas reivindicações.

---

[1] Entre elas, por exemplo, ver Veiga & Fonseca (1989), Morel (2001) e Gracioli (2002).

As ligações históricas entre a cidade, a empresa e os trabalhadores[2]

A cidade de Volta Redonda está localizada na região do Médio Vale do Paraíba. No século XVIII, a região era explorada por garimpeiros que a ela acorreram em busca de ouro e pedras preciosas. Foram eles que, primeiramente, denominaram uma das curvas do Rio Paraíba do Sul de "Volta Redonda".

No início do século XIX, foram ali instaladas grandes fazendas de café, tendo escravos como mão-de-obra. Serão tais fazendas que determinarão tanto o desenvolvimento econômico quanto o aumento populacional da região. A navegação pelo Rio Paraíba do Sul e a chegada da linha férrea da Central do Brasil, no ano de 1871, ligando o Rio de Janeiro a São Paulo, impulsionaram esse desenvolvimento, propiciando a criação de núcleos urbanos. Surge daí o povoado de Santo Antônio de Volta Redonda, o qual, em 1926, ganharia o título de distrito de Barra Mansa. A emancipação só viria em 1954.

Com a crise do café e a abolição, a decadência do Vale do Paraíba tornou-se visível, desestruturando a agricultura e estagnando a região. Assim, no início dos anos 1940, o espaço urbano local em pouco diferia daquele surgido no século XIX. Será neste período que se instalará, ali, a Companhia Siderúrgica Nacional. Volta Redonda seria, daí por diante, a "Cidade do Aço".

O debate sobre a criação no Brasil de uma usina siderúrgica vinha desde os anos 1920, tornando-se mais intenso na década de 1930, com o aumento da expansão industrial e as modificações no Estado brasileiro. O Estado Novo procurava reforçar a ação econômica estatal, o que criaria uma infra-estrutura para a industrialização – associada então ao "progresso". Para isto, era indispensável uma siderurgia, área estratégica tanto no setor industrial quanto no militar (Morel, 2001).

Mas a CSN representava mais do que um grande impulso para a industrialização do país. Em primeiro lugar, ela foi pensada como um modelo, uma empresa exemplar. Representava, além disso, uma nova concepção da relação entre o Estado e a classe trabalhadora e de organização do trabalho (Morel, 2001). Esses ideais foram incorporados no processo de criação e elaboração da CSN.

---

[2] As informações suportes desta seção foram retiradas de www.portalvr.com.br e www.sindmetalvr.org.br, tendo sido recolhidas por Fernando Augusto Pozzobon, bolsista de Iniciação Científica, CNPq.

A construção da usina, que teve início em 1941, mudaria a vida do antigo povoado de Volta Redonda para sempre. A chegada de uma enorme quantidade de trabalhadores para o empreendimento de diversos lugares do país marcaria este processo. A cidade e a usina se desenvolvem juntas. Podemos dizer mesmo que a construção da usina determinaria, dali por diante, o desenvolvimento da cidade de forma umbilical.

A CSN estava presente em quase todas as esferas da vida de seus operários. Suas casas pertenciam à estatal, suas vidas eram investigadas por agentes, boa parte da cidade era gerida pela empresa. Dentro da empresa, existia um regulamento interno, conjunto de regras e de incentivos para garantir a cooperação do trabalhador (Veiga e Fonseca, 1989). Porém, deve-se notar que seus trabalhadores, junto a outros da região, não deixavam de desenvolver práticas que garantissem e ampliassem seus direitos.

Volta Redonda nos anos 1980: uma cidade em movimento

Os metalúrgicos de Volta Redonda acompanharam *pari passu* a conjuntura sindical nacional. Em fins dos anos 1970, eles começam a tentar romper tanto com uma prática sindical passiva, marcada pela liderança de setores "pelegos", à frente de sua entidade no pós-1964, quanto com as políticas da CSN, que em muito prejudicava os trabalhadores, sujeitando-os a condições de trabalho degradantes. Será na década de 1980 que setores progressistas conquistam o sindicato, modificando sua trajetória.

Um dos pontos marcantes desse processo será a "abertura" do sindicato para os demais movimentos sociais que foram se desenvolvendo na cidade, muitos deles surgidos sob a chancela da Igreja Católica local, capitaneada pelo bispo progressista Dom Waldyr Calheiros. Como indica o relato de um sindicalista da época:

> É indiscutível naquele período o esforço que a Igreja fez para envolver as comunidades nas mobilizações. Então, o Bispo tinha uma coordenação que incentivava muito nesse sentido, e a todo tempo procurava trabalhar integrado com o sindicato, com as associações de moradores, incentivando a mobilização, a participação, apoiando inclusive materialmente. E principalmente politicamente. (Militante sindical.)[3]

Entre tais movimentos, encontramos os de moradia, de posseiros, de direitos humanos, de associações de moradores, etc. De marcada pujança política e econômica frente aos demais movimentos populares, bem como de forte presença na cidade, o do sindicato dos metalúrgicos não tardou a assumir proeminência e centralidade em termos dos movimentos sociais locais. A própria conquista do sindicato por setores progressistas já aparecia como uma ferramenta importante para os demais. Segundo um dos relatos:

> O sindicato dos metalúrgicos, nós ganhamos ele, nós mesmos, não foram os sindicalistas, fomos nós, o povo de Volta Redonda que ganhou, e, assim, claro, junto com aqueles que são sindicalistas. Mas a gente precisava derrubar o peleguismo... Todos nós na cidade sabíamos disso. (Militante do movimento pela moradia.)[4]

E prossegue:

> E ganhamos e, durante um tempo, o sindicato foi uma grande alavanca para a gente. Porque na década de 80 o sindicato foi a grande sustentação para a gente no movimento. Porque a convocação dele era prontamente atendida, *né*? Não só do ponto de vista de quando ele nos chamava, nós militantes, como quando nós todos chamávamos a população em nome do sindicato. Então, porque essa legitimidade era de mão dupla, a gente legitimava o sindicato e ele legitimava o movimento popular. (Militante do movimento pela moradia.)

Associados, os movimentos sociais de Volta Redonda passam a ter uma inserção maior e mais profunda na cidade. Os metalúrgicos usavam seu poderio em termos de fornecer sede para reuniões e organizações, recursos para mobilização e divulgação, etc. E recebia em retorno o apoio em termos de logística para suas operações específicas, como as sucessivas greves que marcaram a cidade na época e mesmo o país, como a de 1988, na qual três operários foram mortos pelas tropas do Exército dentro da CSN. Tanto que nos anos 1980 formou-se um fórum permanente que articulava todos os movimentos da

---

[3] Nesse texto optamos por preservar os nomes dos entrevistados. Entrevista concedida a Marco Aurélio Santana, Sergio Pereira e Julia Maçaira Polessa, em 08/08/2003. Todas as citações do militante sindical foram retiradas da entrevista concedida a Marco Aurélio Santana, Cristiane Thiago e Fernando Pozzobon, em 14/11/2003.

[4] Todas as citações da militante pela moradia foram retiradas da entrevista concedida a Marco Aurélio Santana e Fernando Pozzobon, em 10/12/2004.

cidade, com reunião na Cúria Metropolitana. A articulação era constante, como lembra uma militante da época:

> Em Volta Redonda, a gente fazia junto... qualquer coisa. Se fosse ocupar uma terra, lá tinha movimento sindical... Tinha a Igreja e também as associações de moradores, a comissão de posseiros, a comissão de direitos humanos, sabe? (...) As organizações pipocavam em todos os lados, cada provocação, cada semente que você jogava era um monte de coletivos que surgiam. (Militante do movimento pela moradia.)

O sensível ascenso sindical e popular dos anos 1980 pode ser representado de diversas maneiras, tanto nas sucessivas greves de metalúrgicos quanto na vitória de Juarez Antunes, que fora presidente do sindicato dos metalúrgicos e deputado federal, para a Prefeitura da cidade. O alcance atingido pelas mobilizações fica patente no relato de um sindicalista:

> Essas mobilizações, elas influíram de modo decisivo em todo o contexto da cidade, desde eleições para as associações de moradores... na organização dos camelôs, comerciários, construção civil, motoristas, trabalhadores de ônibus. É claro, onde teve com mais profundidade foi nos metalúrgicos (...) E, finalmente, a própria eleição do Juarez para a Prefeitura refletiu essa mobilização e a amplitude dela, e foi um dos candidatos mais votados em toda a história da cidade. (...) Quer dizer, então todo o tecido social, estudantes, professores, todo o tecido social estava envolvido naquela mobilização. (Militante sindical.)

Cabe assinalar que esse processo de articulação e mobilização não se fez sem atritos, tendo sido caracterizado também por tensões, que podem ser testemunhadas por dois relatos reproduzidos abaixo:

> Nunca foi muito tranqüilo, porque o movimento sindical nunca teve entendimento estratégico... para o que serve o movimento popular. Ele sempre achou que o movimento popular existe para dar sustentação às decisões deles... (Militante do movimento pela moradia.)

> Não foi tudo positivo... Eles eram o poder... Eles tinham o poder econômico... Nos éramos o suporte... Existiam problemas... Mas existia a relação... Com os outros anteriores, não tinha nem relação... (Militante do movimento das associações de moradores.)[5]

Em termos de seus limites, não foram apenas aqueles voltados para a sua articulação, tais movimentos experimentaram também problemas em sua relação com o governo de uma "aliança progressista" – e a discussão acerca da "cooptação", o esvaziamento da CSN pós-privatização e seu corte de vínculos com a cidade, e a mudança de eixo de ação do sindicato dos metalúrgicos que passa a defender uma política menos aguerrida, de parceria com a empresa e sem articulação com os demais movimentos. Abre-se, assim, um período muito duro para os movimentos sociais na cidade.

A greve na Usina

Entre todas as movimentações ocorridas na cidade naquela década, não há outro, até por sua tragicidade, tão significativo como a greve dos metalúrgicos de 1988. A greve em Volta Redonda ocorreu concomitantemente a outras, que tinham como ela, entre suas reivindicações, a luta por reajuste salarial. Entre estes movimentos, encontramos o dos 50 mil eletricitários de sete estados, 60 mil petroleiros de oito estados e a dos cerca de 400 mil servidores públicos federais. No total, podiam ser contados, segundo a revista *Veja*, mais de um milhão de trabalhadores de braços cruzados em diferentes setores e cidades. Porém, por seu desenvolvimento e resultado, a greve dos metalúrgicos da CSN obscureceu todas as outras.

Em novembro de 1988, os 23 mil trabalhadores da CSN decidem entrar em greve, em um movimento que durou 17 dias. Neste que era seu quarto ano de paralisação nos anos 80, os metalúrgicos reivindicavam reposição salarial, readmissão dos demitidos nas greves anteriores e o pagamento de horas extras, com a redução do turno de trabalho de 8 para 6 horas, prevista na Constituição. Neste processo, 3 mil operários ocuparam a empresa. Como em anos anteriores, logo após a ocupação, tropas do Exército foram enviadas ao local sob a justificativa de defender o patrimônio da empresa. Cerca de dois mil homens, de vários destacamentos do Rio de Janeiro, se dirigiram para Volta Redonda. Os militares protagonizaram cenas de violência por toda a cidade, agredindo grevistas reunidos nas praças, populares e equipes de televisão.

---

[5] Entrevista concedida a Marco Aurélio Santana, Fernando Pozzobon, Lurian Endo e Aroldo Bezerra da Silva, em 16/04/2005.

Mas, foi no interior da Companhia que a tragédia maior se deu. Naquela mesma noite, no dia 9 de novembro de 1988, as tropas invadiram a Usina para desalojar os grevistas que resistiram, tendo como centro de ação a *aciaria*. A ação violenta do Exército resultou na morte de três trabalhadores. Dois atingidos por tiros de fuzil no peito e um outro com o crânio esmagado por pancadas.

Na manhã do dia seguinte a operação militar terminou e a Usina foi desocupada. A greve, porém, não terminara. Isto ocorreu somente após negociações das reivindicações que incluíram a saída do Exército da Companhia. O governo aceitou e não só as tropas saíram, como a CSN concordou em conceder 85% de aumento salarial, reincorporar os demitidos e adotar, em curto prazo, o turno de seis horas.

O resultado da greve, apesar das mortes, foi uma vitória para os grevistas. Porém, os passos da violência não cessaram. O memorial em homenagem aos operários mortos, erguido em uma praça nas imediações da companhia, logo após a inauguração, foi destruído em um atentado a bomba, sendo reerguido posteriormente.

Os impactos desta greve ultrapassaram os limites da esfera do sindicalismo. Com sua proximidade das eleições de 1988, o movimento e seus resultados, de certa forma, auxiliaram as candidaturas de oposição ao governo. Isto pode ser sentido, por exemplo, no caso da disputa eleitoral para a Prefeitura de São Paulo, em que, na reta final, a candidata Luiza Erundina, do Partido dos Trabalhadores (PT), obteve uma expressiva carga de votos que reverteram sua posição no quadro eleitoral, possibilitando-lhe a vitória.

Falando da greve

Um episódio de tal monta não poderia deixar de marcar profundamente a memória dos trabalhadores que ali estavam. Em suas falas, o movimento aparece com cores vivas. Ao entrevistarmos aqueles que estavam entre os protagonistas do movimento, podemos ter a noção exata dos impactos de um processo como esse em seu antes, durante e depois.

A fala dos trabalhadores realça o fato de que as condições de trabalho no interior da CSN não eram das melhores, o que garantiu apoio a vários movimentos ocorridos ali nos anos 1980. De toda forma, a empresa buscava reprimir qualquer possibilidade de mobilização dos trabalhadores, principalmente perseguindo os mais militantes. Claro que muito dessa perseguição se fazia sentir sobre os ativistas, mas mesmo os dirigentes do sindicato tiveram seus limites cerceados.

Isso se fez mais presente quando a Oposição Sindical vence as eleições, em 1983, e passa a orientar o sindicato em novos rumos. Contudo, os trabalhadores buscaram outros meios de fazer circular as informações dentro da empresa. Segundo relato do entrevistado 1:

> E nosso panfleto não era panfletado na porta da empresa... era panfletado dentro pelos ativistas, porque tem muito ativista destacado dentro da empresa. Porque a primeira medida que a CSN tomou na nossa posse foi notificar o sindicato do seguinte: que, a partir daquele momento, nenhum diretor da executiva tinha acesso às dependências da empresa. Eles estavam proibidos de entrar dentro da empresa. Nós assumíamos, mas tínhamos que ficar fora da empresa. E aí os ativistas passaram a ter papel de maior destaque. Por quê? Porque nós não queríamos um sindicalismo de ficar distribuindo panfleto na porta da empresa, queríamos um sindicalismo de reunião, de contato com a base, então os ativistas passaram a fazer o trabalho dentro da empresa... reunião nos locais de trabalho...

A reação da empresa se fazia sentir a todo instante. Segundo o relato do entrevistado 3:

> As perseguições eram troca de setor de trabalho... mexia nos nossos salários freqüentemente, nos obrigando a ir lá negociar, depois saía outra vez. Então foi muito desgastante. Tanto que nós éramos talvez de 19 a 30 ativistas, e fomos reduzidos basicamente a seis ativistas. As pessoas se assustaram e foram mesmo abandonando[6].

Além disso, a empresa utilizava o expediente da delação para tentar minar o poder de mobilização e agitação dos trabalhadores. Segundo informa o entrevistado 2[7]:

> Então tinha uns caras, por exemplo, a turma da área sabia que era... a gente botava o nome de Gestapo, que era os caras que entregavam... aí o

---

[6] Entrevista concedida a Marco Aurélio Santana, Cristiane Muniz Thiago e Fernando Pozzobom em 14/11/2003.

[7] Entrevista concedida a Marco Aurélio Santana, Sergio Pereira e Julia Maçaira Polessa, em 08/08/2003.

pessoal da Gestapo não ficava sabendo, como o sindicato não sabia quem era da Gestapo, naquela área, ou eu mesmo, que era do sindicato, na outra área, também não sabia, então o ativista daquele setor que passava o mosquitinho [convite para reunião]... o cara sabia que se ele passasse o mosquitinho para a Gestapo, ele estava entregando ele mesmo, então ele tinha a maior preocupação de entregar só para a galera boa, entendeu?

Porém, com tudo isso, ela não foi capaz de impedir que as mobilizações ocorressem. Deve-se dizer que, além das iniciativas da empresa, encontravam-se outras limitações ao movimento.

Nas lembranças do entrevistado 3:

> O sindicato depois em 1984 havia tentado outras greves, mas todas as outras greves tinham problemas imensos de mobilização e o Exército vinha e acabava.

O Exército passou a ser uma constante para fazer frente às mobilizações operárias em Volta Redonda. Isso fez com que setores do movimento começassem a pensar em novas formas de luta. Como nos lembra o entrevistado 3:

> Aí o Exército passou a vir. Logo que a assembléia determinava que teria uma greve e o sindica... o Exército chegava no dia seguinte e acabava com toda a mobilização. Nós começávamos a dizer, nós da oposição, comitê de demitidos, que nós teríamos que enfrentar o Exército. Porque era um absurdo, ainda mais naquele caso, que nossas reivindicações eram absolutamente legais, 26% eram reconhecidas até pelo TST. O nosso retorno já estava consagrado na maior lei do país, que é a Constituição Federal. Então aí, quem estava ilegal, nós dizíamos, seria o Exército, se viesse, e a empresa que estava desacatando a lei maior do país. Então os trabalhadores não deveriam de forma alguma recuar, deviam enfrentar a CSN.

Frente às pressões e intransigência da empresa e a indevida ingerência de forças policiais e militares – como a Polícia Militar e o Exército –, um acirramento da luta parecia inevitável. E foi o que ocorreu na greve de 1988. Naquela época, o trabalho dos ativistas era intenso. Segundo o entrevistado 3:

> Essa propaganda intensiva fez com que os trabalhadores realmente, já na primeira assembléia, que veio a Polícia Militar – Moreira Franco era o governador na época... e foi impressionante. Na primeira assembléia, a

Polícia Militar veio para acabar com a assembléia, e a CSN cercou com uma carreta, essas carretas de carregar trator, para que os trabalhadores não saíssem da assembléia que era proposta e já entrassem para a empresa. Os trabalhadores pegaram a carreta à mão. E aí tiraram assim mais de quinhentos ou mil, para ter uma idéia porque foi muito rápido. Pegaram a carreta assim, porque ela estava assim atravessada – não sei se *tu* conhece lá a passagem superior –, viraram a carreta e entraram para a assembléia. Teve enfrentamentos já com a PM. A PM puxou revólver mas não conseguiu fazer nada e os trabalhadores pegaram galho de árvore e partiram para cima da PM. A PM teve que sair fugida.

A saída da PM abriu espaços para a convocação do Exército. Porém, a entrada desse novo ator, antes mesmo do conflito com os operários, já gerou problemas em suas próprias fileiras. Como informa o entrevistado 3:

Naquele mesmo dia eles mobilizaram o Exército, porque eu imagino o seguinte: "A nossa força militar saiu derrotada, então tem que trazer imediatamente uma força superior". O Exército veio à noite, veio o Exército de Barra Mansa, município vizinho, e aquele comandante – não me lembro o nome dele – na TV, ele falando com o repórter sobre, se estava ali porque tinha uma greve que ameaçava... e começou literalmente a chorar. Fazendo um apelo, "olha, vocês aqui têm parentes em Barra Mansa, é ruim o Exército ter que vir aqui..." Então ele ficou emocionado. O comando leste, aqui no Rio de Janeiro, foi e removeu ele, levou o José Luis Lopes e trouxe tropas de outros setores. (...)

Com a entrada do Exército, a greve e o enfrentamento assumiram um outro patamar. Para o entrevistado 3:

A greve começa no dia 7. No dia 9 tem o enfrentamento em que morrem três trabalhadores, porque eles correram para a aciaria e lá na aciaria ficaram encantonados, impedindo o acesso do Exército. O Exército teria muita dificuldade se houvesse enfrentamento ali porque havia tubulações de gases e porque as pedras que ajudam a compor o aço poderiam ser usadas como armas. Enfim, ali dentro é um terreno absolutamente inóspito para uma força militar não treinada. Obviamente, se eles treinarem muito, eles podem, conhecendo, ter uma ação militar mais efetiva. Mas não era o caso ali, que para eles era uma novidade. Então eles ficavam de fora, atirando, tanto que, depois da greve, o zinco que cerca a aciaria estava todo furado de balas, fuzil 762. Eles foram com Durepox tampando aquilo. Quer dizer, foi um enfrentamento muito violento, eles tiveram, é, não tiveram baixas, eu acho que não, tem pessoas que acham que sim mas eu acho que não, mas tiveram muitos ferimentos. Tiveram muito trabalho.

Já o entrevistado 2 lembra, vividamente, como estava o ambiente dentro da fábrica:

> Mesmo porque eles chegam pela frente, por trás, por trás estava controlado pelo operário, que era a aciaria. Então por trás eles não conseguiram entrar ainda, que a aciaria foi o lugar em que ficou a fortificação do pessoal e aí depois o pessoal colocou cabo desencapado lá com energia elétrica viva, para que se fosse invadido e o cara batesse a mão morresse eletrocutado. Então, quer dizer, houve todo um... As mangueiras de gás viraram lança-chamas, e os ferros viraram porretes e aí começou uma guerra de fato e tinha um barulho que era feito na cidade inteira, que era assim, *pá, pá, pá*... Esse barulho a gente batia com o ferro na estrutura dentro da CSN, os estudantes com as pedras nos postes de ferro, a mesma coisa, *tá, tá, tá*... Isso rolou a noite inteira, em qualquer ponto da cidade você escutava, aquilo mantinha o grito de guerra.

A lembrança do entrevistado indica as ligações entre o movimento no interior da empresa e o apoio extrafábrica, que garantia vitalidade e força aos trabalhadores. Como já vinha sendo feito, outros movimentos sociais davam suporte aos operários em suas mobilizações. No caso dessa greve, por exemplo, não só as associações de moradores se empenharam, como as mulheres dos trabalhadores, levando comida aos portões da fábrica para nutrir os grevistas. Por isso, não só o espaço fabril, mas o espaço da cidade, virou campo de disputa.

Como indica o entrevistado 3:

> E o Exército atacou a cidade, então nós estávamos no enfrentamento fora. Ali naquela vila. Os conflitos tiveram reflexos por toda a cidade. A memória da força bruta utilizada pelos militares é muito vívida. [O Exército...] Nossa! Espancou brutalmente a população. Por exemplo, meu carro foi perfurado à bala, eles tentaram nos acertar. Nós tivemos que sair correndo, tacando pedra e correndo. Eles enfrentaram em duas frentes. Lá dentro, no primeiro momento, basicamente não houve enfrentamento. Os trabalhadores entravam na aciaria, eles não entravam lá. Aí houve o enfrentamento na rua, porque eles tentaram isolar a população para não

dar apoio, certamente pensando que fosse desocupar fácil. Não conseguiram, porque a greve durou 17 dias.

Apesar da força empregada, não foi possível ao Exército fazer com que os trabalhadores desocupassem a empresa.

Não conseguiu desocupar pela força. A desocupação foi um acordo que foi feito. Eu acho que foi correto, porque naquele caso não tinha mais como persistir. Além dos 17 dias. Havia muito, uma situação de muito desgaste. Então aí já, e também já não tinha sido porque eles forçaram pelas armas. Aí já era uma coisa dos trabalhadores. Fizeram a assembléia e saíram. Não assim, com a faca no pescoço. Quer dizer, então aquele movimento, ele marcou, deu mais prestígio ao sindicato e ajudou a consolidar a nossa frágil democracia no país.

As dimensões atingidas pelo movimento em muito ultrapassaram os muros da CSN e os limites da cidade de Volta Redonda. Como bem lembra o entrevistado 3:

Porque houve uma reação nacional contra a invasão do Exército na CSN. Foi imediata. Impressionante como um fato pequeno, daquela forma potencializou uma revolta geral, porque a população estava mobilizada para a nova Constituição, que fora promulgada no dia 5 de outubro de 88. Quer dizer, teoricamente o país estava vivendo já o fim da ditadura e a nova democracia. Então ninguém compreendia, nesse clima democrático, como que o Exército podia ter ido lá e matado três operários. Quer dizer, isso teve uma repercussão, eles começaram a medir que havia conseqüências sérias sobre isso.

Considerações finais

A partir da análise da experiência de articulação entre o sindicalismo e os movimentos sociais, na Volta Redonda dos anos de 1980, algumas hipóteses têm se demonstrado promissoras em termos da investigação histórica. Primeiro se pode dizer que a maneira como se desenvolveu e organizou a cidade de Volta Redonda após a década de 1940 favorecia não só a organização dos trabalhadores, como a vinculação e o apoio que obtiveram dos demais moradores da cidade. Isso se devia ao fato de que praticamente todos os habitantes da cidade mantinham algum vínculo, direto ou indireto, com as atividades da Usina.

Segundo, se os espaços físico e social já facilitavam tal aproximação, não se pode deixar de mencionar que o contato direto entre os metalúrgicos e os demais setores obedecia a uma estratégia política do sindicato visando sua força de luta. Por último, deve-se ressaltar o papel da igreja local que, orientada pelo viés progressista naquela época, trabalhou incessantemente na efetivação dessa relação. Deve-se dizer que, apesar de extremamente bem-sucedido, tal processo foi marcado também por tensões e dificuldades internas e externas.

Por sua vez, as falas dos trabalhadores acerca da greve de 1988 trazem indícios importantes. Falam de condições duras de trabalho, de resistência fabril de disputas políticas com a empresa e no interior dos grupos militantes, das articulações desses movimentos com outros movimentos sociais, indicando o espectro comunitário dessa rede, as estratégias da empresa no sentido de enfraquecer as mobilizações dos trabalhadores e as intervenções do Exército como ponto limite para a atuação dos trabalhadores, etc.

Todos esses pontos articulados marcam a memória desse grupo, balizando suas narrativas. Elas, ainda que se refiram a uma experiência particular, acabam por lançar luz, em muitos aspectos, à experiência dos trabalhadores brasileiros naquela conjuntura. Além disso, cremos, ao abrir espaço para a fala dos protagonistas daqueles eventos, ganhamos em complexidade e riqueza no entendimento dos mesmos.

BIBLIOGRAFIA

ANTUNES, Juarez (1989). A Explosão da Siderúrgica. *Revista Ensaio*, São Paulo, 17/18: 297-306.

ANTUNES, Ricardo L. C. (1988). *A Rebeldia do Trabalho* – o Confronto Operário no ABC Paulista: as Greves de 1978/1980. São Paulo, Ensaio/Ed. Unicamp.

BOITO JR., Armando (org.) (1991). *O Sindicalismo Brasileiro nos Anos 80*. Rio de Janeiro, Paz e Terra.

CARDOSO, A.M. (1992). O Pragmatismo Impossível – Origens da Força Sindical. *Novos Estudos Cebrap*, São Paulo, 32:165-182, março.

NORONHA, Eduardo (1991). A explosão das greves na década de 80. In Armando Boito Jr. (org.), *O sindicalismo Brasileiro nos anos 80*. Rio de Janeiro, Paz e Terra.

GRACIOLI, Edílson. Um Laboratório Chamado CSN: Greves, Privatização e Sindicalismo de Parceria (a Trajetória do Sindicato dos Metalúrgicos de Volta Redonda – 1989 – 1993). Texto apresetnado no XXIV ENCONTRO ANUAL DA ANPOCS, GT 18: Sindicalismo e Política, Petrópolis, 2002.

MANGABEIRA, Wilma (1993). *Dilemas do Novo Sindicalismo* – Democracia e Política em Volta Redonda. Rio de Janeiro, Relume-Dumará/ANPOCS.

MATTOS, Marcelo Badaró (1998). *Novos e Velhos Sindicalismos* – Rio de Janeiro (1955/1988). Rio de Janeiro, Vício de Leitura.

MOREL, Regina L. M. (2001). "A construção da 'família siderúrgica' – Gestão paternalista e empresa estatal". In: RAMALHO, J.R. e SANTANA, M. A. *Trabalho e Tradição Sindical no Rio de Janeiro: a trajetória dos metalúrgicos.* Rio de Janeiro, D.P&A.

——————————— (1989). *A Ferro e Fogo* – Construção e Crise da F*amília Siderúrgica*: o Caso de Volta Redonda (1941-1968). São Paulo. Tese de Doutoramento. Universidade de São Paulo.

——————————— ; MANGABEIRA, Wilma (1994). "Velho" e "Novo" Sindicalismo e Uso da Justiça do Trabalho: Um Estudo Comparativo com Trabalhadores da Companhia Siderúrgica Nacional. *Dados-Revista de Ciências Sociais*, Rio de Janeiro, Vol. 37, n. 1: 103-124.

RAMALHO, J.R.; SANTANA, M. A. (2001). *Trabalho e Tradição Sindical no Rio de Janeiro: a trajetória dos metalúrgicos.* Rio de Janeiro, D.P&A.

RODRIGUES, Iram Jácome (1997). *Sindicalismo e Política: a Trajetória da CUT.* São Paulo, Scritta.

RODRIGUES, Leôncio M. (1990). *CUT: os Militantes e a Ideologia.* Rio de Janeiro, Paz e Terra.

SANTANA, Marco Aurélio (1998). O "Novo" e o "Velho" Sindicalismo: Análise de um Debate. *Revista de Sociologia e Política*, UFPR/Curitiba, 10/11: 19-36.

——————————— (2003). "Trabalhadores em movimento: o sindicalismo brasileiro nos anos 1980-1990. In: FERREIRA, J. e DELGADO, L. de A. N. *Brasil Republicano – vol.4 – No tempo da ditadura.* Rio de Janeiro: Civilização Brasileira.

——————————— (2004). "Memórias de aço: trabalho e luta na fala dos metalúrgicos do Sul fluminense Volta Redonda nos anos 1980". Trabalho apresentando na ANPUH-RJ, UERJ, 2004.

THOMPSON, E. P. (1977). *A Formação da Classe Operária Inglesa.* Rio de Janeiro: Paz e Terra.

VEIGA, Sandra Mayrink; FONSECA, Isaque (1989). *Volta Redonda – entre o aço e as armas.* Petrópolis: Vozes.

CAPÍTULO 8

Os sindicalistas da indústria automobilística do Sul fluminense[1]

Sérgio Eduardo Martins Pereira

> *A Volks? Nós olhávamos para São Bernardo, aquele campo, aquele parque industrial... nós vamos ter um igual aqui!*[2].

A cada nova fábrica que se instalava nos municípios de Resende e Porto Real (RJ), no processo de constituição de um pólo industrial automotivo regional ocorrido a partir de 1996, o sindicato dos metalúrgicos de Volta Redonda (SMVR)[3] foi percebendo que lidava com uma realidade que exigia novas formas de atuação. Mais não foi só. A ação sindical tradicionalmente construída em torno da siderurgia e das cidades de Barra Mansa e Volta Redonda teve que se defrontar com uma série de novas demandas. Além de mudanças na própria prática sindical, a chegada da indústria automobilística criou também uma nova arena, na qual se revelaram conflitos recentes e antigos entre trabalhadores e sindicalistas.

---

[1] Este capítulo foi escrito a partir da minha dissertação de mestrado "Trajetórias individuais e ação sindical no pólo industrial do Sul fluminense", defendida em 2003, no Programa de Pós-Graduação em Sociologia e Antropologia da UFRJ.

[2] Luiz de Oliveira Rodrigues, presidente do SMVR (1992-1997). Volta Redonda, 1997.

[3] Como será tratado o atual Sindicato dos Trabalhadores das Indústrias Metalúrgicas, Mecânicas, de Material Elétrico, de Material Eletrônico e de Informática de Barra Mansa, Volta Redonda, Resende, Itatiaia e Quatis.

Os episódios ocorridos já nos primeiros anos de funcionamento da fábrica da Volkswagen, em Resende, indicaram um considerável incremento da ação sindical. Curtas paralisações da linha de montagem entre 1997 e 1998 antecederam a primeira greve na montadora, em agosto de 1999. Entre outros resultados, o movimento paredista de agosto conquistou o reconhecimento da *Representação Interna dos Empregados* (RIE) por parte da empresa.

As primeiras análises produzidas sobre a ação do sindicato nesse contexto apontaram, de um modo geral, para um saldo positivo do sindicalismo do Sul fluminense no atendimento das novas demandas. Segundo Ramalho e Santana (2002a.:101),

> os resultados conseguidos nas negociações salariais mostram um sindicato que vem rapidamente se adequando às necessidades dos trabalhadores. Isso comprova a possibilidade de incorporação quase imediata de pautas de reivindicação discutidas em sindicatos com mais experiência no setor.

Mas, como se deu esse início? Como se reorganizou a estrutura sindical da região? Quais foram os papéis dos atores envolvidos? E de que modo o conflito gerado por diferentes percepções da nova realidade industrial interferiu na ação sindical?

O contato direto com sindicalistas e trabalhadores e o acompanhamento de sua atuação no processo de instalação deste pólo automotivo foram essenciais para se fazer um mapeamento das lideranças mais atuantes e para discutir as possíveis mudanças na tradição sindical dos metalúrgicos do Sul fluminense.

O sindicato

Nos últimos anos, a estrutura do sindicato dos metalúrgicos de Volta Redonda esteve composta por uma direção executiva constituída por um presidente, um vice-presidente e cerca de oito a dez diretores executivos, responsáveis por setores como organização, jurídico, saúde, imprensa, tesouraria, entre outros. Como é responsável por um conjunto grande de empresas, localizadas em diferentes municípios, o sindicato possui ainda diretores responsáveis por subsedes, como nos casos de Resende, Barra Mansa e Retiro (bairro da cidade de Volta Redonda), ou por unidades fabris, mas todos esses se encontram subordinados à direção executiva em Volta Redonda. A chapa vitoriosa na eleição de 2002, por exemplo, foi composta por um total de 42 cargos eletivos, não se considerando os funcionários do sindicato.

A chegada da indústria automotiva ocorreu poucos anos após uma das mais significativas mudanças ocorridas no sindicalismo dessa região. A campanha de *saneamento*[4] e privatização da Companhia Siderúrgica Nacional (CSN) produziu um ambiente bastante hostil aos militantes mais combativos e à sobrevivência da ação sindical, e também estimulou o surgimento de novos atores, como, por exemplo, da Força Sindical.

É importante destacar que a "transferência" do sindicato, da Central Única dos Trabalhadores (CUT) para a Força Sindical, foi ocasionada pela adesão de importantes lideranças de Volta Redonda ao chamado "sindicalismo de resultados", que desde 1991 passaram a se apresentar com um consistente projeto político-sindical "anticutista"[5]. Capitaneado por Luiz de Oliveira Rodrigues[6], o Luizinho, este grupo chegou à direção do SMVR na primeira eleição que disputou, em 1992.

A ascensão dessa nova posição fez surgir também outros personagens. Após o resultado positivo nas urnas, o sindicato passou a contar com a vinda de assessores que atuavam no sindicato dos metalúrgicos de São Paulo (SMSP), matriz e principal difusor dos "métodos" da Força Sindical.

Entre estes militantes, incluía-se Isaac Moraes, dirigente que anos depois se tornaria o responsável pela atuação do SMVR junto à fábrica da Volkswagen.

> Na época, o Luizinho queria fazer isso, (...) essa política de estar com assessor e diretor na porta, para ver quais eram as necessidades. Foi quando o Luizinho falou com o Paulinho (presidente da Força Sindical) e este falou: – "Tem algumas pessoas aqui que já têm uma experiência e podem te ajudar". Aí o Paulinho indicou o Isaac e mais dois que trabalhavam aqui conosco[7].

---

[4] Sobre a história da reestruturação da *CSN*, ver Lima Netto, 1993.

[5] Comin, 1994, p. 370.

[6] Apesar de ter uma formação política ligada à Igreja Católica e ao Partido dos Trabalhadores, ou uma "típica" trajetória de militante cutista, Luiz Rodrigues desenvolveu desde então fortes laços com a Força Sindical. Depois de ocupar a presidência do SMVR até 1997, o sindicalista passou a integrar a direção da Confederação Nacional dos Trabalhadores da Indústria Metalúrgica (CNTM), entidade controlada pela Força Sindical. Em 1999, Luizinho tornou-se presidente da CNTM, cargo que ocupa até os dias atuais.

[7] Membro da direção do SMSP. São Paulo, novembro de 2002.

Apesar de terem sido indicados e apoiados pela direção nacional da Força Sindical, os sindicalistas vindos de São Paulo encontraram um ambiente bastante adverso aos seus projetos de militância, emprego e vida no Sul fluminense.

> Eles saíram de uma prática aqui desse sindicato e foram para um sindicato que não tinha essa prática. A implantação do que a gente fazia aqui lá teve certas dificuldades por resistência da direção de lá, que não tinha essa prática. Então, a resistência foi muito grande[8].

Menos de um ano após a chegada no Sul fluminense, dois desses ativistas já haviam sido demitidos e voltado para São Paulo. Único "sobrevivente"[9], Isaac Moraes, embora diretor, ficou cada vez mais isolado pela diretoria do SMVR. A própria transferência do sindicalista para a cidade de Resende, em 1993, pode ser entendida como parte dessa estratégia de isolamento. Em 1993, a região de Resende era quase insignificante em termos do número de empresas e de trabalhadores metalúrgicos quando comparada com Volta Redonda e Barra Mansa. Entre as empresas de Resende à época, a Xerox do Brasil era uma das poucas de mais destaque.

> Quando eu vim para cá, eu ia em todas as empresas, da pequena à maior. A maior que tinha naquela época era a Xerox. Mas era um circuito fechado porque naquela época a Xerox era uma mãe. Os melhores benefícios, o sonho de qualquer trabalhador aqui de Resende era trabalhar na Xerox. Salário, benefício, tudo coisa boa: alimentação, plano de saúde, odontológico, tudo. Então, era difícil a penetração na Xerox. E a Xerox jogava pesado contra o sindicato".[10]

A partir da instalação da Volkswagen em 1996, a subsede de Resende do SMVR ganha uma outra projeção e reacende as divergências entre Isaac Moraes e outros diretores do sindicato.

---

[8] Idem.

[9] Além da experiência adquirida no SMSP e da considerável liderança sobre os trabalhadores de Resende, Isaac Moraes lançou mão de um outro "capital" para a manutenção de sua posição em Resende. Um de seus irmãos ocupava uma importante posição dentro do SMSP e da Força Sindical, sendo o quarto nome da hierarquia do SMSP, além de ocupar uma função estratégica dentro da Força Sindical.

[10] Isaac Moraes. Resende, novembro de 2001.

A atuação nas montadoras

O atendimento das demandas geradas pelas montadoras seria condição para a extensão da hegemonia do SMVR à nova base de metalúrgicos. Num depoimento em que fazia um balanço da atuação do sindicato em relação aos primeiros cinco anos de existência do pólo automotivo, Carlos Henrique Perrut, presidente da entidade, confirma a influência das novas fábricas sobre as práticas sindicais:

> A vinda primeiro da Volks foi uma coisa inovadora e ao mesmo tempo frustrante. Porque se calculava em princípio que a Volks vindo para cá, pensando em Anchieta, traria vinte mil empregos... e houve filas quilométricas lá em Resende para a pessoa ser admitida na Volkswagen... e na verdade, o número de empregos lá, hoje, é um total de 1700. (...) Então, lá na Volks houve esse impacto de ser um "consórcio modular" (...). Então, em princípio nós tivemos um choque de comportamento em relação à CSN. Em seguida, nós tivemos um outro choque dentro da Volks, que foi o comportamento dos módulos que trabalhavam de forma diferente. Entendeu? Cada um tinha uma política de recursos humanos. (...)
>
> Mas, nós tivemos sorte porque, com a ida do Isaac para lá, a gente começou realmente a entrar na vida do operário da Volks. (...) Por conta disso, a gente entrou num sindicalismo novo totalmente diferente e, para sorte nossa, a metodologia do comportamento da Volks em relação ao sindicalismo é a mais respeitosa possível. (...) Agora: fez com que a gente se adaptasse a novos comportamentos também. Nós tivemos que mudar uma certa cultura do sindicato[11].

Mas a instalação do pólo automotivo trouxe também uma maior disputa pela nova base de trabalhadores. Em março de 1998, por exemplo, foi criado o sindicato dos trabalhadores nas indústrias automotivas e siderúrgicas do Sul fluminense, ligado à CUT. Em maio do mesmo ano, esse mesmo grupo de sindicalistas lançou uma chapa para disputar a presidência do sindicato dos metalúrgicos, mas perdeu, obtendo 32% dos votos. Ainda em 1998, o sindicato dos siderúrgicos, como foi chamado, chegou a ter o seu registro reconhecido pelo Ministério do Trabalho, tornando-se a alternativa cutista no Sul fluminense.

---

[11] Carlos Henrique Perrut. Volta Redonda, novembro de 2001.

Contudo, além de ter esse registro judicialmente contestado pelo SMVR, o sindicato dos siderúrgicos enfrentou dificuldades para atrair novos filiados e seu papel de representação não foi reconhecido pelas próprias empresas.

A direção da CSN se recusou a receber a pauta de reivindicações elaborada pelo sindicato dos siderúrgicos do Sul fluminense (filiado à CUT), encaminhada na quarta-feira passada. O motivo da recusa, segundo a Assessoria de Comunicação Corporativa da empresa, foi de que as negociações serão feitas com o sindicato dos metalúrgicos do Sul fluminense[12].

A falta de representatividade deste "sindicato paralelo"[13] pôde ser percebido durante o evento do "festival de greves"[14]. Mesmo contando com a participação de importantes lideranças da CUT na paralisação ocorrida em Resende, o sindicato dos siderúrgicos não teve sua presença anunciada ou percebida.

Apesar desta dificuldade inicial, o principal dirigente da CUT regional, Jadir Baptista de Araújo, reaparecia esporadicamente no cenário da disputa pela representação dos trabalhadores do pólo automotivo[15]. Em alguns momentos, no entanto, essa "concorrência" se acirrava e extrapolava o plano ideológico ou político, chegando às "vias de fato". No ano de 2000, em meio ao anúncio de demissões no "consórcio modular", houve um confronto mais direto entre Jadir, dirigente dos siderúrgicos, e o diretor da subsede Resende do SMVR, Isaac Moraes. Segundo o jornal regional *Diário do Vale*:

---

[12] *Diário do Vale*. 16 de abril de 1999.

[13] Tanto a Consolidação das Leis do Trabalho (CLT), em vigor desde 1943, quanto a Constituição Federal de 1988 vedam a criação de mais de uma organização sindical numa mesma base territorial.

[14] O movimento nacional "festival de greves" consistiu na união das centrais CUT e Força Sindical para a reivindicação de um contrato coletivo nacional para o setor automotivo. Sua primeira ação, em setembro de 1999, foi realizada na VW de Resende. O evento contou com a presença de duas das mais importantes lideranças sindicais do país à época: Paulo Pereira da Silva, o Paulinho, presidente da Força Sindical e Luiz Marinho, o então presidente do sindicato dos metalúrgicos do ABC, além da presença de outros sindicalistas ligados às duas centrais.

[15] Em abril de 2005, Jadir Baptista de Araújo ocuparia de modo significativo um papel na cena sindical do Sul fluminense. O presidente do SMVR, Carlos Henrique Perrut, após ter sido afastado por suspeita de corrupção, foi reconduzido à presidência do sindicato por decisão judicial. Ao reassumir o cargo, Perrut imediatamente comunicou a desfiliação do SMVR à Força Sindical e passou a promover, intermediado por Jadir, o alinhamento do SMVR à Central Única dos Trabalhadores.

Na quarta-feira, enquanto a comissão de fábrica (da VW) negociava as demissões, o presidente do sindicato dos siderúrgicos, Jadir Baptista de Araújo, tentava mobilizar a categoria contra a empresa. Quando o diretor do sindicato dos metalúrgicos deixou as negociações, houve tumulto na porta da fábrica. Os dois sindicalistas acabaram se desentendendo e Jadir foi agredido por (Isaac)Moraes com pontapés na barriga. A briga, segundo Moraes, aconteceu porque o sindicato dos siderúrgicos não tem representatividade legal e estava tumultuando a reunião com uma falação no carro de som[16].

Volkswagen

Com o início da produção na fábrica da Volkswagen, em 1996, e a perspectiva de desenvolvimento do pólo automotivo, a condição de representante de seus trabalhadores e dos demais que ainda estariam por vir acabou se tornando objeto de poder e interesse. No que se refere mais diretamente à estrutura do sindicato dos metalúrgicos de Volta Redonda, embora muitos de seus dirigentes apontem a importância da atuação de Isaac Moraes para os resultados positivos que o SMVR obteve junto à nova base de operários, a projeção alcançada por suas ações criou uma animosidade com diferentes níveis da hierarquia do sindicato.

Em um determinado momento da campanha salarial de 1999, Isaac chegou a ser proibido de entrar na fábrica sem autorização prévia da presidência do sindicato. Na reportagem do jornal *Diário do Vale* sobre o início das negociações salariais com a Volkswagen, em 15 de abril de 1999, o sindicalista sequer foi citado ou apareceu na foto que registrava a "mesa de negociações".

> ... presidente, diretor, assessor de imprensa, tudo eu fazia: eu negociava, eu entregava o boletim, conversava com o peão e também negociava lá em cima com os diretores da empresa, dava entrevista nos jornais, televisão, tudo eu fazia. Então, nesse outro mandato, um companheiro tentou cortar, mas ele não pode cortar, eu sou o diretor eleito[17].

---

[16] *Diário do Vale*, 19 de fevereiro de 2000.
[17] Isaac Moraes. IFCS/UFRJ, julho de 1999.

Nas primeiras entrevistas concedidas pelo sindicalista, em 1999, suas reclamações foram constantes quanto à falta de apoio da direção do SMVR. Este fato pode ser ilustrado por episódios ocorridos durante a greve que se tornaria a mais longa e importante do pólo automotivo do Sul fluminense[18]. A paralisação na Volkswagen em agosto de 1999 teve seu início em uma assembléia não apoiada pelo sindicato. Até mesmo o carro de som utilizado foi custeado por um rateio entre os próprios trabalhadores e o diretor de Resende. Contudo, após a decretação da greve, o sindicato acabou encampando o movimento, o que não impediu que seus resultados fossem revertidos em poder político-sindical para o diretor de Resende e para as novas lideranças que surgiam do chão-de-fábrica.

> A greve foi altamente positiva e eu até falo que foi uma greve inédita. Porque quase ninguém faz greve fora de data-base, ou seja, fora de seu acordo coletivo.(...) Um ponto altamente positivo que nós conseguimos aqui foi a comissão de fábrica. Temos uma comissão de fábrica hoje com estabilidade, iremos realizar uma nova eleição em janeiro e, aí, nós vamos fazer um estatuto bem mais amplo para que todos os trabalhadores do chão-de-fábrica tenham um melhor relacionamento e uma maior garantia de trabalho também[19].

Este outro grupo de representantes dos trabalhadores teve sua origem mais claramente associada à instalação da indústria automobilística no Sul fluminense, surgindo do interior das próprias montadoras. Embora as comissões de fábrica não sejam parte da organização do sindicato, ou necessariamente estejam estritamente relacionadas à estrutura "oficial" de representação, em seu caso mais consolidado no Sul fluminense, o da Volkswagen, a Representação Interna dos Empregados (RIE) teve sua criação diretamente ligada à atuação do seu representante sindical mais próximo, Isaac Moraes.

---

[18] Em agosto de 1999, mesmo já tendo sido realizado o acordo da data-base da categoria (maio), o sindicalista esteve à frente de uma greve "salarial" que paralisou a produção da VW por cinco dias. Após o envolvimento nas negociações do diretor-geral de Recursos Humanos da VW para a América Latina e do presidente nacional da Força Sindical, o movimento obteve resultados positivos, como a melhoria das condições de transportes, o aumento entre 5 e 10% e o reconhecimento da representação interna dos trabalhadores, entre outros.

[19] Isaac Moraes. Resende, setembro de 1999.

Por exemplo, nós entramos para o mundo do sindicalismo da Volks sem ter nenhum diretor da Volks, porque era uma fábrica nova, diferente da CSN. (...) Quando o Isaac foi para lá, instituiu a comissão depois de um certo tempo, a gente começou a ver.(...) Ele criou essa relação boa com a comissão. Instituiu uma comissão assim oficiosamente, foi até uma comissão de PLR, depois passou à comissão. Essas pessoas ficaram afinadas com o sindicato e nos ajudam muito. Então, o Isaac teve uma participação assim, num momento difícil lá; como ele já era morador de Resende, ajudou muito a gente e fortaleceu o nosso sindicato[20].

Antes da "oficialização" pela empresa, desde 1997 uma comissão de trabalhadores já tinha sido organizada com o objetivo de fiscalizar o cumprimento dos acordos celebrados entre sindicato e empresa, sobretudo em relação à "participação nos lucros ou resultados" (PLR)[21] e ao "banco de horas". Esta primeira "comissão de fábrica" chegou a ser composta por oito funcionários, um representante de cada módulo ou empresa e um da Volkswagen, reduzindo-se depois para quatro. O grupo de trabalhadores reunia-se eventualmente na subsede Resende do sindicato, bem como, a partir de sua constituição, passou a participar das reuniões e negociações junto às direções do "consórcio modular" como representantes diretos dos operários. Mesmo existindo este relativo reconhecimento, o grupo não possuía o estatuto de representação interna, com direito a liberação do trabalho e estabilidade de emprego, o que somente viria a ser conquistado em meio às negociações que puseram fim à greve de agosto de 1999.

Em um depoimento tomado durante este período "informal" da comissão, alguns dos seus representantes mostravam uma nítida insegurança, tendo em vista o risco de perda de emprego que aquela condição de representante "não-oficializado" os colocava. A própria entrevista, feita em março de 1999, teve como condição de realização a não divulgação da identidade dos trabalhadores, que sequer se apresentaram com seus verdadeiros nomes.

Além do risco de demissão, outro fator que deve ser levado em conta foi a falta de experiência desse primeiro grupo de operários no que diz respeito à

---

[20] Carlos Henrique Perrut. Volta Redonda, novembro de 2001.
[21] A lei nº. 10.101, de 19 de novembro de 2000, que regula a participação dos trabalhadores nos lucros ou resultados das empresas, prevê a formação de uma comissão de discussão com a participação de representantes da empresa, dos empregados e mais um indicado pelo sindicato.

organização de trabalhadores. Este fato pode ser confirmado no episódio, relatado por um ex-integrante desta comissão, sobre a mais longa das reuniões da campanha salarial de 1999. Após duas longas rodadas de negociações em uma mesa composta por 15 dirigentes da empresa, os trabalhadores da comissão e mais dois sindicalistas se sentiram muito pressionados, o que resultou na desistência de dois integrantes dessa primeira comissão.

>Então, em cima de tudo isso, o cara tirar um café, um biscoito, para dificultar a situação dos meninos... quer dizer, eu nem falo por mim... pela experiência... porque eu sei como funciona, mas os meninos tiveram que colocar o cargo à disposição porque eles sentiram[22].

A "oficialização" da comissão por parte da Volkswagen foi resultado direto da greve de 1999. A partir de então, a chamada Representação Interna dos Empregados (RIE) passou a ser composta por três trabalhadores eleitos, sendo o mais votado o "coordenador". O estatuto da RIE foi produto de um acordo coletivo entre as empresas do "consórcio modular" da Volkswagen e o SMVR. O texto do acordo versa, entre outras coisas, sobre as atribuições da RIE, o número de componentes, a eleição e o mandato. Havia, em princípio, o compromisso das empresas empregadoras em liberar estes trabalhadores para o exercício de representação apenas por tempo parcial, bem como lhes garantir a estabilidade de seus empregos.

A primeira eleição ocorreu em novembro de 1999 e os três trabalhadores escolhidos tomaram posse em janeiro de 2000. Entre fins de 2001 e início de 2002, período em que se realizaria uma nova eleição, um acordo coletivo prorrogou o mandato dos representantes por mais um ano, concedendo a estes a liberação do trabalho por tempo integral e a estabilidade do emprego por mais 12 meses após o término dos seus mandatos.

Não obstante as novas conquistas da representação interna, pouco depois, ainda no início de 2002, um dos integrantes deixou a comissão após ter sido aprovado em um concurso público. Com a saída deste membro, a representação interna de fato perdeu sua vaga. Sendo vedada pelo estatuto acordado entre trabalhadores e

---

[22] Ex-funcionário e membro da primeira comissão de trabalhadores da VW. Resende, agosto de 1999. Vindo de São Paulo, este trabalhador apresentava-se como uma exceção ao perfil geral da comissão, pois já havia sido empregado por 18 anos em uma grande metalúrgica em São José dos Campos e contava com uma considerável experiência na militância sindical.

empresa qualquer forma de substituição, houve apenas a incorporação das funções do renunciante pelos dois representantes remanescentes. O acordo que regulamentou a segunda eleição da RIE, em janeiro 2002, estabeleceu o número de dois integrantes para a representação interna dos empregados.

O episódio pode também ser visto como uma oportunidade para as empresas reduzirem o número de participantes da representação interna, o que não isenta os demais representantes dos trabalhadores de uma certa conivência com esse "retrocesso". Em novembro de 2002, os dois trabalhadores remanescentes foram reeleitos por mais dois anos e em 2004 apenas um destes, o coordenador, conseguiu sua reeleição, passando a dividir a RIE com um novo trabalhador do chão-de-fábrica.

Não deixa de ser importante destacar como este nível interno de representação mostrou em seu nascimento uma expressiva afinidade com a organização já estruturada pelo sindicato. Aliás, a própria conquista desse organismo interno à fábrica da Volkswagen pode ser em grande parte atribuída às negociações conduzidas pelo diretor sindical de Resende. Este fato é nitidamente reconhecido por Mirim, membro e primeiro coordenador da RIE-VW, num breve histórico que fez sobre a representação interna e as suas conquistas.

A comissão foi criada em 1999, pelo sindicato, em cima do que já é uma cultura da Volkswagen. Nós tivemos uma dificuldade aqui, por ser o "consórcio modular" Volkswagen o único do mundo. Depois disso, nós conseguimos o estatuto; o estatuto dava um dia na semana para o coordenador e meio-dia para os demais componentes da comissão. Depois de muita briga do sindicato, principalmente do companheiro Isaac, que foi para cima, a gente brigou pelo tempo integral, porque a gente não tinha uma sala, não tinha o tempo integral, (...) não tinha como trabalhar. Devido a uma conversa que nós tivemos com o gerente de RH [em janeiro de 2002], juntamente com a direção da empresa e o Isaac, nós buscamos um novo estatuto. Porque sou eu o coordenador, era o D. e o A. Depois dessa conversa, nós renovamos o estatuto e conseguimos o tempo integral, conseguimos uma sala para a comissão de fábrica com meio de comunicação, que é um computador, um telefone, um fax, porque a gente precisa estar lá para atender o trabalhador. [23]

---

[23] *Mirim*, membro coordenador da RIE VW. Resende, abril de 2002.

Ao se aprofundar a análise do "episódio" da representação interna, pode-se observar como foi possível a superação da insegurança inicial e o engajamento na ação sindical por parte dos principais personagens. Um diálogo entre o coordenador da RIE e o sindicalista Isaac Moraes mostra como se estabeleceu um relacionamento importante entre ambos e como os trabalhadores da Volkswagen contaram como o apoio estratégico da subsede de Resende.

Mirim: houve uma situação que no começo eu não queria ir, porque até meu irmão ia, porque meu irmão é brigão também, meu irmão hoje é Peugeot... ele falou: "Pô, cara!". (...) Na Empresa, para a comissão, era eu, o F. e o G., três [candidatos]. Aí, um lá abriu mão, não quis porque o Isaac chegou, começou: olha, se forem três...

Isaac Moraes: Não, a situação foi a seguinte: antigamente, era por setor. O setor que ia eleger um era o setor da Delga e da Carese; o setor que elegia outro era o setor da Volkswagen; o setor que elegia outro era o da Maxion, da Meritor, Powertrain, VDO. Porque equiparava assim, em termos de número, o trabalhador dos três setores. Aí, eu vi que o M. era um cara bom. Era só questão de dar uma lapidada nele. Saíram dois candidatos de lá do módulo dele.

M.: Eu e mais dois.

I.M.: Um dos candidatos, eu consegui conversar com ele e pedi a desistência dele. Ele desistiu. O outro candidato quis bancar porque achou que estava com moral. Aí, eu fiz uma assembléia com o módulo inteirinho.

M.: Ele só teve quatro votos.

I.M.: Perguntei quem ia apoiar o M., a fábrica inteira, e quem ia apoiar o outro. Falei assim: aquele que a assembléia definir é que vai sair. Aí saiu. Ele foi o mais votado.

M.: Mas tinha um candidato da mesma base minha, mas outro setor, que é de pintura, mas desse eu ganhei, ganhei no voto. Aí o Isaac foi, me deu apoio e eu fui o coordenador também[24].

Uma vez membros da RIE, estes trabalhadores não tiveram como referencial apenas as relações com Isaac Moraes e o SMVR. Praticamente desde sua cons-

---

[24] Mirim e Isaac Moraes. Resende, abril de 2002.

tituição, a Representação Interna dos Empregados da Volkswagen vem mantendo um contato freqüente com integrantes de comissões de fábrica de outras plantas da empresa. Esse tipo de interação com experiências de outras RIEs e com militantes de variadas orientações político-sindicais ou ideológicas também tem se mostrado um importante ponto de apoio para a atuação dos representantes da fábrica de Resende[25].

PSA Peugeot Citroën e Tecnopólo

A movimentação em torno da entrada em operação de novas fábricas no início do ano de 2001 daria lugar a outros episódios e ao surgimento de personagens que modificaram mais uma vez o cenário da atuação sindical no pólo automotivo. Antes mesmo de serem inauguradas, as fábricas da PSA Peugeot Citroën e de seus fornecedores[26] já trouxeram novas demandas.

> Nós achamos que estava crescendo muito e reforçamos com um diretor (...) e com um assessor (...) um assessor muito bom, um cara que já era da época da CUT, um cara muito trabalhador. E reforçamos lá para poder aumentar. O Isaac não tinha perna, porque a Volks já era um caldo danado. Não adianta querer pegar, porque acaba não pegando nada. Então, concentra na maior e vamos ver[27].

Em termos absolutos, a atuação sindical teve um incremento neste período. Ainda em 2000, foi designado um outro diretor para a região. Luiz Rogério de Freitas, também membro da direção executiva do SMVR, passou a responder pelo trabalho na maioria das empresas do pólo automotivo, com exceção apenas da Volkswagen, onde Isaac Moraes continuou atuando. Já as pe-

---

[25] No caso das fábricas Volkswagen de Anchieta (São Bernardo do Campo-SP) e Taubaté-SP, os membros da RIE são ligados à Central Única dos Trabalhadores (CUT). Já na unidade de São Carlos-SP, os representantes dos trabalhadores encontram-se sob a influência de outra "central", a Social Democracia Sindical (SDS). Como no caso de Resende, a RIE da fábrica de São José dos Pinhais-PR atua junto a um sindicato filiado à Força Sindical. O conjunto destes representantes faz parte ainda de um comitê internacional que reúne num encontro, ao menos uma vez por ano, as RIEs de todas as fábricas do grupo alemão espalhadas por diferentes países.

[26] "Tecnopólo" é como se tem chamado a área vizinha à fábrica da PSA Peugeot Citroën, onde estão instaladas suas empresas fornecedoras.

[27] Carlos Henrique Perrut. Volta Redonda, novembro de 2001.

quenas e médias empresas ficaram a cargo de *Xexéu*. No entanto, a atuação do sindicato na maior parte das empresas instaladas em 2001 ficou muito aquém das suas expectativas. Após quatro anos de atividade na fábrica da PSA Peugeot Citroën, que conta hoje com cerca de 1200 funcionários, o sindicato conquistou um número bastante modesto de trabalhadores sindicalizados.

> Nós mandamos um diretor para lá, um diretor daqui até da executiva, mas que não fez um trabalho direitinho, ele não encarou. (...)

> Como o Isaac tomava conta da Volks e mais a Xerox e a Rimet, a gente deixou: então fica essas três e o Rogério fica com outras, mas infelizmente nós não tivemos atuação boa lá [PSA Peugeot Citroën]. Agora está melhorando, agora está lá, está *ralando peito pra caramba*, sentiu que a casa estava caindo.(...)

> Nós compramos um carro para ficar à disposição de Resende, mais um assessor, contratamos um assessor, demos uma estrutura boa, mas não aproveitou bem. Então, se criou uma bolha, uma bolha muito grande[28].

Já o outro representante, designado para atuar com as pequenas e médias empresas de Resende e Itatiaia, teve o seu trabalho destacado pelo presidente do sindicato:

> Este assessor, por exemplo, é o grande nome nosso lá para aumentar essas três ou quatro empresas para 40, essas pequenas empresas. É o trabalho dele, ele está entrando em tudo, ele está indo legal[29].

Diferentemente de Luiz Rogério, que, mesmo passando a atuar no pólo automotivo, continuou vivendo em Volta Redonda, *Xexéu* fixou residência em Resende. Talvez daí decorra uma parte significativa da explicação tanto para os resultados positivos que ele obtém, como para a origem das críticas que ele à época fazia à direção do sindicato.

> É o tal negócio: encerrou o expediente aqui, eu vou para casa. É um vizinho. Ali no mercado você encontra com o cara. Ele quer saber! No barzinho, aonde você vai, dentro do clube, onde você está. Quer dizer, você está 24 horas ligado com o trabalhador. A gente mora aqui, eles vão

---

[28] Carlos Henrique Perrut. Volta Redonda, novembro de 2001.
[29] Idem.

embora para Volta Redonda. Dificilmente ele vai encontrar alguém, um trabalhador lá. Então, ultimamente, o que eu tenho passado é o seguinte: está aqui o telefone do Rogério, liga para ele, não tenho mais o que informar. Das outras, que eu tenho o comando, ao lado do Isaac, tem como dar um retorno, mas de lá, é complicado[30].

Embora na prática este assessor fosse quase sempre o maior responsável pela visita diária à maioria das fábricas, o seu cargo guardava uma grande distinção em relação ao de diretor sindical. Os diretores eram membros eleitos do sindicato, possuindo a estabilidade de seus mandatos, constituindo-se nos verdadeiros "representantes" de uma base de trabalhadores, sendo responsáveis pelos principais diálogos com as empresas e com o sindicato[31]. Já o assessor, na verdade, é um mero empregado do sindicato, não compõe as chapas eleitorais, logo, não possui mandato, podendo ser demitido a qualquer tempo. Sem *status* ou poder político dentro da hierarquia do sindicato, seu trabalho, por vezes o mais importante, é sempre árduo, mas quase nunca valorizado.

Não obstante o "reconhecimento" do comprometimento deste ativista por parte do sindicato, além de estar relegado a atuar junto a fábricas de menor importância, *Xexéu* teve ainda outras dificuldades em seu trabalho:

[Eu atuo na] Vallourec, no Tecnopólo; na Eurostamp, a gente não está entrando, não tem essa abertura ainda de estar lá dentro da fábrica, devido à posição dos franceses. (...) A Vallourec é de eixo. Lá a gente tem abertura, entro lá dentro, já tenho lá uma parte de um dia, já temos quase praticamente 100% de sindicalizados, é o trabalho que eu venho desenvolvendo. (...)

[Quanto à PSA Peugeot Citroën] Eu não tenho acesso lá dentro. No início, a gente andava lá dentro, mas acompanhado por dois *pitbulls*, porque eu dei o nome de *pitbull*, a empresa botava dois atrás de você. Se o trabalhador viesse conversar contigo, eles encostavam para ouvir. Obviamente, o cara não ia falar nada. Então, você praticamente andava lá dentro, mas não tinha como captar nada, a necessidade do trabalhador. A situação foi ficando crítica. Um belo dia, nós fizemos um discurso. Fizemos

---

[30] *Xexéu*, assessor sindical. Resende, abril de 2002.

[31] Não obstante essa importância do cargo de diretor sindical, o presidente do sindicato é o responsável final pela assinatura dos principais acordos que se dão entre trabalhadores e empresas, como aqueles ligados a aumento salarial na data-base ou a PLR.

um discurso dentro do refeitório. (...) Deu aquela confusão toda e a partir desse dia, nós fomos expulsos, proibiram o sindicato de entrar[32].

Além das restrições impostas pelas empresas, o que vários dos sindicalistas entrevistados atribuíram a uma "cultura francesa" de gestão da mão-de-obra, as adversidades relatadas revelam muito da disputa que se estabeleceu entre os dois diretores do SMVR que atuam no pólo automotivo:

> E eu fico entre a cruz e a espada. Um é diretor, o outro é também diretor e eu sou assessoria. O outro acha que ele é coordenador de tudo, eu tenho que dar satisfação para ele. Então, eu fico nessa! (...)
>
> Então, eu fico entre a cruz e a espada. Na última conversa que eu tive com o Rogério, eu falei: olha, eu não falo mais nada do Isaac para *ti*, e não falo de você mais nada para ele[33].

O caso deste assessor é também uma parte de recrudescimento da disputa interna do sindicato, ou de como a chegada das fábricas da PSA – Peugeot-Citroën e do Tecnopólo foi utilizada como uma espécie de combustível para uma nova divisão de papéis que começou a se estabelecer para o ativismo sindical junto ao pólo automotivo.

Se recordarmos a ascensão da subsede de Resende e de Isaac Moraes em função do início das operações na Volkswagen, justificam-se os impactos deste segundo ciclo de fábricas e o embate reacendido entre o diretor de Resende e a executiva do SMVR. A ocasião tornou possível observar um empenho da parte de outros diretores do sindicato no sentido de limitar o poder que veio sendo conferido a Isaac Moraes. Segundo Moraes, as novas "armas" do que seria o "outro lado" da disputa começaram a ser percebidas já durante a instalação das novas fábricas. A atitude visava impedir que a história ocorrida no "consórcio modular" VW se repetisse no caso da PSA.

> É o seguinte: existe a diretoria e vários diretores. Então, acharam que eu ia ficar com muito poder aqui. Assumindo a Peugeot, com o poder que tenho na Volks, nas outras empresas, acharam que eu ia ficar com muito poder e que iria bater de frente amanhã. (...)

---

[32] Idem.

[33] *Xexéu*, assessor sindical. Resende, abril de 2002.

Teve um diretor executivo que, doido para vir para cá, para ganhar espaço, para pegar a Peugeot, pregou durante 15 dias na cabeça de todo mundo que eu dormia até meio-dia. Que eu dormia até meio-dia e que eu não ia para a porta de fábrica. Aí conseguiu vir para cá. Mas foi demonstrado com muita clareza que aquilo era tudo mentira, aí já não se podia tirar um diretor executivo que tinha vindo para cá baseado nisso[34].

Mesmo se considerarmos a introdução de novos "personagens" e a movimentação sindical nas fábricas inauguradas durante aquele que seria o segundo fluxo de empresas para o pólo automotivo, nota-se que o sindicato e os ativistas responsáveis pela região não conseguiram repetir na PSA Peugeot Citroën e no Tecnopólo resultados semelhantes aos obtidos na fábrica da Volkswagen que, já no seu primeiro ano de atividades, contava com uma organização de trabalhadores, inclusive com pequenas paralisações da produção.

Dentre as demais fábricas do pólo automotivo, na única em que a organização dos trabalhadores parecia ensaiar os mesmos passos que foram dados na Volkswagen, a PSA Peugeot Citroën, os resultados têm sido bastante modestos. Desde a inauguração da segunda montadora do pólo, em fevereiro de 2001, sindicato e trabalhadores vêm tentando instituir um nível mais imediato de representação dos trabalhadores. Durante o primeiro ano de funcionamento da fábrica, foi realizada, com o apoio do sindicato, uma escolha inicial de três representantes para os trabalhadores, um de cada divisão da fábrica: chaparia, montagem e pintura. Ainda que já esteja atualmente em sua segunda formação[35], os três trabalhadores escolhidos pelos demais operários para a comissão de fábrica ainda hoje não são reconhecidos pela direção da PSA Peugeot Citroën como representantes formais dos trabalhadores e sua presença limita-se às negociações que envolvem o Programa de Participação nos Resultados (PPR) estabelecido pela empresa. Conseqüentemente, não há nada que lhes garanta as condições mais elementares para o exercício de uma representação mais ampla dos trabalhadores, como a liberação parcial ou total do trabalho e principalmente a estabilidade contra demissão.

---

[34] Isaac Moraes. Resende, abril de 2002.

[35] Em dezembro de 2002, uma nova comissão de três trabalhadores foi escolhida. Esta segunda formação tinha entre seus membros o ex-funcionário do "consórcio modular" e irmão do coordenador da RIE-VW.

A campanha salarial da PSA Peugeot Citroën em 2002 foi bastante representativa do estado em que se encontra o ativismo sindical no pólo automotivo (Quadro I). A assembléia na qual os trabalhadores aceitaram a proposta de aumento salarial feita pela empresa[36] foi conduzida apenas por Luiz Rogério, o diretor sindical encarregado da montadora, e por Carlos Perrut, presidente do sindicato. Embora o diretor da subsede de Resende e o coordenador da RIE-VW estivessem no local e as suas presenças tivessem sido anunciadas ao microfone, eles não tiveram qualquer participação no andamento do evento ou sequer subiram ao carro de som. Também presente à assembléia, *Xexéu*, o assessor sindical, apenas atuou, com outros membros do sindicato, junto à urna de votação e contando os votos ao final da consulta.

A experiência desenvolvida junto aos trabalhadores da Volkswagen e da PSA Peugeot Citroën e demais empresas conferiu um certo *status* àqueles que atuaram nos últimos anos no pólo automotivo. Entretanto, uma participação mais significativa das lideranças e dos militantes de Resende e Porto Real no SMVR tem sido limitada e constrangida pela própria diretoria executiva do sindicato. Com a exceção de Luiz Rogério de Freitas, que já era membro da executiva, os demais "personagens" surgidos com a indústria automotiva no Sul fluminense permanecem sem qualquer forma mais direta de influência na direção do sindicato dos metalúrgicos[37].

Considerações finais

O cenário inicial da atuação do sindicato dos metalúrgicos de Volta Redonda junto aos trabalhadores do pólo automotivo revela um conjunto de constrangimentos e possibilidades para a ação sindical no Sul fluminense. O con-

---

[36] Em votação secreta realizada em fevereiro de 2002, os trabalhadores da PSA Peugeot Citroën decidiram aceitar o reajuste salarial oferecido pela diretoria da montadora. A proposta do sindicato, que reivindicava um percentual maior, apresentando ainda a possibilidade de greve, foi expressivamente derrotada.

[37] Com as disputas e rupturas que se estabeleceram no SMVR a partir de novembro de 2004, os sindicalistas atuantes no pólo automotivo dividiram-se entre as lideranças de Carlos Henrique Perrut e Luiz de Oliveira Rodrigues. No momento de finalização deste artigo, ao passo que Perrut e seus aliados mantinham-se à frente do SMVR amparados por medidas judiciais, grande parte de seus opositores encontrava-se afastada das atividades do sindicato.

texto descrito não deixa de ser uma expressão das questões pelas quais passa a instituição sindical no país. Além de uma agenda sindical voltada para a empresa e para a preocupação central com a manutenção do emprego, a instalação da indústria automobilística no Rio de Janeiro trouxe para o SMVR uma significativa ampliação e diversificação de demandas.

O caso da representação metalúrgica no Sul fluminense (Quadro I), em especial a movimentação sindical na Volkswagen, na PSA Peugeot Citroën e nas empresas do Tecnopólo, mostra uma curiosa combinação com aquilo que poderia ser chamado de "pragmatismo sindical" e a instituição das comissões de fábrica, o que talvez possa ter sido uma interessante forma de equacionamento desta nova problemática enfrentada pelos sindicatos.

Quadro I
Estrutura do SMVR e representação metalúrgica no pólo automotivo

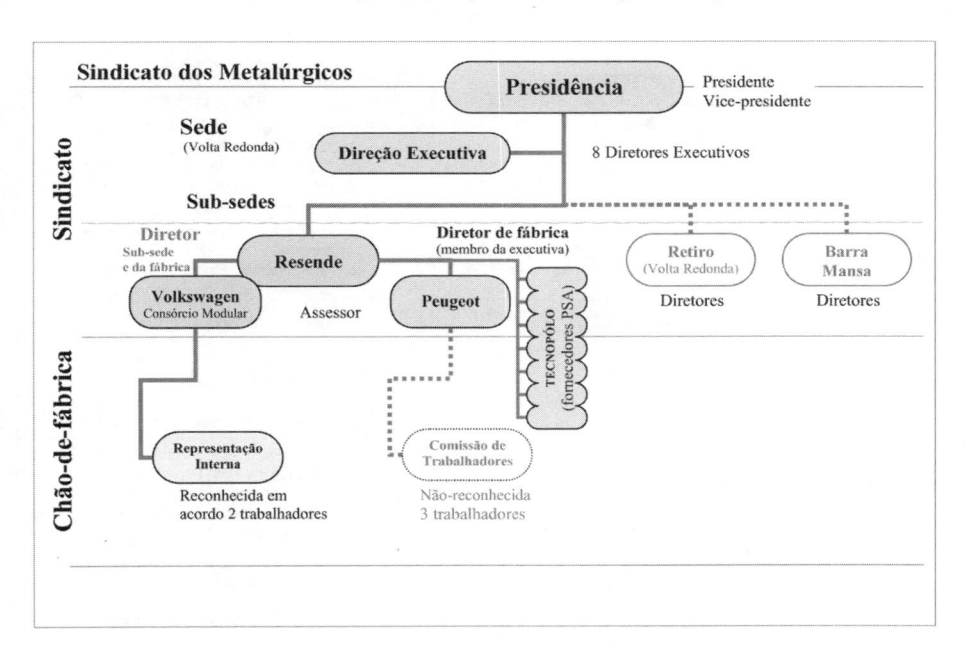

Num plano mais geral de análise da ação sindical, os vários níveis de mediação entre trabalhadores e seus representantes aqui apresentados (Quadro II) poderiam ser explicados a partir de um quadro mais amplo, com base nos "impactos" da instalação de novas fábricas da indústria automobilística sobre um movimento sindical já "enfraquecido" pela conjuntura da década de 1990, como foi discutido neste capítulo. Um pequeno desdobramento disto poderia inclusive inscrever este trabalho no rol das alternativas seguidas pelo sindicalismo nas últimas décadas. O caso do SMVR disputaria assim sua localização, segundo os diferentes analistas, entre as experiências que ou sucumbiram ao conturbado contexto da década de 1990 ou se adaptaram de um modo mais positivo ao mesmo.

Quadro II
Níveis e características da representação metalúrgica no pólo automotivo

Níveis de representação	Responsáveis	Características
SINDICATO DOS METALÚRGICOS DO SUL FLUMINENSE (SMVR)	Presidente do sindicato dos metalúrgicos	⇒ Recursos humanos e materiais; ⇒ experiência organizacional (CSN); ⇒ responsável pela celebração dos acordos.
SUB-SEDE RESENDE DO SMVR	Diretor da sub-sede e responsável pela *VW*	⇒ Proximidade com trabalhadores e comissão de fábrica; ⇒ relações com a presidência da *Força Sindical*.
	Diretor responsável pela *PSA Peugeot Citroën* e suas fornecedoras	⇒ Membro da executiva do sindicato; ⇒ conflitos com o diretor da sub-sede.
	Assessor sindical	⇒ Empregado do sindicato; ⇒ atuação nas pequenas empresas e contato direto com os trabalhadores.
REPRESENTAÇÃO INTERNA DE EMPREGADOS DA *VW*	Dois trabalhadores eleitos pelos demais e reconhecidos pelas empresas do "*consórcio modular*"	⇒ Proximidade com o "chão-de-fábrica"; ⇒ perfil jovem, com experiência organizacional em expansão; ⇒ desenvolvimento de relações com outras comissões de fábrica da *VW*.
COMISSÃO DE FÁBRICA DA *PSA PEUGEOT CITROËN*	Três trabalhadores eleitos pelos demais, mas não reconhecidos pela empresa	⇒ Proximidade com o "chão-de-fábrica"; ⇒ perfil jovem, com menor experiência organizacional; ⇒ maiores dificuldades de atuação.

Entretanto, creio que quando descemos ao nível mais particular das práticas de um determinado sindicato ou dirigente, a análise de sua atuação não deve se limitar a uma simples consonância ou dissonância com o contexto geral. Não se trata aqui de uma avaliação de acordo ou desacordo entre "regras" e "práticas". A intenção do presente texto foi tratar das transformações que a atuação do SMVR experimentou nos últimos dez anos, mas de modo a colocar em evidência alguns dos meios e motivações pelos quais os sindicalistas abordados, em última análise os agentes desse processo, se relacionam com os constrangimentos trazidos pela conjuntura desta década e com os desdobramentos destes num contexto local. Ou ainda, como as diversas formas de manifestações destes "limites" no Sul fluminense puderam ser extrapoladas pelos atores locais, fazendo surgir novas possibilidades que levaram em maior ou menor grau à interferência destes "personagens" nos próprios cenários que lhes foram apresentados.

BIBLIOGRAFIA

ABREU, A.; BEYNON, H.; RAMALHO, J. R. (2000). "The dream factory: VW's modular system in Resende, Brazil". *Work, employment and society*. Vol.14, Issue 2. UK: Cambridge University Press. pp. 265-282.

AMADO, Janaína; FERREIRA, Marieta de Moraes (orgs) (1996).*Usos e abusos da história oral*. Rio de Janeiro, Fundação Getúlio Vargas.

ARBIX, Glauco; ZILBOVICIUS, Mauro (1997). "Consórcio Modular da *VW*: um novo modelo de produção?". *De JK a FHC. A reinvenção dos carros*. São Paulo, Scritta. pp. 449-470.

BRESCIANI, Luís Paulo (1997). "Os desejos e o limite: reestruturação industrial e ação sindical no complexo automotivo brasileiro". In Leite, Marcia de Paula (org.) *O trabalho em movimento*. São Paulo, Papirus.

CARDOSO, Adalberto Moreira (1999). *A trama da modernidade: pragmatismo sindical e democratização no Brasil*. Rio de Janeiro, Revan.

COMIN, Álvaro A. (1994). "A experiência de organização das centrais sindicais no Brasil". Em: Oliveira, Carlos A. B. de. et alii. *O mundo do trabalho: crise e mudança no final do século*. São Paulo, Scritta. Pp. 359-401.

FRANCISCO, Elaine Marlova Venzon (2004). *A Comissão Enxuta – ação política da Fábrica do Consórcio Modular em Resende*. Tese de doutorado apresentada ao Programa de Pós-graduação em Sociologia e Antropologia da Universidade Federal do Rio de Janeiro.

JÁCOME RODRIGUES, Iram (1997). *Sindicalismo e política: a trajetória da CUT*. São Paulo, Scritta.

―――――― (1999). *O Novo Sindicalismo: vinte anos depois* (org.). Petrópolis, Vozes.

LIMA NETTO, Roberto Procópio de (1993). *Volta por cima*. Rio de Janeiro, Record.

MONTEIRO, Geraldo Tadeu Moreira (1995). *Sindicato dos Metalúrgicos de Volta Redonda: 50 anos brasileiros*. Rio de Janeiro, FSB Comunicações.

MOREL, Regina Lúcia M. (1989). *A ferro e fogo. Construção e crise da "família siderúrgica": o caso de Volta Redonda (1941-1968)*. Tese de doutoramento em Sociologia apresentada ao Departamento de Sociologia da FFLCH/USP.

NABUCO, Maria R.; MENDONÇA, Marcelo P. M. (orgs) (2002). *Indústria automotiva: a nova geografia do setor produtivo*. Rio de Janeiro, DP&A.

PEREIRA, Carla Regina Assunção (2002). *Estratégias de Terceirização, usos singulares: empresas e trabalhadores no consórcio modular da Volkswagen de Resende (RJ)*. Dissertação de Mestrado apresentada ao Programa de Pós-graduação em Sociologia e Antropologia da Universidade Federal do Rio de Janeiro.

PEREIRA, Sérgio Martins (2003). *Trajetórias individuais e ação sindical no pólo automotivo do Sul fluminense*. Dissertação de Mestrado apresentada ao Programa de Pós-graduação em Sociologia e Antropologia da Universidade Federal do Rio de Janeiro.

PEREIRA, Sérgio Martins; ROCHA, Lia M.; SALLES, Denise L. (1999). *Reestruturação Produtiva no Brasil: uma revisão da literatura. Série Iniciação Científica* N.º 9. Rio de Janeiro: LPS/IFCS/UFRJ.

RAMALHO, José Ricardo (1999). "Organização Sindical e a instalação de novas fábricas do setor automobilístico – o caso do Sul fluminense". Rodrigues, Iram Jácome (org.) *O Novo Sindicalismo: vinte anos depois*. Petrópolis, Vozes. Pp. 211-228.

RAMALHo, J. R.; SANTANA, M. A. (2001). *Promessas e efeitos práticos da implantação da indústria automobilística no Sul fluminense*. Seminário temático: "Os novos espaços do mundo do trabalho: relações sociais, de trabalho, meio ambiente e política local no Brasil contemporâneo". XXV Encontro Anual da ANPOCS.

─────────────── (2002). *Um perfil dos metalúrgicos da Volkswagen – RJ: relatório final de pesquisa*. Rio de Janeiro: mimeo.

─────────────── (2002-a). "A indústria automobilística do Rio de Janeiro: relações de trabalho em um contexto de desenvolvimento regional". In Nabuco, M. R. e Mendonça, M. P. M (orgs.) *Indústria automotiva: a nova geografia do setor produtivo*. Rio de Janeiro, DP&A. pp. 83-103.

RODRIGUES, Leôncio Martins (1990). *CUT: os militantes e a ideologia*. Rio de Janeiro, Paz e Terra.

RODRIGUES, Leôncio M.; CARDOSO, Adalberto M. (1993). *Força Sindical: uma análise sociopolítica*. São Paulo, Paz e Terra.

VEIGA, Sandra Mayrink; FONSECA, Isaque (1990). *Volta Redonda, entre o aço e as armas*. Petrópolis, Vozes.

Outras referências

9 de Novembro. Boletim oficial do Sindicato dos trabalhadores das indústrias metalúrgicas, mecânicas, de material elétrico, de material eletrônico e de informática de Barra Mansa, Volta Redonda, Resende, Itatiaia e Quatis (1996-2005).

Diário do Vale (1998-2005).

Resende: perfil socioeconômico. Relatório da Secretaria Municipal de Indústria, Comércio e Turismo da Prefeitura Municipal de Resende, 1999.

Referências na *internet*

www.sindmetalvr.org.br – Sindicato dos Metalúrgicos de Volta Redonda.
www.sindmetsp.org.br – Sindicato dos Metalúrgicos de São Paulo.

CAPÍTULO 9

A comissão enxuta: ação política no "consórcio modular"[*]

Elaine Marlova Venzon Francisco

Analisamos aqui a ação política desenvolvida pela comissão de fábrica dentro do "consórcio modular" da Volkswagen de Resende (RJ).[1] Este formato de organização da produção confere peculiaridades à ação política desenvolvida em seu interior, onde a obtenção de soluções de consenso entre os diferentes agentes é a tônica principal.

Partimos do pressuposto de que a fábrica é também território da política[2] e que esta só pode existir quando as diferenças de interesses são publicizadas e enfrentadas por todos os sujeitos envolvidos[3]. Demonstramos que a comissão

---

[*] Extraído da tese de Doutorado defendida no Programa de Pós-Graduação em Sociologia e Antropologia da UFRJ em março de 2004, com o título *A comissão enxuta: ação política na fábrica do consórcio modular em Resende*.

[1] O "consórcio modular" constitui o caso mais radical de horizontalização das relações interfirmas: um *pool* entre a VW e mais sete parceiros (fornecedores). Ali os fornecedores se encontram dentro da fábrica, como unidades de negócio de suas matrizes, e participam na montagem dos veículos diretamente na linha, organizados em módulos de produção. No "consórcio modular", a VW é responsável pelos projetos, logística, auditagem do processo, controle de qualidade, supervisão geral do processo, venda e pós-venda. As oito empresas partilham a mesma política salarial e de benefícios. O "consórcio modular" conta ainda com uma gama de empresas terceirizadas que perfazem a metade do contingente total de trabalhadores.

[2] Ver Werneck Vianna (1981).

[3] Cf. Rancière, *O Dissenso* (1999) e Mouffe (1996). Em Rancière, a política é *um modo de ser da comunidade que se opõe a outro modo de ser.*

de fábrica, mais do que o sindicato, nesse caso, consegue explicitar a política, dadas as condições peculiares dessa planta.

O consórcio que fabrica consensos

É importante afirmar de antemão que, ao se analisarem as diferentes formas de obtenção de soluções de consenso dentro do "consórcio modular", não estamos negando as diferentes formas de resistência que também se estabelecem nesse cotidiano fabril. Também não queremos abordar a questão de forma dicotomizada, tratando-a como uma dualidade antagônica. Entendemos que diferentes estratégias elaboradas tanto pelas gerências quanto pelos trabalhadores e sindicalistas possuem uma tal complexidade que possibilita a convivência de estratégias e ações que visam tanto a obtenção do consenso, como podem expressar resistências e inconformismos em momentos e contextos distintos, inclusive entre sujeitos do mesmo segmento, sejam eles trabalhadores, sindicalistas ou gerentes.

Destaque-se, de um lado, o cenário da organização sindical local marcado pela ausência de maiores debates acerca de princípios políticos e por uma visão de mundo mais voltada para a resolução de questões imediatas, devido, provavelmente, a uma conjuntura econômica recessiva e marcada por altas taxas de desemprego em todo o país. Tal cenário se aproxima do quadro identificado por Rodrigues (2002) no ABC paulista dos anos 90. O autor identifica um cenário cuja atuação sindical apresenta uma postura que ele chama de "cooperação conflitiva" e cujo principal tema é a negociação, a busca de soluções negociadas.

De outro, o cenário da corporação Volkswagen. Antes de entrar na especificidade do "consórcio modular", cabe salientar a cultura política ali existente, que estimula relações cooperativas entre empresa e trabalhadores em todas as suas unidades fabris.[4]

Exemplo dessa postura é a "Carta Social de 2002", assim como outros documentos institucionais, que enaltecem uma política conciliatória e cooperativa entre os diferentes sujeitos envolvidos na produção. A chamada "Carta Social", conhecida institucionalmente como *Declaração dos Direitos Sociais e Relações Industriais na VOLKSWAGEN*, que traça metas básicas quanto ao

---

[4] Volkswagen (s/d). *Princípios e Valores*.

direito à associação, à não-discriminação, à livre escolha de ocupação/trabalho, à condenação do trabalho infantil, entre outros, é também mais incisiva na exortação às posturas cooperativas:

> (...) A segurança do futuro da Volkswagen e de seus empregados será resultado de um **espírito de solução cooperativa de conflitos** e da responsabilidade social (...).
>
> (...) 1. Metas Básicas
>
> 1.1 Direito à Associação
>
> Fica reconhecido o direito constitucional de todos os empregados/empregadas no sentido de formar ou associar-se a sindicatos e representações de empregados/assalariados. **A Volkswagen e os sindicatos, ou as representações de assalariados, trabalharão em conjunto de forma transparente tendo em vista uma solução de conflitos construtiva e cooperativa.** (Volkswagen: 2002-grifos nossos).

Percebe-se que a tônica na obtenção de soluções de consenso e de uma postura cooperativa é bastante disseminada em todo o grupo Volkswagen. No entanto, algumas contradições aparecem nesse processo. No "consórcio modular", a necessidade de cooperação é posta de uma maneira ainda mais exacerbada, pois, além de necessitar da cooperação dos trabalhadores para com suas empresas, há a necessidade da cooperação entre as empresas parceiras da VW, o que gera um processo contínuo de negociações em vários níveis hierárquicos e setores.

Contudo, esse comprometimento parece não se manifestar nas questões relativas a um gerenciamento mais democrático da força de trabalho, o que pode ser constatado, por exemplo, pelo desconhecimento da "Carta Social" da VW por parte das empresas que fazem parte do "consórcio modular"[5].

A referência à "Carta Social" aqui se deve ao fato de ela ser um documento institucional que expressa claramente a postura da empresa em buscar soluções cooperativas e evitar conflitos, de forma a manter a sua produtividade. É importante salientar que ela se constitui numa política de gestão de pessoas

---

[5] Entre os três gerentes de módulos entrevistados, apenas um se manifestou em relação à "Carta Social" para afirmar o seu desconhecimento. Os demais nem fizeram qualquer referência, assim como não o fez o próprio gerente de Recursos Rumanos da Volkswagen.

que tem o acordo e a participação dos trabalhadores. Ou melhor, é resultante da pressão dos trabalhadores organizados no Comitê Mundial[6], de forma a regulamentar diretrizes mínimas de relações de trabalho na corporação em nível mundial. Em vista disso, essa postura acaba sendo uma marca a mais da Volkswagen no Brasil, devido ao autoritarismo nas relações de trabalho presentes no cenário da indústria nacional.

No que se refere à obtenção de soluções de consenso, o perfil do sindicato local, filiado à Força Sindical, também incorpora, historicamente, essa estratégia de relacionamento mais cooperativo. Conforme lembra Cardoso (2003:66), "a estratégia da FS era instrumental do ponto de vista de seu reconhecimento e trânsito no coração do sistema político, mas não no que diz respeito à defesa dos interesses de seus aposentados".

Tal postura pode ser aferida pelo discurso sindical voltado para estabelecer parcerias, procurar ouvir as empresas, gerar empregos, etc.[7] A fala do diretor de base expressa essa relação:

> O trabalho do sindicato na minha pessoa é um trabalho visualizando o trabalhador e o bom desenvolvimento da empresa. (...) Sempre fiz uma política de equilíbrio entre trabalhador e empresa.

O propósito de prevenção de conflitos é assumido pelo sindicato através do Acordo Coletivo celebrado com o "consórcio modular", em sua cláusula 28ª, intitulada *Prevenção de Conflitos*. A regulamentação em acordo coletivo apenas expressa a última instância que rege as relações que são contraditórias no cotidiano da fábrica. Essa instância é reivindicada, pela empresa, nos momentos de maior tensão e conflito com a representação dos trabalhadores.

No campo gerencial, pudemos constatar que, apesar da inovação em termos de organização da produção efetivada pelo conceito de "consórcio modular", as relações de trabalho são bastante tradicionais. Uma pesquisa de perfil realizada em 2001 com os trabalhadores (Ramalho e Santana, 2002) revelou, por exemplo, que a contratação não segue requisitos objetivos e aceita a indicação de parentes e conhecidos, assim como aceita níveis de escolaridade

---

[6] Representação dos trabalhadores da Volkswagen junto ao seu Conselho Diretivo, formada por representantes dos diversos países em que a empresa opera. Ver Nascimento (2000).

[7] Abreu e Ramalho (2000:13) lembram que *a Força Sindical é considerada pela própria VW como mais "afável" aos interesses da empresa*.

inferiores ao do ensino médio (antigo 2º Grau)[8]. Segundo a pesquisa, 54% dos trabalhadores conseguiram o emprego através da indicação de familiares (16%), de amigos (38%) e afirmam ter parentes na fábrica (30%), contra 34% que indicaram o processo de seleção como meio de ingresso. Esses dados revelam a existência de processos informais de recrutamento que remetem a um perfil conservador de gerenciamento da força de trabalho com maior controle por parte da gerência acerca da "procedência" de seus trabalhadores. A pesquisa revelou ainda que as gerências acompanham o trabalho cotidianamente de maneira bastante próxima, reafirmando assim o controle sobre os trabalhadores.

A esse perfil gerencial soma-se uma relação direta, com poucos níveis hierárquicos, em que o discurso do compromisso com a empresa se dá pela necessidade de cooperação, que aparece na fala de quase todos os gerentes entrevistados. Para eles, é uma condição de existência do "consórcio modular" a cooperação entre diferentes níveis e segmentos e a obtenção de soluções de consenso. O esforço em estabelecer canais de negociação para forjar soluções de consenso também se expressa na implementação de programas de sugestões ou equivalentes que pressupõem a participação do trabalhador para propor melhorias no processo produtivo de forma a conquistar a cooperação dos trabalhadores[9].

O resultado desse processo é que até hoje cada empresa, dentro do "consórcio", organiza a sua produção de acordo com as metas estabelecidas pela Volkswagen, mas o faz individualmente, assim como o faz com a sua logística, o seu RH e a sua CIPA (Comissão Interna de Prevenção de Acidentes). Pudemos constatar que vários módulos trabalham com células e trabalhadores multifuncionais, mas não se trata de uma decisão do "consórcio", nem de uma política, mas, sim, de uma estratégia individual de cada unidade de negócio.

Pudemos verificar também que existem vários programas executados pelos diferentes módulos, que buscam a participação dos trabalhadores para a resolução de problemas técnicos na produção. Observamos ainda que não há

---

[8] Conforme o registro de Bresciani e Quadros (2002:316), "a nova fábrica da VW (...) em Resende se mostra como um exemplo de *greenfield* no qual as políticas de gestão do trabalho não apresentam a mesma complexidade, especialmente no que diz respeito à capacitação profissional".

[9] Leite (2003:93: 7) chama a atenção para "a contradição presente no fato de as empresas pedirem a colaboração dos trabalhadores nas decisões relativas ao processo produtivo, ao mesmo tempo que se negam a negociar com eles a maneira como as mudanças são implementadas".

qualquer interface, seja do sindicato, seja da comissão, junto a esses pequenos programas, os quais são valorizados positivamente, tanto pelas gerências quanto pelos trabalhadores envolvidos. Ao nosso ver, são os melhores instrumentos de obtenção da adesão dos trabalhadores às metas de produção de que as gerências dispõem atualmente, uma vez que as políticas de remuneração da força de trabalho são restritas. No entanto, existem módulos em que não há nenhum mecanismo de resolução de problemas, ou que solicite a participação dos trabalhadores para pensar a produção, utilizando-se apenas da relação tradicional.

Percebe-se então que, no interior do "consórcio modular", nem tudo é consenso, ainda que existam mecanismos que busquem uma homogeneização de atitudes e comportamentos. Entre os gerentes de módulos também existem instrumentos que buscam articular os diferentes processos e posturas gerenciais, que são as reuniões diárias entre os gerentes de módulos para discutir questões afetas à produção. Portanto, o que existe são práticas tradicionais de gerenciamento da força de trabalho pelas quais o papel do supervisor é reforçado através de treinamentos de liderança e nas quais são criadas estratégias isoladas em cada módulo para responder às necessidades específicas. Esse perfil de gerenciamento também pode ser avaliado pela característica dos instrumentos institucionais de avaliação de desempenho e pela ausência de políticas mais ousadas de remuneração variável.

Nesse sentido, o "consórcio" apresenta um perfil tradicional de relações de trabalho. Se considerarmos que as políticas de benefícios e incentivos são largamente utilizadas nas empresas modernas para, justamente, conquistar um comportamento cooperativo por parte dos trabalhadores, podemos supor então que a conjuntura marcada por altas taxas de desemprego, inclusive na região; somada às características de *greenfield* – principalmente o perfil dos trabalhadores –; e à organização de produção baseada num quantitativo muito "justo" de trabalhadores são fatores que facultam ao "consórcio modular" a obtenção desse comportamento por parte dos trabalhadores, sem necessitar de outros mecanismos de adesão além do próprio emprego, até porque as possibilidades de ascensão funcional são limitadas.

Portanto, pode-se inferir que o "consórcio modular" traz poucas novidades em termos de gestão da força de trabalho, apesar de ser um conceito inovador no que se refere às relações interfirmas. Pelo perfil do conceito – que associou os fornecedores à montadora de tal forma que estes passaram a ser montadores "dentro da casa do cliente" – nenhuma empresa possui total autonomia para decidir sobre a produção ou sobre questões afetas às relações de trabalho. Todos dependem de todos, com exceção da Volkswagen, que detém um maior poder de barganha em qualquer situação, pois ela é a dona do negócio. Os parceiros só estarão ali enquanto a Volkswagen estiver e se ela os eleger como os melhores parceiros para a fabricação daqueles produtos.

Logo, é possível afirmar que, apesar dos bons resultados financeiros do "consórcio modular", há uma tensão permanente no sentido de diminuir os antagonismos e buscar soluções de consenso de forma a garantir os resultados esperados. Essa cadeia de negociações está presente em todos os níveis e conta com o apoio do sindicato e da comissão de fábrica quando as questões em pauta envolvem os trabalhadores. Para a comissão de fábrica, o desafio é ainda maior do que seria em qualquer outra planta, pois as negociações acontecem com e entre empresas diferentes, com políticas diferentes e culturas empresariais também distintas.

No entanto, sob o aspecto empresarial, esse trabalho é facilitado pelo perfil dos trabalhadores que possuem pouca experiência sindical, somado ao perfil das gerências e dos sindicalistas que, devido à sua experiência anterior, procuram extrair os melhores resultados nas situações de conflito. Neste caso, a ação sindical valoriza a constante negociação que, para a agenda da empresa, adquire um peso importante; assim como o perfil dos gerentes, com grande experiência na sua função, adquire importância singular na condução do "consórcio".

Quanto aos trabalhadores, cabe salientar ainda que se sua inexperiência não os faz militantes sindicais, também não significa que deixem de participar nas questões relativas aos seus interesses. Nesse sentido, tanto participam nos grupos de sugestões propostos pelas gerências, como participam nas assembléias realizadas na fábrica. Não há ali uma tradição de luta sindical porque não houve ainda tempo histórico suficiente para tal. No entanto, já se constata uma atuação menos passiva e, por vezes, com estratégias de enfrentamento explícito.

Ainda que as gerências enalteçam o fato de há mais de três anos não haver qualquer situação de conflito, como greves e paralisações, isso não apaga o fato de já terem ocorrido duas greves (1997, contra o "banco de horas", e 1999 pelo acordo coletivo) e duas paralisações (o "festival de greves", em setembro de 1999, e um sábado, no ano de 2001, contra uma jornada de hora extra que não foi comunicada ao sindicato)¹⁰. Há uma adesão dos trabalhadores às solicitações levadas pelo sindicato e, talvez, exatamente por isso, a empresa (Volkswagen e parceiros) sempre leve as negociações ao limite para que não ocorra qualquer tipo de paralisação.

Em vista disso, o que se pode deduzir é que esse perfil de arranjos infinitos, quase diários, cotidianos, tem alcançado sucesso, pois não depende de nenhum instrumento institucional, baseando-se, principalmente, nos constrangimentos advindos das relações interpessoais, dos compromissos econômicos e, também, das políticas corporativas implementadas pela Volkswagen. Sob esses condicionantes internos que se articulam a vários outros de natureza externa – tais como o mercado, a conjuntura econômica recessiva e a quase ausência estatal na reprodução da força de trabalho –, é que se viabilizam relações interfirmas e relações entre postos hierárquicos e diferentes sujeitos sociais, pautadas pela obtenção de soluções de consenso, com muito pouco espaço para situações de conflito, as quais são rapidamente desarticuladas.

A comissão do consórcio

A comissão de fábrica, denominada corporativamente por RIE – Representação Interna de Empregados –, é a única comissão de fábrica, institucionalizada, na história do movimento sindical fluminense¹¹. Ela representa uma experiência única na região, ainda que seja apenas a mais recente dentro do grupo Volkswagen. É formada, atualmente, por dois membros¹².

Quando a fábrica foi inaugurada, em 1996, a Volkswagen já regulamentava a organização interna de seus trabalhadores em suas outras unidades ao redor do mundo. Essa organização se dá em nível mundial através do Comitê Mundial dos Trabalhadores da Volkswagen, formalizado em 1999. Também naquele ano é firmado um acordo para o âmbito do Mercosul, que prevê a

---

¹⁰ Sem contar as pequenas paralisações comandadas pela comissão de fábrica nos últimos dois anos, sem a participação do sindicato.

¹¹ A história do movimento operário fluminense registra a existência de comissões de fábrica, mas que não chegaram a ser reconhecidas pelas empresas, como ocorreu na FIAT nos anos 80.

¹² No início, entre 2000 e 2002, a comissão de fábrica era formada por três representantes. Além dos dois acima citados, havia o terceiro que também estava em seu primeiro emprego na indústria e saiu da empresa em 2002 devido à sua aprovação em um concurso público.

implementação de comissões de fábrica em todas as plantas existentes na América Latina. A comissão de fábrica de Resende será institucionalizada nesse período, sendo que a sua implementação, enquanto entidade representativa dos trabalhadores, é resultante de um processo de organização dos trabalhadores que se inicia com a própria fábrica.

Em 1997 é criada uma comissão para acompanhar e fiscalizar o programa de PLR – Participação nos Lucros e Resultados. Essa comissão deveria ser formada por um representante de cada módulo e com objetivo bastante delimitado. No entanto, no decorrer de sua experiência, que durou três anos, essas características se alteraram. Tanto os objetivos foram extrapolados, como a composição dos membros foi reduzida. Vários elementos contribuíram para essas alterações: desde a inexperiência dos trabalhadores quanto a esse tipo de atividade de representação, até a magnitude das dificuldades e problemas de produção com que foram se defrontando. Nesse processo, o número de representantes foi reduzido de oito para quatro, mas as pautas de negociação se ampliaram, extrapolando a negociação de PLR. Dos oito membros que compunham a formação inicial dessa comissão, apenas um deles ainda trabalha no "consórcio". A comissão de PLR não tinha estabilidade, então a estratégia era participar das CIPAs, como já acontecia com as comissões de fábrica do ABC, no final dos anos 70.

O apoio do sindicato local revela a estratégia de ação política do diretor de base no sentido de se aproximar da base daquela fábrica, razão pela qual ele investe na formação desta comissão:

> Até então, eu conhecia comissão de fábrica que eu via em São Paulo, nas montadoras, nas outras empresas de autopeças. E aí eu sugeri a idéia de fazer um sindicalismo de participação do próprio trabalhador. Foi quando, nas primeiras negociações, eu sugeri que cada módulo tivesse um representante participando das negociações. Isso foi aceito na primeira situação, mas não aquele representante, aquela comissão de fábrica oficial que tivesse estabilidade, estatuto e tudo o mais. (Diretor de base.)

Os gerentes têm uma visão diferente dessa primeira comissão, uma visão marcada pela inexperiência dos trabalhadores em relação à organização sindical. O diretor de base também fala da inexperiência dos trabalhadores e de como aquela comissão não foi proporcionada pelas gerências, mas resultante da utilização da lei existente pelo sindicato:

> No início o pessoal não tem aí aquele conhecimento de como as coisas caminham, de como eles têm que atuar. Há sempre aquela inibição, com medo de alguma perseguição, com medo de ser demitido, mas (...) a gente foi melhorando, aperfeiçoando. (...) Essa comissão foi formada para acompanhar a PLR, porque a PLR, pela própria lei, exige uma comissão de negociação com a participação sindical. Aí eu aproveitei o embalo e fiz uso dessa comissão também nas negociações de acordo coletivo, nas negociações do dia-a-dia, em todas as negociações, e aí eu coloquei eles para participar disso aí.

Essa comissão atuou entre 1997 e 1999. Neste último ano, o resultado das negociações acordado na data-base não foi satisfatório para os trabalhadores. Diante das dificuldades do "consórcio modular" em relação aos índices de reajuste e à resolução de problemas que se arrastavam há algum tempo – entre eles, o "banco de horas", o transporte e a alimentação – o diretor de base, com o apoio dos trabalhadores, organizou uma greve que durou cinco dias e que teve, entre os itens de negociação, a institucionalização de uma comissão de fábrica[13].

A comissão de fábrica criada a partir das negociações que encerraram a greve é resultante de uma correlação de forças que envolveu diversos sujeitos: de um lado, as pressões exercidas pelo Comitê Mundial e, principalmente, o empenho do diretor de base – que soube articular as demandas dos trabalhadores àquelas de seu próprio interesse como dirigente sindical -; de outro, a Volkswagen e os parceiros do consórcio, que não aceitavam esse tipo de organização interna dos trabalhadores. É fato que a comissão de fábrica já fazia parte dos planos do diretor de base que, por enfrentar problemas de disputas internas em seu sindicato, via na implementação de uma comissão de fábrica a possibilidade de um maior estreitamento de suas relações com a base de trabalhadores.

Inicialmente, a Volkswagen fazia coro junto aos parceiros ao afirmar que, se fosse para repetir ali o que existia no ABC, não teriam se deslocado para Resende, São José dos Pinhais/PR ou São Carlos/SP[14]. Outro argumento usa-

---

[13] Pereira mostra a existência de conflitos internos ao SMSF que fizeram com que a greve se iniciasse numa assembléia não apoiada pelo sindicato, em que o carro de som foi custeado pelo diretor de base e trabalhadores. (2003:88).

[14] Conforme entrevista com o representante dos trabalhadores junto ao Comitê Mundial.

do pela direção da Volkswagen em Resende era de que o "consórcio modular" não se tratava de uma fábrica da Volkswagen, mas, sim, de um consórcio em que ela era "apenas" mais uma na mesa de negociação. Só quando a direção da unidade passou a ser pressionada pela matriz, devido à ação incisiva do Comitê Mundial respaldada, inclusive, pelo Acordo do Mercosul, é que ela mudou de postura, passando a convencer os parceiros sobre as vantagens de se ter uma representação interna. No entanto, apesar de os parceiros terem acatado mais essa prerrogativa corporativa da Volkswagen, alguns deles ainda discordam da necessidade desse tipo de organização.

Durante a pesquisa de campo, pudemos constatar os conflitos que marcaram esse processo, assim como o peso diferenciado que os diversos sujeitos conferiram à questão. Se, por exemplo, as falas do diretor de base dão a impressão de que a comissão de fábrica é resultado quase exclusivo do seu empenho pessoal, pudemos constatar que esse empenho ganhou força com a pressão do Comitê Mundial junto à matriz da empresa e que o seu empenho, por maior que fosse, não teria obtido esse resultado caso não houvesse o reconhecimento da organização interna dos trabalhadores por parte da corporação Volkswagen[15]. Ou seja, a formalização do Comitê Mundial em 1998, e que teve como resultado imediato o Acordo do Mercosul em 1999, criou as condições institucionais para que se institucionalizasse a comissão de fábrica em Resende. Tanto é que só a partir de 1999 a ação política do diretor de base, em relação à formação da comissão, passa a obter um resultado efetivo.

Procuramos mapear a visão dos diversos segmentos sobre esse processo, uma vez que a peculiaridade do "consórcio modular" envolve muitos outros sujeitos além daqueles que estariam presentes num processo semelhante de constituição de comissão de fábrica em qualquer outra planta da corporação. Além disso, o que mais chama atenção é que, diferentemente de outras fábricas mais antigas da Volkswagen no Brasil, como é o caso das unidades em São Bernardo ou Taubaté, aqui os trabalhadores tiveram uma participação mínima, quase inexistente, pois nem sequer sabiam do que se trata, talvez com exceção daqueles que participavam da comissão de negociação da PLR.

---

[15] A existência de comissões de fábrica na Volkswagen Brasil é resultado, também, de um longo processo de lutas encaminhadas pelos trabalhadores brasileiros, aliados aos trabalhadores da empresa ao redor do mundo, desde o final dos anos 70.

Por outro lado, na medida em que a comissão de fábrica é implementada, há uma "disputa de paternidade", principalmente entre Volkswagen e sindicato: para a Volkswagen, a existência da comissão de fábrica, que ela chama corporativamente de RIE, é "natural", em conformidade com a sua política de fomentar relações cooperativas e evitar conflitos; para o sindicato local, a comissão de fábrica só existe porque foi negociada dentro do acordo que pôs fim à greve.

Houve ainda um processo de convencimento dos parceiros que não se deu sem resistências, uma vez que não houve, por parte de alguns deles, sequer convencimento, apenas consentimento diante de mais uma prerrogativa da Volkswagen. Segundo um gerente da Volkswagen:

Alguns ainda a vêem como um mal necessário para trabalhar junto com a VW, uma condição imposta por fazer parte do pacote, mas de uma forma bem mais branda do que foi há dois anos [2000]. (Supervisor de RT.)

A fala de alguns gerentes revela um consentimento para estar no negócio, sem estarem convencidos dos prós e contras dessa representação, reafirmando a imposição por parte da Volkswagen, mas, ao mesmo tempo, confirma o longo processo de negociação que foi desencadeado:

Comissão de fábrica sempre foi uma prerrogativa da VW e nós, como módulos, como empresas, sempre resistimos muito a esse conceito até o momento em que não deu mais para resistir, quando chegaram para os nossos presidentes e disseram: "Tem que ter porque é ordem da Alemanha e se não tiver nós vamos ter que fazer uma intervenção na fábrica de outra maneira. Então, é melhor que tenha!". Para a maioria dos gerentes isso era um bicho novo (...). Aconteceu mais por uma exigência da Volkswagen em formalizar a comissão de fábrica. (Gerente de módulo.)

É possível perceber o quanto as diferenças nas posturas gerenciais têm que chegar a um consenso no interior do consórcio. O processo de implantação da comissão de fábrica em Resende constitui, talvez, o maior exemplo de como o "consórcio modular" funciona a partir de um consenso forjado diariamente entre os parceiros, mas no qual o conflito também está sempre colocado. Se houve resistências à organização sindical no início, o mesmo aconteceu em relação à implantação da comissão de fábrica, só que de maneira ainda mais intensa, pois não era, e ainda não é, uma experiência generalizada pelos parceiros em suas matrizes.

O conflito gerado no processo de implantação da comissão de fábrica nos dá uma medida de como é nas questões afetas às relações de trabalho, mais do que naquelas referentes à produção, que as discordâncias entre os parceiros ganham maior significado. As pautas de acordos coletivos anuais são intensamente negociadas entre eles antes de serem transformadas em propostas nas mesas de negociação. É na condição de um bloco homogêneo que os parceiros e a VW conduzem as negociações afetas a condições e relações de trabalho, sendo que essas negociações são realizadas com o sindicato. A comissão participa, mas não tem poder jurídico para realizar qualquer negociação.

É importante salientar que esses conflitos perpassam a relação entre sindicato e comissão de fábrica: para os sindicalistas, a comissão de fábrica é sempre colocada como um instrumento importante para a organização dos trabalhadores, desde que dirigida pelo sindicato. Por parte dos trabalhadores, há uma incompreensão acerca dos papéis de cada um. Entre as gerências, veicula-se a idéia de que a comissão de fábrica é muito dependente do sindicato, fazendo fugir, em princípio, à característica que esse tipo de organização tem na matriz da empresa.

O diretor de base, por enfrentar divergências internas na executiva do sindicato, vai se utilizar da comissão de fábrica como um instrumento de aproximação junto àquela que constituía, então, na época de sua implantação, a maior base sindical em Resende. No entanto, é importante ressaltar que o empenho deste diretor acabou por legar à região uma nova formatação do trabalho sindical, pela relação inédita que construiu com a comissão de fábrica. Na visão dos trabalhadores, a comissão de fábrica existe devido à atuação deste diretor – ele próprio reforça essa percepção –, sendo que essa visão pode estar associada, também, ao fato de o diretor de base ter participado de todo o seu processo de implantação. Ou seja, o fato de ter sido um sujeito bastante atuante nas negociações acerca do estatuto, processo eleitoral, arregimentação de candidatos, formação sindical lhe permitiu construir uma relação bastante estreita com a comissão. Relação que, aliás, não passa pela executiva do SMSF em Volta Redonda, cujo contato com a comissão de fábrica é esporádico. A relação entre diretor de base e comissão de fábrica contrasta com a relação do SMSF com essa base, que é bastante distanciada, conforme pudemos apurar através de alguns depoimentos dos membros da comissão de fábrica:

> Você chama o presidente para conversar, nunca tem tempo para conversar. (...) O sindicato, eles não chegam com a comissão, porque eles não

estão presentes aqui. Quem tem mais contato com a base somos nós. O que falta aqui é a gente se organizar, conversar antes das reuniões de negociação. (Membro 2 da CF.)

Alguns trabalhadores também comungam deste distanciamento do sindicato em relação à base:

O sindicato só aparece em época de dissídio. (Operário 3.)

Esse distanciamento da executiva do sindicato em relação ao cotidiano sindical na fábrica é amenizado pela atuação conjunta do sindicato e comissão de fábrica através do diretor de base. Durante o trabalho de campo, pudemos presenciar várias situações em que o diretor de base deu suporte político à comissão de fábrica: no processo eleitoral da comissão de fábrica, em dezembro de 2002; na mudança dos horários das assembléias para a manhã, durante a campanha salarial de 2003; e numa paralisação comandada pela comissão de fábrica em setembro de 2003. Essa relação, no entanto, não fica imune ao surgimento de conflitos, principalmente à medida que os representantes vão adquirindo mais experiência no trabalho da comissão de fábrica e começam a buscar um espaço específico dentro desse processo de representar os interesses dos trabalhadores do "consórcio modular".

A comissão de fábrica e seus próprios braços:
a busca de identidade frente ao sindicato e às gerências

A experiência que os membros da comissão de fábrica vão adquirindo no decorrer de seus dois mandatos faz com que se inicie um processo de exercício de uma autonomia, ainda que reduzida, tanto em relação às gerências quanto em relação ao sindicato.

A mudança dos nomes nos boletins emitidos pela comissão de fábrica, em seu primeiro mandato, pode indicar esse movimento, uma vez que começaram a ser emitidos num período em que a comissão se encontrava bastante dependente do diretor de base e do sindicato, assim como se via na condição de uma "instância" dentro da empresa. Os dois primeiros boletins se intitulavam *Comissão de Fábrica*, constando ainda: Órgão de Divulgação da Comissão de Fábrica do Consórcio Modular. O terceiro chamou-se *Jornal da Comissão de Fábrica* e, o quarto, *Jornal da R.I.E. Representação Interna de Empregados do Consórcio Modular.* Os nomes vão transitando de um formato aparentemente mais independente da empresa, para um mais vinculado à empresa, mais corporativo, utilizando-se inclusive de sua denominação institucional.[16]

Independentemente de qualquer articulação a mais para a empresa, ou para o sindicato, as modificações nos nomes dos boletins revelam uma busca de identidade que pode ser aferida pelos conteúdos desses boletins, os quais têm como principal assunto as realizações da comissão de fábrica junto ao sindicato, através do elenco de suas conquistas, as quais vão desde negociações típicas do sindicato, pelo seu aspecto jurídico – como PLR, adiantamento de 13º salário e abonos –, até aquelas afetas ao cotidiano da fábrica, como as filas no restaurante, limpeza de banheiros, transporte, etc. Ainda aproveitam para destacar as condições de trabalho dos operários e, também, da comissão de fábrica.

A emissão dos boletins da comissão de fábrica consegue expressar, em parte, a instabilidade do relacionamento com o sindicato. No primeiro mandato, em que a atuação do diretor de base junto à comissão foi mais intensa, foram produzidos quatro boletins. No último ano, em 2002, essa relação sofre instabilidades e nenhum boletim mais é emitido com o apoio do sindicato. A única publicação da comissão será um informativo em que ela se posiciona contra a implantação do fator moderador (limitação no número de consultas por trabalhador, ao ano) no plano de saúde, sem contar com o apoio do sindicato.

> Nós começamos a dar pancada no sindicato no plano de saúde. Eles ficaram em cima do muro e nós soltamos um boletim dizendo que a gente era contra [o fator moderador]. (Membro 2 da CF.)

> Nós mandamos muito poucos boletins com o apoio do sindicato. Só quatro. E tem que falar o que eles querem. (Membro 1 da CF.)

Apenas em setembro de 2003, já em seu segundo mandato, a comissão de fábrica voltará a emitir um novo boletim, chamado então *Boletim da Comissão – Boletim da Comissão de Fábrica dos Trabalhadores na Volkswagen Resende*. Ao trazer as conquistas realizadas no último ano e as reivindicações ainda não atendidas, não faz nenhuma menção ao sindicato, creditando as

---

[16] Ainda que corporativamente as comissões de fábrica sejam reconhecidas na Volkswagen como RIE, os trabalhadores a denominam comissão de fábrica. Os boletins emitidos pela comissão de fábrica da Volkswagen Anchieta são denominados de *Comissão de Fábrica*.

conquistas obtidas à mobilização dos trabalhadores, assim como em nenhum momento se auto-identifica com a denominação corporativa de RIE, mas, sim, como comissão de fábrica:

> Nesse período de atuação, **a Comissão de Fábrica, junto com a mobilização de todos os companheiros e companheiras, conseguiu alguns avanços importantes para a melhoria das condições de trabalho e de vida. Isso mostra que a organização no local de trabalho é o melhor caminho para conquistarmos as nossas reivindicações**. (...). (Boletim da Comissão, set/2003 – grifos nossos).

Traz ainda um quadro com depoimentos de operários de módulos em que valorizam a atuação da comissão de fábrica:

> A Comissão é essencial
>
> "Acompanho a Comissão de Fábrica desde que ela nasceu e percebo que houve um avanço em sua postura, que se traduz em benefício para os trabalhadores. Gostaria muito que continuasse assim". Russo – Méritor.
>
> "A Comissão é essencial. É um canal de representação que torna mais fácil o relacionamento entre os trabalhadores e a empresa. Por isso, ela é muito importante para todos nós". Raimundo – Delga. (Ibid.).

A ausência de qualquer menção ao sindicato, adicionada à demonstração de apoio dos trabalhadores e dos créditos à mobilização operária nas conquistas, revela que o acúmulo de experiências por parte dos membros da comissão de fábrica os torna mais independentes do sindicato e, por sua vez, mais dependentes do apoio da base. Também pode expressar um distanciamento com o sindicato a partir de divergências que começaram a surgir entre eles desde o período anterior. Algumas dessas divergências começaram a se explicitar ainda em 2001.

O primeiro mandato deveria se encerrar em dezembro de 2001, com a realização de novas eleições para a comissão de fábrica. No entanto, devido à situação de produção da fábrica, a realização da eleição foi adiada. Em função desse quadro de intensificação da produção, o primeiro mandato foi prorrogado por mais um ano, com eleições previstas para dezembro de 2002. Foi feito um "aditamento ao acordo" que regulamentava a primeira gestão. Esse documento alterou duas disposições existentes: uma, refere-se ao tempo livre dos representantes, que antes dispunham de apenas parte do tempo para o trabalho na comissão;

a outra, refere-se à estabilidade de 12 meses após o término do mandato, uma vez que o Acordo previa estabilidade apenas durante o mandato. Nessa negociação, o sindicato foi que, mais uma vez, deu as coordenadas.

A instabilidade no relacionamento entre os representantes dos trabalhadores e o diretor de base começa a aparecer de forma mais evidente quando há a renúncia de um dos representantes em razão de seu desligamento da empresa. Com a saída deste representante, a empresa não quis colocar um substituto e o sindicato aceitou essa situação em troca da garantia da possibilidade de reeleição permanente (antes limitada a dois mandatos) para os membros, do tempo integral e de um ano de estabilidade após o término do mandato.

A postura do sindicato em exercer maior controle sobre a comissão de fábrica[17] fica evidente quando o diretor de base, ao ser questionado[18] sobre o fato de a redução do número de representantes poder comprometer a qualidade do trabalho da comissão de fábrica, argumentar que **não avalia como perda e que poderá suprir essa ausência com um delegado sindical, indicado por ele.**[19]

Cabe salientar que a redução do número de membros, aliada à localização da sala da comissão – situada distante da linha –, repercute negativamente no trabalho da comissão de fábrica, o que não passa desapercebido pelos trabalhadores, constituindo parte das críticas que estes fazem ao trabalho da comissão. Em vista disso, se há uma relação estreita entre o diretor de base e a comissão de fábrica, isso não impede que se desenvolva, ao longo dos dois mandatos, uma relação contraditória, marcada por situações de cumplicidade e companheirismo, assim como relações de conflito aberto e divergências explícitas.

A atuação da comissão de fábrica é regulamentada em acordo coletivo, assinado pelo sindicato e empresas do "consórcio modular", e representa o conjunto dos trabalhadores, com exceção dos terceirizados. Faz parte da es-

---

[17] Mattos (1998:212) mostra como as organizações por local de trabalho são valorizadas, no decorrer da história do movimento sindical brasileiro, *como alternativas ou complemento aos limites do sindicato oficial*. (Grifos nossos).

[18] Em conversa informal no dia 14/01/2003, por ocasião da posse da comissão de fábrica para o biênio 2003/2004.

[19] Em Resende, não existem delegados sindicais nas demais empresas. Em Volta Redonda, são uma herança da CUT dentro da CSN.

trutura organizativa da empresa, sem qualquer vínculo organizacional com o sindicato. No entanto, o vínculo político entre eles é forte. Na prática cotidiana da comissão de fábrica, principalmente na primeira gestão, o sindicato é que dá a direção política e a comissão de fábrica aparece mesmo como "um braço do sindicato".

No entanto, a postura do diretor de base em dirigir a comissão de fábrica com "rédea curta" encontra limites na ação política dos membros da comissão que buscam exercitar a sua relativa autonomia, assim como demarcar a identidade da comissão de fábrica enquanto instância de defesa dos interesses de todos os trabalhadores do consórcio modular, sindicalizados ou não. Ou seja, não se vêem como um "braço do sindicato":

> [A comissão] não é CIPA. (...) É um órgão do trabalhador, criado por ele, organizado por ele. [O sindicato] montou a comissão, ensinou a gente, mostrou para gente como é que anda e a gente aprendeu a correr. (Membro1 da CF).

Nesse processo de demarcação de identidade e de exercício de uma relativa autonomia, a desobediência ao acordo que regulamenta a atuação da comissão de fábrica acaba sendo o parâmetro indicador desse exercício de buscar independência. Apenas quando a comissão de fábrica rompe o acordo – ao realizar pequenas paralisações na produção[20], ou quando encaminha questões afetas aos trabalhadores terceirizados, por exemplo –, é que ela se destaca do sindicato, inclusive aos olhos dos trabalhadores. A ação política cotidiana de resolução de pequenos problemas e conflitos não tem visibilidade devido ao contexto institucional marcado pelas negociações constantes, assim como pela dispersão espacial dos trabalhadores na planta. Além disso, nas situações de conflito levantadas pela comissão de fábrica as quais ganham maior visibilidade pela desobediência civil, nem sempre o sindicato apóia a comissão de fábrica.

---

[20] Em agosto de 2002, os membros da CF receberam advertência por terem paralisado um módulo durante 30 minutos. Em agosto de 2003, receberam nova advertência, devido à realização de um "apitaço" dentro do restaurante reivindicando a ampliação do horário de almoço para diminuir as filas; e em setembro de 2003, foram advertidos e suspensos devido à paralisação de um módulo por não pagamento de horas extras, ocasião em que acamparam em frente à fábrica durante o período da suspensão. Em frente à barraca, colocaram uma faixa com os seguintes dizeres: *ESTAMOS DE GANCHO POR DEFENDER O DIREITO DO TRABALHADOR.*

A ação política da comissão de fábrica – entre acordos e rupturas

O cotidiano fabril daqueles que representam os interesses dos trabalhadores dentro da fábrica é marcado por situações de constante enfrentamento, em que as soluções encontradas localizam-se num leque de possibilidades entre uma finalização pacífica de resolução de problemas e uma solução forjada a partir de um conflito aberto. Esse leque de possibilidades é determinado, entre outras coisas: pela posição política conjuntural dos membros da comissão de fábrica; pelo contexto da empresa e a sua situação no mercado; pelo clima das relações com o diretor de base e com a executiva do sindicato; e, até, pela situação da empresa-mãe no mercado mundial. Sem contar os condicionantes colocados pela conjuntura econômica e política do país e a forma como esta se expressa na região.

Outros elementos também entram em cena, tais como: a postura diferenciada entre os parceiros no que se refere à organização dos trabalhadores, a postura política do sindicato dos metalúrgicos frente à empresa; as relações que a comissão de fábrica estabelece com outras comissões de fábrica do grupo Volkswagen – vinculadas a diferentes centrais sindicais –; e a própria experiência que os membros da comissão de fábrica vão adquirindo no decorrer do tempo em que exercem essa atividade.

É importante ressaltar que não buscamos aqui uma análise que gere um padrão de ação política da comissão de fábrica, mas afirmar que não há um padrão possível devido aos diferentes condicionantes que moldam essa ação. O que podemos identificar, no entanto, é a existência da necessidade de controlar a ação política da comissão de fábrica, demonstrada tanto pelas gerências das empresas quanto pelo sindicato.

Cabe sublinhar ainda que essa ação política se constrói em processos que trazem em seu bojo os dois movimentos – consenso e conflito – em momentos diferenciados. Ou seja, nos eventos marcados por relações de conflito, há também a existência de momentos e ações de negociação buscando o consenso, assim como, mesmo as negociações que logram soluções consensuais, são constituídas por momentos de maior tensão ou de conflito.

Esse processo de construção dos sujeitos políticos, no caso analisado, se desenvolve a partir de uma ação cotidiana em que a relação com e entre os diferentes sujeitos é contínua. Dado que essa relação se processa sobre objetos pautados por interesses diferentes, o resultado da ação política é sempre conjuntural, marcando perdas e ganhos, avanços e retrocessos, ao longo do tempo. A partir dessa análise é possível demonstrar como os sujeitos políticos, típicos de um *greenfield* sindical, vão imprimindo novas cores ao terreno da ação política a partir de suas diferentes experiências acumuladas nesse processo.

O trabalho cotidiano da comissão de fábrica é pautado pelas questões trazidas pelos trabalhadores, assim como pelas demandas das gerências e do sindicato. O dia-a-dia dos membros é absorvido pela resolução de pequenos problemas, principalmente no que diz respeito às condições e relações de trabalho. Por outro lado, é trabalho também da comissão de fábrica representar a planta de Resende em eventos promovidos pelo Comitê Mundial, por outras comissões de fábrica da Volkswagen, entre outros. É na convergência desses âmbitos de atuação, interno e externo, que a comissão de fábrica vai ganhando experiência e aprendendo a se movimentar e atuar na relação com os diferentes sujeitos.

Se no plano de suas relações externas à fábrica a comissão pode adquirir conhecimentos e travar contatos com outros representantes e instituições agregando, assim, uma maior bagagem do ponto de vista da ação sindical, é no cotidiano da fábrica que ela ganha uma maior performance para desempenhar o papel de representação dos trabalhadores.

Pudemos observar que essa atuação no interior da fábrica não se resume à resolução de problemas individuais, como reza o estatuto da *Representação Interna de Empregados*, ainda que seja a atividade predominante. A comissão de fábrica também propõe algumas questões associadas a interesses de caráter coletivo, como aquelas relacionadas a transporte, alimentação e benefícios. Realiza ainda algumas atividades assistenciais, como coleta de cestas básicas, campanha do agasalho e campanhas de doação de brinquedos. Nesse aspecto, ela acompanha uma tendência das comissões de fábrica da Volkswagen em outros lugares: a mobilização dos trabalhadores em projetos assistenciais e de solidariedade, como o Centro Cultural Solano Trindade.[21]

Por outro lado, também seguindo uma tendência do movimento sindical ligado à indústria automobilística,[22] a comissão de fábrica, juntamente com o

---

[21] O Centro Cultural Solano Trindade atende crianças de rua, na região do ABC, custeado pelos trabalhadores da Volkswagen Anchieta.

[22] Rodrigues aponta que as mudanças atuais na agenda sindical são decorrentes também de *uma nova atitude no interior da classe trabalhadora que, hoje, já não rejeitaria os pressupostos das empresas.* (2002b: 296).

sindicato, participou de uma visita à matriz da Volkswagen na Alemanha, em 2001, para buscar a aprovação do projeto de uma nova cabine e procurar trazer uma nova fábrica para o Brasil.[23]

É no âmbito externo de sua atuação que a comissão de fábrica demonstra uma capacidade de articulação com outros sujeitos. Quando participa de seminários e *workshops* promovidos pela empresa, em que esta última busca o compromisso da comissão de fábrica e sindicato para a manutenção do negócio, a comissão de fábrica ganha em termos de conhecimento sobre a empresa e a corporação, investimentos futuros e possibilidades de expansão/retração do emprego. Também são situações em que a comissão de fábrica pode estreitar o relacionamento com outros níveis gerenciais, o que pode lhe ser útil em situações de negociação.

> Hoje o sindicato e a representação têm uma visão do nosso negócio. E uma evidência clara é a participação deles, desde o ano passado, nos encontros de negócios que nós fazemos a cada seis meses. (...) Eles têm uma visão de todo o nosso negócio, dos processos que foram evoluindo dentro do foco da nossa lucratividade (...). (Gerente de RH/VW.)

O discurso gerencial demonstra com veemência o envolvimento a que a comissão de fábrica é sujeita, o que, certamente, influi na formatação da sua ação política, forjando-a para uma prática de relações voltadas para a obtenção de consenso. É bem provável que, exatamente por isso, as situações de resistência e conflito aconteçam apenas esporadicamente.

Um outro aspecto de sua atuação externa está pautado na participação em atividades promovidas por outras comissões de fábrica, pelo Comitê Mundial, outros sindicatos e entidades sindicais. Se isso, por um lado, possibilita uma troca de experiências e um acúmulo de conhecimentos em termos de ação política, por outro, possibilita à comissão de fábrica construir a sua própria identidade referenciada na diferenciação em relação aos demais sujeitos.

Se no âmbito de sua ação externa a comissão de fábrica atua em torno de projetos de investimento na empresa, apoio à comunidade e intercâmbio sindical, no âmbito de sua ação interna é absorvida pela resolução de pequenos

---

[23] A nova cabine já começou a ser produzida em 2003. A nova planta seria para a fabricação de uma minivan. Ficou definido que essa planta virá para o Brasil, sem definição da localidade.

problemas, assim como de questões que afetam o conjunto dos trabalhadores, seja de toda a fábrica, seja de um único módulo.

Esse trabalho se efetiva tanto através do encaminhamento e do acompanhamento dos problemas junto às gerências e níveis intermediários, como em trabalhos de informação e conscientização realizados através do contato direto individual ou em grupos, junto aos trabalhadores dentro da fábrica. Para a realização do "corpo a corpo", alguns lugares dentro da planta adquirem um caráter estratégico: a entrada do restaurante, durante o período de almoço, por onde passam todos os trabalhadores, inclusive os administrativos; a entrada da linha de montagem, também durante o intervalo para o almoço; e o caminho de saída, perto do setor de RH, no caminho da chamada "Rodoviária", que é passagem obrigatória de entrada e saída de todos os funcionários.

Quanto aos seus resultados, a comissão de fábrica enumera algumas conquistas, sendo que nem todas foram publicizadas: a própria sala da comissão, o término do "banco de horas", uma padaria dentro da fábrica, o vestiário da Delga, a cobertura e o galpão da pista de rodagem, a colocação de telefones públicos na fábrica, o plano odontológico, a ampliação do posto bancário, convênios com faculdades, a cooperativa de crédito e a extinção do fator moderador no plano de saúde.

No que tange à resolução de questões individuais, pudemos constatar que há um fluxograma definido em função do estatuto, só que essas questões acabam acontecendo em menor quantidade devido ao formato de organização da produção. Segundo o estatuto, as questões individuais devem ser levadas pelos membros da comissão de fábrica aos supervisores imediatos, que, por sua vez, serão os responsáveis por uma resposta, desde que os próprios trabalhadores já tenham procurado a solução anteriormente. Como existem poucos níveis hierárquicos no consórcio modular – cada módulo funciona como uma unidade de negócio, contando, para isso, com um gerente e alguns supervisores de produção, a depender do tamanho do módulo –, as questões individuais são levadas pelos trabalhadores aos seus supervisores imediatos (encarregados). Caso não tenham solução, são encaminhadas ao gerente do módulo.

Assim sendo, a forma de organização da produção em pequenas empresas, dentro do "consórcio modular", confere uma dinâmica diferente ao trabalho da comissão de fábrica, se comparada a outras plantas da Volkswagen no país. Esta dinâmica também é afetada pelo trabalho em células e times, pelos programas de participação e de sugestão, pois muitas questões são resolvidas nesses espaços, principalmente aquelas referentes às condições de trabalho. Nesse sentido, não surpreende que haja uma grande procura pelos trabalhadores das empresas "terceiras" que nem sempre são atingidos por esses mecanismos de resolução de problemas utilizados pelos módulos.

As formas de atuação dentro do "consórcio modular" vão sendo forjadas a partir do cotidiano, com as situações que vão surgindo e expressam, além de um aprendizado no sentido da ação política, momentos de tensão a partir dos quais a comissão de fábrica pode atuar de modo a solucionar problemas em prol dos trabalhadores.

O que podemos inferir dessa atuação da comissão, tanto em sua complementação à ação sindical, como, em outras situações, na sua antecipação a ela, é que há também, por parte do sindicato, uma dificuldade em reconhecer um nível de autonomia de negociação que a comissão de fábrica poderia realizar a partir daquele patamar acordado pelo sindicato, e jamais inferior a ele. Isso daria a ambos uma maior autonomia e ao trabalhador, a possibilidade de ampliar suas conquistas.

Por outro lado, há também o ranço autoritário das gerências, que têm dificuldades com um padrão de democracia fabril, o que pode ser constatado pelo limite que tanto o sindicato quanto a comissão, enfrentam nas questões afetas à produção, por exemplo.

Como dissemos anteriormente, a ação cotidiana da comissão de fábrica vai se restringir, no âmbito interno, à resolução de pequenos problemas sem maior visibilidade para o conjunto dos trabalhadores. Além disso, devido à ausência de um instrumento sistemático de informação, esse trabalho não chega a ser conhecido no interior da fábrica, comprometendo, assim, a própria legitimidade da comissão. Por outro lado, provavelmente devido à sua trajetória incipiente e ao formato das relações predominantes dentro do "consórcio modular", ela deixa de criar novas formas de articulação junto às diversas bases de trabalhadores[24], limitando, assim, o seu escopo de atuação e a sua base de sustentação.

Cabe acrescentar ainda que dadas as características do "consórcio modular", no qual a própria Volkswagen tem que construir diariamente um consen-

---

[24] Como seria uma articulação junto às CIPAs (Comissões Internas de Prevenção de Acidentes).

[25] Referência ao acordo coletivo assinado entre empresas do consórcio modular e sindicato, que regulamenta a atuação da comissão de fábrica.

so entre seus fornecedores em torno de metas de produção e de índices de qualidade, para a comissão de fábrica se coloca também a necessidade de uma atuação política regrada por esse consenso. Portanto, diferente de outras fábricas Volkswagen, em Resende os membros da comissão de fábrica possuem uma tarefa mais complexa de travar relações voltadas para a manutenção de um clima favorável à produção com oito diferentes empresas e suas respectivas gerências. Nesse sentido, além de terem que negociar cotidianamente com diferentes gerentes de diversas empresas, quando adotam uma estratégia de maior enfrentamento, têm que organizar trabalhadores de diferentes empresas, os quais são admitidos, treinados e supervisionados por diferentes gerências portadoras de diferentes culturas empresariais.

O fato de que as relações dentro do consórcio modular sejam pautadas pela obtenção de soluções de consenso para os problemas não impede que, em algumas situações, o conflito se desencadeie, gerando um novo processo de obtenção de consenso ou, em alguns casos, a solução passa pela sua normatização e respectivas conseqüências legais.

Quando a comissão de fábrica toma a iniciativa de defender interesses de trabalhadores terceirizados, ou quando paralisa algum módulo, ainda que seja por alguns minutos, acarretando prejuízos na produção do dia, a reação de ambos, sindicato e gerência, aparece prontamente, através da alegação de "quebra de estatuto".[25] Em outras situações, mesmo não havendo qualquer desobediência ao acordo, também aparecem reações repreensivas, tanto das gerências quanto do sindicato.

Logo, é possível supor que a defesa dos interesses dos trabalhadores não é uma prática das empresas, como querem fazer acreditar alguns gerentes, assim como, nem sempre, é o que prevalece nos acertos realizados pelo sindicato. Nessas situações, a comissão de fábrica se vê isolada e, em algumas situações, conta com o apoio do diretor de base. No entanto, invariavelmente, é nesses episódios que a comissão adquire maior legitimidade junto aos trabalhadores, ainda que isso lhe custe, muitas vezes, literalmente, um pouco caro.[26]

Nesse sentido pode-se inferir que a ação política da comissão de fábrica é resultante da inserção de seus membros numa teia de relações tecida ao longo do tempo. Ao desenvolverem diferentes estratégias, seja de conciliação, seja

---

[26] Na suspensão de setembro de 2003, os membros da CF foram punidos com a perda de um dia de trabalho, do descanso semanal remunerado e de uma parte da PLR.

de resistência, acabam por dar corpo a um sujeito político distinto daquele formado pela empresa e sindicato no final de 1999. As distintas experiências vividas ao longo dos anos em diferentes situações conjunturais conformam a possibilidade de uma ação política que é moldada pelas relações de busca de consenso, próprias do "consórcio modular", mas também por aquelas oriundas da defesa de interesses dos trabalhadores.

Considerações Finais

A possibilidade de esvaziamento da ação política da comissão de fábrica através da busca incessante de soluções de consenso é limitada pelo próprio formato de organização da produção implementado pelo "consórcio modular": tanto pela produção extremamente enxuta quanto pela diversidade gerencial dos parceiros. Ambos os elementos vão conferir um caráter conservador às relações entre gerências e trabalhadores, assim como precarização das relações de trabalho nas empresas terceiras. Esses elementos, adicionados à baixa automação e conseqüente intensificação da jornada de trabalho, criam um ambiente de conflito de interesses, no qual tanto a comissão de fábrica quanto o sindicato adquirem um papel relevante na defesa dos interesses dos trabalhadores. Nesse sentido, a comissão de fábrica acaba por ganhar importância, juntamente com o sindicato, onde a dimensão política de sua atuação extrapola o papel que lhe fora conferido inicialmente.

Portanto, nosso estudo indica que, mesmo em *greenfields*, os sindicatos podem se tornar eficazes se contarem com estratégias de organização no local de trabalho, onde a comissão de fábrica, no caso, cumpre um papel relevante de forjar e manter um nível de organização que o sindicato não tem condições de realizar.

É possível afirmar ainda, no caso estudado, que a *formação* da comissão de fábrica – parafraseando E. P. Thompson (1998:18), quando ele diz que *a classe operária formou a si própria, tanto quanto foi formada* – também está se dando num processo em que os condicionamentos externos vão sendo transformados a partir da experiência em cima de caminhos já percorridos por outras comissões em outros lugares, pelo movimento sindical em nosso país e, também, a partir de uma tradição, valores e costumes de uma cultura gerencial. O perfil do "consórcio modular" restringe e molda a ação política, mas não impede que a comissão de fábrica vá formando a sua própria identidade na relação com os demais sujeitos. Isso é mais perceptível quando expressa a sua ação política revelando o espaço da fábrica como um espaço de consenso e de dissenso, de cooperação e de conflito, de tolerância e de disputa.

Nesse sentido, a comissão de fábrica constitui um sujeito em permanente conflito com o sindicato – um conflito de representação – e com as gerências, num conflito de interesses de classe. O que não significa que na atuação cotidiana não se estabeleçam parcerias, soluções de consenso e cooperação. Apenas o conflito estrutural que lhes é inerente está sempre posto em forma potencial e se expressa em algumas situações em que os diferentes interesses são reconhecidos e reivindicados.

Em vista disso, no caso analisado, a comissão de fábrica revela, mais do que o sindicato, o espaço da fábrica como espaço da política e, portanto, se constitui num dos sujeitos políticos fundamentais para criar ou ampliar a democracia no espaço fabril, revelando-o como um território onde outros sujeitos, além dos proprietários, exercem o poder no cotidiano das relações de produção.

BIBLIOGRAFIA

ABREU, Alice R.; RAMALHO, José R. (2000). *A indústria automobilística brasileira e a implantação de novos pólos de desenvolvimento regional – o caso do Rio de Janeiro*. III Congreso Latinoamericano de Sociología del Trabajo. Buenos Aires.

BRESCIANI, L. P.; QUADROS, Ruy (2002). "A inovação e os papéis dos trabalhadores: o caso Mercedes-Benz". In: Nabuco, Maria R., Neves, Magda de A. e Carvalho Neto, Antônio, M. de (orgs.) *Indústria automotiva: a nova geografia do setor produtivo*. Rio de Janeiro, DP&A. pp. 301-33.

CARDOSO, Adalberto M. (2003). *A Década Neoliberal e a crise dos sindicatos no Brasil*. São Paulo, Boitempo.

LEITE, Márcia P. (2003). *Trabalho e Sociedade em transformação: mudanças produtivas e atores sociais*. São Paulo, Editora Fundação Perseu Abramo.

MATTOS, M. Badaró (1998). *Novos e Velhos Sindicalismos no Rio de Janeiro (1955/1988)*. Rio de Janeiro, Vício de Leitura.

MOUFFE, Chantal (1996). *O Regresso do Político*. Lisboa, Gradiva.

NASCIMENTO, V. A. Meyer (2000). *Cadeias organizatórias operárias dentro das multinacionais: um fenômeno internacional emergente*. Salvador, UFBA/NPGA. Tese de Doutorado.

PEREIRA, Sérgio E. M. (2003). *Trajetórias individuais e ação sindical no pólo automotivo do Sul fluminense*. Rio de Janeiro, IFCS/UFRJ. Dissertação de Mestrado.

RAMALHO, José R.; SANTANA, Marco A. (2002). *Um perfil dos metalúrgicos da Volkswagen de Resende-RJ*, Rio de Janeiro, Unitrabalho/UFRJ. Relatório Final de Pesquisa

RANCIÈRE, Jacques (1999). "O Dissenso". In: Novaes, Adauto (org.) *A Crise da Razão*. Brasília, Ministério da Cultura. Rio de Janeiro, Fundação Nacional das Artes. Pp. 367-82.

RODRIGUES, Iram J. (2002). "Relações de trabalho e ação sindical no ABC paulista nos anos 1990". In: Nabuco, Maria R., Neves, Magda de A. e Carvalho Neto, Antônio, M. de (orgs.) *Indústria automotiva: a nova geografia do setor produtivo*. Rio de Janeiro, DP&A. pp. 273-99.

THOMPSON, Edward P. (1988). *A Formação da classe operária inglesa*. 2ª. ed., Rio de Janeiro, Paz e Terra. Vol. II.

WERNECK VIANNA, Luis (1981). "Fábrica e sistema político: anotações teóricas para uma investigação empírica". *Dados – Revista de Ciências Sociais*. Rio de Janeiro. IUPERJ, Vol. 24, nº 2, pp. 191-211.

Documentos

Sindicato dos Trabalhadores nas Indústrias Metalúrgicas, Mecânicas, de Material Elétrico e de Informática de Barra Mansa, Volta Redonda Resende, Itatiaia, Quatis, Porto Real e Pinheiral. (1999). *Representação Interna de Empregados e Consórcio Modular – Resende Acordo Coletivo*.

_____ (2002). *Termo de Aditamento ao Acordo Coletivo Representação Interna de Empregados do Consórcio Modular – Resende*.

_____ (2002). *Representação Interna de Empregados do Consórcio Modular – Resende Acordo Coletivo*.

Volkswagen (s/d). *Princípios e Valores*.

_____ (2002). *Declaração dos Direitos Sociais e Relações Industriais na VOLKSWAGEN*.

_____ *Comissão de Fábrica – Órgão de Divulgação da Comissão de Fábrica do Consórcio Modular*. (vários números).

CAPÍTULO 10

Trabalho e sindicato na PSA Peugeot Citroën do Brasil

José Ricardo Ramalho
Marco Aurélio Santana
Julia Polessa Maçaira

O setor automotivo mundial tem sido objeto de intensa transformação nos últimos anos, através de novos processos produtivos, novas tecnologias e novas relações de trabalho. O mercado de veículos no Brasil também foi atingido por esse processo e, a partir de uma política de abertura comercial no início dos anos 1990, as montadoras multinacionais não só investiram na construção de novas fábricas, como também saíram em busca de novos territórios fora das áreas geográficas tradicionais de produção de veículos. Ao longo da última década, foram investidos mais de US$ 20 bilhões nesse setor no país e também fábricas "enxutas" foram erguidas em localidades diferentes do principal centro produtor.

A proposta deste capítulo é discutir as transformações ocorridas nas localidades envolvidas com a vinda de montadoras, através do exemplo do Sul fluminense, onde a PSA Peugeot Citroën instalou sua primeira fábrica no Brasil, e pesquisar o estabelecimento de novas relações de trabalho e seus efeitos sobre a constituição de um movimento organizado de trabalhadores, através da ação sindical.

Foi em um contexto de disputa pelos novos investimentos da indústria automobilística que a região Sul do Estado do Rio de Janeiro se engajou e conseguiu atrair duas montadoras, entre as quais a empresa de origem francesa, graças aos esforços dos governos nos níveis estadual e municipal e à influência de seus representantes políticos.

O relato do secretário de Indústria e Comércio do Estado do Rio de Janeiro à época da negociação revela o empenho governamental:

> (...) e quando bateu o Carnaval, nós baixamos lá em Paris. O Eduardo Eugênio, aqui da FIRJAN, foi junto, foi o Chico do SENAI, levamos um "folderzinho" sobre o Rio de Janeiro, muito bem feitinho, com mapas... E conseguimos fazer um almoço lá com a diretoria (da Peugeot)... E dali virou a maré. Ao longo do ano de 97, fui sete vezes a Paris.(...). E culminou, em outubro, quando eu levei o governador lá, Marcelo Alencar. Fomos lá, visitamos a fábrica... fizemos um seminário, de muito boa categoria, dentro da embaixada francesa. Fomos à Peugeot e assinamos um protocolo inicial, que depois foi confirmado no final de janeiro de 98, aqui no Rio, quando inclusive visitamos o presidente da República (...). Os franceses visitaram tudo. Fomos à Assembléia Legislativa, e na realidade tudo só foi assinado após aprovado pela Assembléia. Virou lei. Nosso contrato com a Peugeot virou objeto de uma lei (RJ, 7/05/1999).

Fatores diversos levaram à escolha da região Sul fluminense, em uma combinação de estratégias diferenciadas tanto da parte da empresa quanto das administrações públicas. Em primeiro lugar, o Estado do Rio de Janeiro se enquadrava na opção estratégica da montadora de permanecer geograficamente perto do principal mercado consumidor brasileiro e acessível ao mercado sul-americano. Isso ficava facilitado pela localização da região, no meio ao eixo Rio/São Paulo, com o corredor da Rodovia Presidente Dutra como canal de fornecimento, produção e circulação.

No relato do gerente de implantação da PSA Peugeot-Citroën em Porto Real, isto fica muito claro:

> Eu acho que a região Sul fluminense tem algumas vantagens que não podem ser esquecidas, que são a proximidade dos dois grandes centros de consumo no Brasil, São Paulo e Rio de Janeiro. E com uma estrada como a Dutra, que estava em vias de privatização e estava melhorando demais. A região Sul fluminense também é fronteira com São Paulo (...). Você tem Taubaté, São José dos Campos, no setor automotivo, você tem até a Embraer, e muitas indústrias de tecnologia nessa região. Então a gente estaria próximo disso também, o que facilitaria até migração de mão-de-obra especializada se necessário.(...) Fora isso, o Porto de Sepetiba foi um

atrativo, a gente sabia que alguns anos mais tarde esse porto estaria funcionando e seria um dos portos mais importantes da América do Sul. E principalmente a resposta que o Estado do Rio de Janeiro deu para a gente em termos de... eu não vou dizer incentivos nem benefícios... mas de participação com a gente (RJ, 18/05/1999).

O processo de negociação que possibilitou a vinda da PSA Peugeot Citroën foi mediado por aspectos técnicos e políticos (Ramalho & Santana, 2001a) e diferiu do processo utilizado para a implantação da outra montadora da região (a Volkswagen), embora os mecanismos utilizados tenham sido basicamente os mesmos – doações de terras, incentivos fiscais, salários baixos, e uma infraestrutura regional que atendia aos interesses de expansão da empresa.

No que diz respeito à política de incentivos, o caso da montadora francesa traz a novidade da participação do próprio Estado do Rio de Janeiro como sócio – cerca de 32% de participação no capital total da empresa –, acrescida de um empréstimo por parte do BNDES.

Os relatos do gerente da PSA Peugeot Citroën e de uma diretora técnica da CODIN (Companhia de Desenvolvimento Industrial do Estado do Rio de Janeiro) esclarecem as características dessa negociação e dos incentivos oferecidos para atrair a empresa:

> O Estado do Rio de Janeiro é sócio do capital da empresa (...). Além disso, a gente teve uma facilidade muito grande para a obtenção de empréstimos junto ao BNDES. Eu não sei se isso facilita ou não, mas a gente tem tendência a acreditar que sim. A sede do BNDES estar aqui no Rio de Janeiro, e as pessoas da CODIN, que é o órgão do estado que trabalha para a Secretaria de Indústria, Comércio e Turismo, são pessoas emprestadas do BNDES para trabalhar para o estado, então são pessoas que conhecem muito bem o funcionamento do banco" (RJ, 18/05/1999).

A CODIN se empenhou para consolidar a presença da fábrica em território fluminense:

> E na Peugeot, a gente disse: nós vamos ter que fazer alguma coisa a mais (...). Aí o Estado (do Rio de Janeiro) resolveu entrar como acionista (...).A saída proposta foi que entrasse como acionista. Entra como acionista que num prazo X você tem direito a sair da preferência Peugeot. A CODIN que montou essa estratégia. (...) Porque o Estado não entra, aporta recursos sim, mas como acionista. Ele está investindo um dinheiro hoje.

Se hoje uma ação da Peugeot vale um, daqui a pouco vai valer mais. É como se estivesse investindo realmente. Então essa foi a saída encontrada. Fizemos outros tipos de benefícios: negociamos com a Fazenda a importação de carros para a formação de mercado porque não tinha fábrica aqui. Senão como é que ela vai colocar uma fábrica de 600 milhões de dólares se ela não sabe qual é a aceitação do carro dela? (RJ, 7/11/2002).

O Centro de Produção de Porto Real

Em fevereiro de 2001, foi inaugurada a fábrica de Porto Real, a primeira unidade da montadora no Brasil. A PSA Peugeot Citroën é a sexta maior empresa de veículos do mundo e a segunda maior da Europa. A unidade brasileira conta com cerca de dois mil funcionários. Quando de sua inauguração, o CPPR – Centro de Produção de Porto Real ocupava um total de 150.000 m², em um terreno de 2 milhões de metros quadrados. Ali se localizam os prédios de solda e chaparia, o da pintura, o da montagem e a unidade de produção de motores.

Segundo dados da ANFAVEA (2003), a multinacional contou com investimentos da ordem de US$ 600 milhões, mais US$ 50 milhões utilizados para a construção da fábrica de motores, inaugurada em 2002.

A presença no Brasil faz parte da estratégia global da empresa de avançar em mercados fora da Europa, nesse caso específico o do Mercosul (ela também tem uma fábrica funcionando na Argentina). A aposta tem sido tão alta nessa estratégia que, segundo documentos corporativos, teriam ficado obscurecidos os US$ 200 milhões de resultados negativos da região no balanço global apurado em anos recentes.

A PSA Peugeot Citroën adotou a estratégia de trazer para perto de si a sua rede de fornecedores. Com a doação de terrenos contíguos ao da montadora, foi formado um cinturão de empresas para atender às demandas da produção.

Desde o início da construção a empresa pensou nos seus fornecedores mais próximos, buscando acomodá-los no que foi chamado de "tecnopólo", segundo um gerente da PSA Peugeot Citroën à época:

"Nós pensamos em várias coisas sobre o tecnopólo, que é como nós chamamos isso, e uma das coisas é a empresa cuidar, administrar. Chegamos à conclusão de que hoje, pelo menos, a gente vai viabilizar a infra-estrutura básica desse terreno, que é fazer a terraplanagem, cerca e drenagem, e vai fazer uma divisão de fornecedores que viriam e eles vão ser responsáveis pela construção de cada prédio" (RJ, 18/05/1999).

O "tecnopólo" constituído ao redor da planta baseia-se na idéia do distrito industrial e do *just in time*. Ele agrega outras fábricas, principalmente do setor de autopeças. Ali se encontram, por exemplo, a Vallourec, que fabrica eixos; a Magnetto-Eurostamp, que se dedica à estamparia de chapa; a Faurecia, fabricante de assentos; e a GEFCO, que executa todo o trabalho de logística e transporte da PSA Peugeot Citroën, além de atender também outras empresas da localidade, como a VW e a Michelin.

No que diz respeito à contratação de mão-de-obra, a PSA Peugeot Citroën recruta a maioria dos seus trabalhadores na própria região. Nesse processo, a participação do SENAI foi e tem sido fundamental, ao servir de intermediário na convocação de seus ex-alunos para ocupar os novos postos de trabalho. As empresas buscaram uma associação rápida e estreita com esse centro, não só equipando-o com instrumental para cursos ligados às demandas da indústria automobilística, como oferecendo cursos e convênios.

Para o caso específico da PSA Peugeot Citroën, um protótipo de linha de montagem foi construído dentro do centro de formação para que os alunos se adequassem às especificidades da empresa.

> A nossa idéia é utilizar o mais possível a mão-de-obra da região... Nós já temos uma política de recrutamento de mão-de-obra, que é interna, nós temos pessoas aqui já da área de Recursos Humanos, de recrutamento e seleção (...) Existe um acordo com o SENAI. Nós temos um responsável por recrutamento e formação, especialmente formação de mão-de-obra, que veio da França, que está cuidando do desenvolvimento desses acordos com o SENAI e com outros órgãos públicos e privados (RJ, 18/05/1999).

Sindicato e relações de trabalho na PSA Peugeot Citroën

A instalação de montadoras em diferentes regiões do país a partir de meados dos anos 1990, fora da concentração industrial tradicional no ABC paulista, tem como uma de suas explicações a tentativa das empresas de evitar a força política do sindicalismo que se constituiu a partir da ação dos operários da indústria automobilística dessa região.

Nesse sentido, os municípios de Resende e Porto Real, no Sul fluminense, apareciam também com boas credenciais. Isso se deve ao fato de que, embora tenham proximidade geográfica com Volta Redonda – tradicional centro regional da indústria siderúrgica, graças à Companhia Siderúrgica Nacional (CSN) –, aqueles municípios nunca tiveram uma classe operária metalúrgica ligada à indústria automotiva. Além disso, a ação sindical na localidade sempre foi uma parte menor das ações do sindicato dos metalúrgicos de Volta Redonda, cujas principais atividades sempre estiveram ligadas à CSN, principal base da categoria da região. Aumentando o que seriam os fatores atrativos da região, havia também o fato de o sindicato estar associado à Força Sindical, central sindical com o perfil mais conservador.

De acordo com o gerente de instalação da PSA Peugeot Citroën, a posição do sindicato foi muito positiva:

> Nós tivemos um contato, na CSN, com o sindicato da região e foi um contato muito positivo. Nós sabíamos que ali a Força Sindical era menos... agressiva, se pudermos chamar assim. Porque a gente, às vezes, como empresário, acha que o sindicato é agressivo. E não é o caso. (...) A gente sentiu um sindicato receptivo, foi um contato muito bom (RJ, 18/05/1999).

Porém, em sua fala, já assinalava a visão dos limites no médio-longo prazo da estratégia empresarial de buscar áreas de baixa intensidade sindical. Segundo ele,

> não adianta a gente se iludir porque o sindicato hoje é assim pela presença discreta das empresas do setor aqui. Quando a presença for maciça, certamente nós vamos ter um sindicato com um comportamento diferente. Mas aí, quem sabe, a gente não vai ter a oportunidade de, partindo de uma base mais interessante, mais amiga, conseguir uma coisa melhor? (RJ, 18/05/1999)

De toda forma, a chegada da Volkswagen e da PSA Peugeot Citroën mudou, de forma sensível, a paisagem social, política e econômica do Sul fluminense. Um dos impactos mais notados diz respeito à representação dos trabalhadores metalúrgicos da localidade, o que parece ter sido a tônica também em outras regiões (Nabuco, Neves e Carvalho Neto, 2002). A chegada das novas fábricas trouxe novos desafios ao sindicato dos metalúrgicos de Volta Redonda, tradicional representante dos interesses dos metalúrgicos da região, principalmente com o aparecimento de uma nova classe operária.

O cenário local sofreu uma complexificação maior com o começo da produção da PSA Peugeot Citroën, em 2001. Se até recentemente o quadro organizativo e mobilizatório dos trabalhadores na localidade estava mais relacionado à VW (Ramalho, 1999 e Ramalho e Santana, 2002b), ele tendeu a se intensificar bastante com a instalação crescente de outras empresas na região.

No que diz respeito à ação sindical, o que se tem presenciado é o iniciar das tentativas de organização e mobilização por parte dos trabalhadores da montadora francesa. Porém, isso não tem sido tarefa fácil. Os trabalhadores têm enfrentando situações muito duras quando se trata de sua organização (dentro e fora da empresa).

Diferentemente da VW que resistiu inicialmente, mas acabou cedendo e aceitando uma comissão de trabalhadores no interior da fábrica, a PSA Peugeot Citroën tem tornado difícil todas as possibilidades de organização no chão-de-fábrica e mesmo quanto à ação sindical junto aos seus trabalhadores.

Isso pode ser verificado na dificuldade encontrada pela entidade de classe para ter acesso aos trabalhadores na linha de produção e no baixo percentual de sindicalização dos trabalhadores, especialmente se comparado com a unidade vizinha da VW. Além disso, a tentativa de criar mecanismos de organização no local de trabalho tem enfrentado a resistência empresarial. Isso fica muito aparente nas palavras da representação sindical, segundo a qual:

> Na Peugeot? Uma dificuldade muito grande. Olha que a gente tem uma relação muito boa com eles, mas para entrar na Peugeot... chama o RH, o auxiliar do RH e acompanham a pessoa... deixa entrar, mas onde a pessoa vai, ele vai atrás. Aí, ninguém chega perto para conversar... é uma coisa besta. (C.H.Perrut, presidente do sindicato dos metalúrgicos de Volta Redonda-RJ, 2002.)

As dificuldades se apresentam também aos trabalhadores no que tange às relações de trabalho. Relatos de operários em entrevistas exploratórias têm indicado um ambiente fabril de extrema tensão, ritmos acelerados de trabalho e baixa participação dos trabalhadores. Embora as teorias gerenciais em voga acentuem a necessidade da participação dos trabalhadores no processo produtivo através do convencimento, o que parece ser o procedimento da empresa em Porto Real inclui práticas autoritárias e a colaboração dos trabalhadores obtida através de muita pressão.

Fora a pressão que a gente sofre lá dentro. Todo tipo de pressão. Você não pode reclamar de nada, você é obrigado a fazer hora extra, tem dia que chega lá às onze e meia da noite, meia-noite, e eles falam assim: – Ó, vai ter que ficar até três horas da manhã aí, – Ah, não dá porque amanhã eu tenho que acordar cedo. – Mas vai ter que ficar. (Operário 1, 2003.)

Mesmo a representação de trabalhadores em casos obrigatórios e que podem ser benéficos para a empresa, como é o caso da CIPA, parece ser objeto da desconfiança por parte da gerência local.

Tem (CIPA), mas não funciona. O cara na CIPA também tem medo. Só tem CIPA para poder ter a ata para mostrar para a legislação que tem a CIPA porque não vale nada. O pessoal da CIPA não participa de reunião, não participa de nada. (...) Na área que eu trabalho, essa máscara de pó que é descartável, o funcionário tem que usar três dias. Um dia desses, eu discuti com o cara da CIPA. Isso não existe, se você está na CIPA você tem que agir. Se a máscara é descartável, é um dia só e acabou. O gerente fala para você usar três dias. (Operário 2, 2003.)

A relação com o sindicato local é marcada pela desconfiança e pelo controle de suas atividades dentro do espaço fabril.

Eles (sindicato) entram, mas sempre com alguém do departamento junto, um assistente do RH junto. O sindicato, infelizmente, é restrito. Ele só vai no RH (...). Mas na montagem eles não vão. (Operário 2, 2003.)

Um arremedo de comissão de fábrica existe para constar porque não parece ter qualquer poder de exercer sua atividade de fiscalização no interior da fábrica. O relato do trabalhador confirma a posição da gerência de não aceitar a comissão, a não ser no processo de negociação coletiva, na verdade se confundindo com as tarefas do sindicato.

A Peugeot não aceita. Nós vamos à reunião, a gente discute (mas) só reunião do acordo coletivo. Na reunião mensal, a gente não é chamado, não. (...) Eles não aceitam. Eles só aceitaram no acordo coletivo porque o sindicato pressionou. Caso contrário, nem comissão existia. (Eu) Reclamo, mas não adianta nada. Eu chego e passo para o sindicato mas ... para eu ter acesso ao diretor de RH... Eu vou e falo, mas eles não dão bola não, não é respeitado. Eles não respeitam. (Operário 1, 2003.)

Esse tipo de prática por parte da empresa tem precipitado tensões com os trabalhadores e seus representantes. É o caso, por exemplo, do contencioso criado no final de 2001, com a fábrica recém-inaugurada, que se estendeu até fevereiro de 2002 e chegou a criar um impasse, com ameaça de greve por parte da organização sindical.

A decisão da diretoria da Peugeot-Citroën de descontar dos empregados os 45 minutos de atraso no início da produção na terça-feira, devido à realização da assembléia em que a contraproposta da montadora para o acordo coletivo dos metalúrgicos foi discutida, quase criou um impasse maior na questão. Ao saber da atitude da empresa, o presidente do sindicato dos metalúrgicos, Carlos Henrique Perrut, decidiu radicalizar as ações, dando início aos procedimentos legais para uma greve. (...) Na quarta-feira, a empresa recuou da decisão de descontar o tempo parado por causa da assembléia e chamou o sindicato para uma reunião no dia seguinte. ("Peugeot Citroën – Montadora reabre negociações", jornal *Diário do Vale*, 25/01/2002.)

Apesar da existência, em alguns momentos, de enfrentamento aberto entre o sindicato e a empresa, as dificuldades do órgão representativo dos trabalhadores ainda são muito grandes. Isso evita que os operários da PSA Peugeot Citroën consigam obter de forma efetiva não só mecanismos de representação mais atuantes no interior da fábrica, como maior liberdade de filiação e ação sindical. Um dos maiores limites da ação sindical pode ser sentido na incapacidade até de organizar e articular com eficácia os trabalhadores das duas montadoras. Dessa forma, poderia ver ampliado seu poder de fogo na defesa dos direitos dos trabalhadores frente aos interesses das empresas.

Considerações finais

A experiência particular da PSA Peugeot Citroën no Sul fluminense nos ajuda a pensar sobre a complexidade do processo de constituição de novos cenários produtivos e seus impactos na vida dos trabalhadores. O caso em questão mostra uma situação em que a empresa já inicia suas atividades tomando como base os princípios da "produção enxuta", mas não oferece evidências de que estaria considerando decisiva para o sucesso do projeto empresarial a participação do trabalhador na discussão do processo produtivo.

A análise revela outros aspectos que, em alguma medida, desautorizam formulações comumente utilizadas pelas gerências sobre a necessidade do envolvimento voluntário dos operários no projeto da empresa. São as situações de chão-de-fábrica relatadas pelos trabalhadores que indicam um certo hibridismo entre as novas práticas gerenciais e os métodos autoritários, característicos de uma fábrica fordista. Nesse sentido, pode-se dizer que as condições locais permitem um tipo diferente de flexibilidade, da qual sempre se espera eficiência, produtividade e qualidade, sem, contudo, atribuir importância a uma participação efetiva dos trabalhadores.

Além das vantagens comparativas com outras regiões, associadas à isenção fiscal, aos investimentos em infra-estrutura e aos salários mais baixos, as montadoras transformaram em vantagem também o emprego, na medida em que o utilizam como mecanismo para pressionar os trabalhadores no processo de produção. O caso do Sul fluminense serve como um bom exemplo do uso do "trabalho inseguro" como estratégia de controle no processo de trabalho.

Por fim, o fato de serem fábricas que já nasceram flexíveis não facilitou de modo algum a ação sindical. Ultimamente, tem se falado sobre novas estratégias gerenciais que estariam superando a "produção enxuta" para passar a considerar a colaboração do sindicato na elaboração do projeto da empresa. Não parece também ser este o caso. Além da inexperiência para lidar com a problemática salarial do setor automobilístico, o sindicato local ainda teve que atuar com situações de fábricas enxutas e trabalho flexível. Não houve debate sobre mudanças nesse aspecto, ou mesmo se as mudanças reduziam conquistas anteriores dos trabalhadores.

Embora o sindicato tenha rapidamente se organizado para algumas ações na área das reivindicações salariais e das negociações coletivas, inclusive ameaçando com a realização de greves, nota-se uma enorme deficiência na ação dentro da fábrica. O espaço fabril permanece sob o domínio absoluto da empresa, e as poucas interferências por parte da organização sindical são tratadas como indevidas e ilegítimas.

BIBLIOGRAFIA

ARBIX, G.; ZILBOVICIUS (1997). *De JK a FHC – a reinvenção dos carros.* São Paulo, Scritta.

ARBIX, G. (2000). "Guerra Fiscal e Competição Intermunicipal por Novos Investimentos no Setor Automotivo Brasileiro". *Dados*, Vol.43, N.1, Rio de Janeiro.

GORGEU, Armelle; MATHIEU, René; PIALOUX, Michel (1998). Organisation du travail et gestion de la main-d'oeuvre dans la filière automobile, Documentation Francaise; 12.

HATZFELD, Nicolas (2002). Les gens d'usine. 50 ans d'histoire à Peugeot-Sochaux, L'Atelier.

NABUCO, Maria Regina; NEVES, Magda de Almeida; CARVALHO NETO, Antonio Moreira de (Orgs.) (2002). Indústria Automobilística: a nova geografia do setor produtivo. Rio de Janeiro, DP&A.

PIALOUX, Michel; BEAUD, Stèphane (1999). *Retour sur la condition ouvrière. Enquête aux usines Peugeot de Sochaux-Montbéliard*, Fayard, Paris.

RAMALHO, José Ricardo (1999). "Organização Sindical e a Instalação de Novas Fábricas do Setor Automotivo: o caso do Sul fluminense". In Rodrigues, I. Jácome (org.) *Novo Sindicalismo vinte anos depois*. RJ/SP, Vozes/ EDUC/ Unitrabalho.

──────── ; Santana, M.A. (2002b). A indústria automobilística no Rio de Janeiro: relações de trabalho em um contexto de desenvolvimento regional. In: Nabuco, Maria Regina; Neves, Magda de Almeida; Carvalho Neto, Antonio Moreira de. (Orgs.). Indústria Automobilística: a nova geografia do setor produtivo. Rio de Janeiro, DP&A.

SANTANA, M.A. (2000). "Trabalho, Trabalhadores e sindicatos em meio ao vendaval contemporâneo". *Dados*, Vol 43, N.2, Rio de Janeiro, IUPERJ.

Sobre os autores

Alice Rangel de Paiva Abreu é professora titular de Sociologia do IFCS-UFRJ e membro do Comitê Executivo da Associação Internacional de Sociologia (ISA). Publicou, entre outros, *Produção Flexível e Novas Institucionalidades na América Latina* (Org.) (RJ: Editora UFRJ, 2000); *Gênero e Trabalho na Sociologia Latino-Americana* (co-editora com Laís Abramo). (RJ e SP, ALAST, 1998); *O Trabalho Invisível. Estudos sobre Trabalho a Domicílio no Brasil* (co-editora com Bila Sorj).(RJ, Rio Fundo, 1993) e *O Avesso da Moda. Trabalho a Domicílio na Indústria de Confecção* (SP, Hucitec, 1986).

Carla Pereira é mestre em Sociologia e doutoranda do Programa de Pós-graduação em Sociologia e Antropologia da UFRJ.

Elaine Marlova Venzon Francisco é professora adjunta da Faculdade de Serviço Social da UERJ. É doutora em Sociologia pelo Programa de Pós-graduação em Sociologia e Antropologia da UFRJ e mestre em Serviço Social, pela ESS/UFRJ. Publicou *A comissão enxuta - ação política na fábrica do consórcio modular em Resende* (São Paulo, EDUSC/ANPOCS, 2005).

Huw Beynon é diretor da Cardiff School of Social Sciences, no Reino Unido, e publicou, entre outros, *Trabalhando para a Ford* (SP, Paz e Terra, 1995) e *Masters and Servants – class and patronage in the making of a labour organisation* (com Terry Austrin) (Londres, Rivers Oram Press, 1994).

José Ricardo Ramalho é professor do Programa de Pós-graduação em Sociologia e Antropologia e do Departamento de Sociologia da UFRJ. Publicou os livros *Estado Patrão e Luta Operária: o caso FNM* (RJ, Paz e Terra, 1989), *Mundo do Crime: a ordem pelo avesso* (RJ, Graal, 1979,1983 e IBCRIM, 2002) e com Marco Aurélio Santana organizou *Trabalho e Tradição Sindical no Rio de Janeiro: a trajetória dos metalúrgicos* (RJ, DP&A, 2001) e *Além da fábrica: trabalhadores, sindicatos e a nova questão social* (SP, Boitempo, 2003).

Júlia Polessa Maçaira é formada em Ciências Sociais e mestranda do Programa de Pós-graduação em Sociologia e Antropologia da UFRJ.

Lia de Mattos Rocha é mestre em Sociologia pelo Programa de Pós-graduação em Sociologia e Antropologia da UFRJ e doutoranda em Sociologia do Instituto Universitário de Pesquisa do Rio de Janeiro.

Marco Aurélio Santana é professor do Programa de Pós-graduação em Memória Social da UNIRIO. Publicou, entre outros, *Homens partidos: comunistas e sindicatos no Brasil* (São Paulo, Boitempo, 2001), tendo organizado também *Trabalho e tradição sindical no Rio de Janeiro: a trajetória dos metalúrgicos* (Rio de Janeiro, Editora DP&A, 2001) e *Além da fábrica: trabalhadores, sindicatos e a nova questão social* (São Paulo, Boitempo, 2003), com José Ricardo Ramalho; e *Vozes do Porto: memória e história oral*, com Icleia Thiesen e Luitgarde Cavalcanti (Rio de Janeiro, DP&A, 2005).

*Para saber mais sobre nossos títulos e autores,
visite o nosso site:*
www.mauad.com.br

Este livro, da MAUAD Editora,
foi impresso em pólen soft 70g,
na gráfica Sermograf